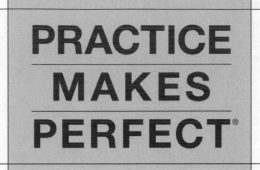

PRACTICE
MAKES
PERFECT®

Basic Spanish

PREMIUM THIRD EDITION

Dorothy Richmond

Mc
Graw
Hill

New York   Chicago   San Francisco   Athens   London   Madrid
Mexico City   Milan   New Delhi   Singapore   Sydney   Toronto

To Abby Ruben, Sanja deGarmo, and Mitch Blatt
three dear friends through thick and thin

5 6 7 8 LON 25 24 23

ISBN	978-1-260-45349-2
MHID	1-260-45349-9

e-ISBN	978-1-260-45350-8
e-MHID	1-260-45350-2

Interior design by Village Bookworks, Inc.

McGraw-Hill Education products are available at special quantity discounts to use as premiums and sales promotions or for use in corporate training programs. To contact a representative, please visit the Contact Us pages at www.mhprofessional.com.

McGraw-Hill Language Lab App
Extensive audio recordings and flashcards are available to support your study of this book. Go to mhlanguagelab.com to aaccess the online version of this application, or to locate links to the free mobile app in the Apple app store and the Google Play store (for Android devices).
Note: Internet access required for streaming audio.

Other titles by Dorothy Richmond:
Practice Makes Perfect: Spanish Verb Tenses
Practice Makes Perfect: Spanish Pronouns and Prepositions
Practice Makes Perfect: Spanish Vocabulary
Guide to Spanish Suffixes

Contents

Preface

Practice Makes Perfect: Basic Spanish is an effective companion text to whatever book(s) you may be using in your first- or second-year Spanish class. This highly useful workbook is well suited for middle school and high school students, as well as adults.

This book is not meant to introduce concepts or to be the primary teaching tool. Rather, its purpose is to reinforce what has been presented already, whether by a teacher's instruction or in a formal textbook. Very basic grammar is presented, typically in charts, as preparation for the material covered in the exercises. Exercises use the present tense exclusively. This choice of present tense is contextually appropriate, even when historical figures are mentioned.

The easiest way to know what to expect from *Practice Makes Perfect: Basic Spanish* is to scan the Contents. There you will find the grammatical concepts and vocabulary topics covered.

Grammatical concepts are emphasized more than vocabulary, as every student needs to master these one at a time and to relative completion. Vocabulary, on the other hand, is an ongoing process, frequently dictated by the student's particular interests and needs.

Also presented, in the early chapters, is crucial everyday vocabulary that helps the beginning student express himself or herself more clearly and authentically, even early in the process of learning to speak, write, and read Spanish.

Below is a quick list of what this book provides:

♦ Reinforcement for concepts already presented in another format or setting
♦ An emphasis on broad, basic concepts—not grammatical minutiae
♦ An emphasis on the informal *you* (**tú** and **vosotros**)—in exercises, *you* is assumed to be the singular familiar form **tú** and *you all* is assumed to be the plural familiar form **vosotros**
♦ Useful vocabulary lists for a variety of topics
♦ More than 300 entertaining exercises dealing with the basic structure of the Spanish language
♦ A broad range of fun exercises (true/false, fill in the blank, translations, "Who am I?", etc.)
♦ Exercise content infused with famous and popular people and characters, both current and historical
♦ Ten sets of exercises—called *Cumulativos*—each of which tests the information gleaned from the previous five lessons in a comprehensive way
♦ A final set of translation exercises that tests the cumulative knowledge acquired through each of the ten parts of this book
♦ Answers to all exercises
♦ A glossary that draws together vocabulary from throughout the book

The third edition of this book is supported by a free app (see www.mhlanguagelab.com for details) that contains

- flashcard sets of the *vocabulario* panels throughout the book
- a Spanish-English/English-Spanish digital glossary
- audio recordings by native Spanish speakers of most of the Answer key, with a record yourself option if your device has this function.

Spanish is a beautiful language that you can appreciate and enjoy more fully by mastering the fundamentals of its structure. This workbook will help you achieve your goals in a user-friendly, student-driven fashion.

¡Buena suerte!

Acknowledgments

It is always an honor when a book goes into a subsequent edition, as it means that the previous text was helpful to many students. Therefore, my first expression of gratitude goes to all the students who used and learned from the first and second editions and who provided valuable feedback.

While the pedagogy and basics of presenting the Spanish language and grammar evolve at a slow pace, the world around us and its cultural references change constantly and quickly. Two years ago I took a one-year teaching post at North High School in Minneapolis and entered a world unfamiliar to me. The year was fascinating and life changing. McGraw-Hill generously donated books (Basic Spanish, 2nd edition) for all my students, and as we worked through it I realized I needed to broaden my scope of knowledge and references if I wanted to be an active participant in this world. And I do. Thank you to my students at North High for all they taught and gave to me. Go, Polars!

My daughters, Daisy and Lily, are and always will be the center of my universe, and I thank them for being who they are.

I was fortunate to work once again with Christopher Brown, Language Publisher at Mc-Graw-Hill, who oversaw the process of the publication of this third edition. Christopher is and always has been a joy with whom to work, and I respect him enormously.

I am delighted that these people are in my life, and I thank each of them as well as my friends and extended family members who add much to this world.

Definite articles Family

Definite articles

	SINGULAR	PLURAL
MASCULINE	el	los
FEMININE	la	las

NOTA BUENA The definite article is used much more frequently in Spanish than in English, for example, **Jorge lava *los* platos** *George washes dishes.*

VOCABULARIO

Los miembros de la familia (*Members of the family*)

father	**el padre**	grandfather	**el abuelo**
mother	**la madre**	grandmother	**la abuela**
parents	**los padres**	grandson	**el nieto**
dad	**el papá**	granddaughter	**la nieta**
mom	**la mamá**	uncle	**el tío**
boy	**el chico**	aunt	**la tía**
girl	**la chica**	nephew	**el sobrino**
brother	**el hermano**	niece	**la sobrina**
sister	**la hermana**	cousin (*m.*)	**el primo**
son	**el hijo**	cousin (*f.*)	**la prima**
daughter	**la hija**	family	**la familia**
children	**los hijos**		

Traducción simple (Simple translation)

1. *the father* _____
2. *the mother* _____
3. *the fathers* _____
4. *the mothers* _____
5. *the boy* _____
6. *the girl* _____
7. *the brother* _____
8. *the sister* _____
9. *the uncle* _____

10. *the aunts* _____
11. *the grandmother* _____
12. *the granddaughter* _____
13. *the cousins* [f.] _____
14. *the parents* _____
15. *the grandson* _____
16. *the granddaughters* _____
17. *the sons* _____
18. *the family* _____

La familia (The family) *Match the famous persons named on the left with the correct family relationship on the right. Some of those named are actual persons; others are fictional characters.*

VOCABULARIO   de   *of*
              y   *and*

1. _____ Katniss y Primrose Everdeen
2. _____ Lily y James Potter
3. _____ Goldie Hawn y Kate Hudson
4. _____ Marge Simpson y Bart Simpson
5. _____ Babar y Celeste
6. _____ Blue Ivy
7. _____ Luke y Owen Wilson
8. _____ Jenna y Barbara Bush
9. _____ Darth Vader
10. _____ Violet, Klaus y Sunny

A. la madre y el hijo
B. los hermanos
C. las nietas de George y Barbara Bush
D. la hija de Jay Z y Beyoncé
E. el primo y la prima
F. los hijos de la Señora y el Señor Beaudelaire
G. los padres de Harry Potter
H. las hermanas
I. la madre y la hija
J. el padre de Luke Skywalker

VOCABULARIO

Everyday words

my	**mi**
your	**tu**
is	**es**
of	**de**
from	**de**

EJERCICIO

1·3

Traducción (Translation)

1. *My uncle is the brother of my mother.* _____

2. *Your mother is my cousin.* _____

3. *My grandfather is your uncle.* _____

4. *Your grandmother is from China.* _____

5. *My family is from Boston.* _____

6. *Your sister is my aunt.* _____

7. *My father is the cousin of your uncle.* _____

8. *Your mom is the aunt of my daughter.* _____

Hechos divertidos (*Fun facts*)

Las celebridades (*Celebrities*)

◆ La actriz Julia Roberts es la tía de la actriz Emma Roberts y la hermana del actor Eric Roberts.

◆ Angelina Jolie es la ex-esposa del actor Brad Pitt, y la madre de seis hijos.

◆ La actriz y cómica Melissa McCarthy es la esposa del director Ben Falcone y la prima de la actriz Jenny McCarthy.

◆ El actor Liam Hemsworth es el hermano del actor Luke Hemsworth.

◆ Liam Hemsworth es el ex-esposo de la cantante y actriz Miley Cyrus.

◆ El actor Warren Beatty es el hermano de la actriz Shirley MacClaine.

◆ El escritor Ronan Farrow es el hijo de la actriz Mia Farrow y el actor y director Woody Allen.

◆ El actor George Wendt ("Cheers") es el tío del actor y cómico Jason Sudeikis.

◆ El actor Alfie Allen es el hermano de la cantante Lily Allen.

◆ El actor Martin Sheen es el padre de los actores Charlie Sheen y Emilio Esteves.

◆ La actriz Dakota Johnson es la hija de la actriz Melanie Griffith.

Indefinite articles
Around the house

Indefinite articles

	SINGULAR	PLURAL
MASCULINE	un	unos
FEMININE	una	unas

VOCABULARIO

Por la casa (*Around the house*)

attic	**el desván**	house	**la casa**
basement	**el sótano**	kitchen	**la cocina**
bathroom	**el baño**	living room	**la sala**
bedroom	**el dormitorio**	office	**el despacho**
closet	**el clóset**	porch	**el porche**
dining room	**el comedor**	room	**el cuarto**
door	**la puerta**	shower	**la ducha**
entryway	**la entrada**	window	**la ventana**
garage	**el garaje**	yard	**el jardín**
hall	**el pasillo**		

EJERCICIO
2·1

Traducción simple (Simple translation)

1. *a bedroom* _____

2. *a house* _____

3. *some bedrooms* _____

4. *some houses* _____

5. *a basement* _____

6. *some bathrooms* _____

7. *a kitchen* _____

8. *an attic* _____

6

9. *an entryway* _____

10. *a closet* _____

11. *a hall* _____

12. *a yard* _____

13. *a dining room* _____

14. *a living room* _____

15. *some offices* _____

16. *an office* _____

17. *some kitchens* _____

18. *some living rooms* _____

19. *a porch* _____

20. *some yards* _____

La casa (The house) *Match each room named on the left with the item you would likely find in it. Figure out what each item is by its similarity to its English counterpart.*

1. _____ la sala   A. la computadora

2. _____ la cocina   B. el carro, el coche

3. _____ el despacho   C. la mini-televisión

4. _____ el jardín   D. el sofá

5. _____ el garaje   E. el refrigerador

6. _____ el comedor   F. el champú y el acondicionador

7. _____ el dormitorio   G. las plantas y las flores

8. _____ el baño   H. el candelabro

VOCABULARIO

Everyday words

one	uno, una (*f.*)	has	tiene
two	dos	doesn't have	no tiene
three	tres	are	son
four	cuatro		
five	cinco		

Traducción (Translation)

1. *My kitchen has two windows.* _____

2. *Your bedroom doesn't have a closet.* _____

3. *My house has four bedrooms.* _____

4. *Your living room has some windows.* _____

5. *My bathroom has a door.* _____

6. *Your house doesn't have a door.* _____

7. *My basement has five rooms.* _____

8. *Some doors are from France (Francia).* _____

9. *Angelina Jolie has three sons and three daughters.* _____

_____

10. *Lois has five sons.* _____

NOTA BUENA To negate a sentence, simply place no before the verb.

El baño tiene una ventana.   *The bathroom has a/one window.*

El baño no tiene una ventana.   *The bathroom doesn't have a/any windows.*

Hechos divertidos (*Fun facts*)

La Casa Blanca (*The White House*)

La Casa Blanca en Washington, D.C. (la casa oficial del Presidente de los Estados Unidos) tiene 16 dormitorios, 31 baños, cinco cocinas, cuatro comedores, 412 puertas, 147 ventanas, tres elevadores, 28 chimeneas, muchas salas y despachos—en total: ¡132 cuartos!

Yo tengo and yo quiero Animals

Yo tengo, yo quiero

Yo tengo	*I have*
Yo no tengo	*I don't have*
Yo quiero	*I want*
Yo no quiero	*I don't want*

VOCABULARIO

Los animales (*Animals*)

bear	**el oso**	lamb	**el cordero**
bird	**el pájaro**	lion	**el león**
bull	**el toro**	monkey	**el mono**
cat	**el gato**	mouse	**el ratón**
chicken	**el pollo**	pig	**el cerdo**
cow	**la vaca**	rabbit	**el conejo**
dog	**el perro**	rat	**la rata**
donkey	**el burro**	rooster	**el gallo**
duck	**el pato**	sheep	**la oveja**
elephant	**el elefante**	tiger	**el tigre**
fish	**el pez**	turkey	**el pavo**
horse	**el caballo**	wolf	**el lobo**
kangaroo	**el canguro**		

EJERCICIO

3·1

Traducción (Translation)

1. *I have a bear.* _____

2. *I don't have an elephant.* _____

3. *I have two ducks.* _____

4. *I don't have three cats.* _____

5. *I want a dog.* _____

6. *I don't want a mouse.* _____

7. *I want some cats.* _____

8. *I don't want a rat.* _____

9. *I have some monkeys.* _____

10. *I want some turkeys.* _____

11. *I have the lamb.* _____

12. *I don't have the lion.* _____

13. *I want the tiger.* _____

14. *I don't want the pig.* _____

15. *I want a rabbit.* _____

¿Dónde está el animal? (Where is the animal?) *Place an* **X** *in the column that indicates where you would most likely find each of the animals listed below:* **en la casa** (in the house), **en la granja** (on the farm), *or* **en el zoológico** (in the zoo).

	en la casa	en la granja	en el zoológico
1. el pato	_____	_____	_____
2. el tigre	_____	_____	_____
3. el cordero	_____	_____	_____
4. el gato	_____	_____	_____
5. el león	_____	_____	_____
6. el conejo	_____	_____	_____
7. el elefante	_____	_____	_____
8. el caballo	_____	_____	_____
9. el pájaro	_____	_____	_____
10. el mono	_____	_____	_____
11. el toro	_____	_____	_____
12. el cerdo	_____	_____	_____
13. el pavo	_____	_____	_____

Everyday words

book	**el libro**
for	**para**
in, at, on	**en**
with	**con**

EJERCICIO
3·3

Traducción (Translation)

1. *I don't want a bull in my kitchen.* _____

2. *I have two ducks in my living room.* _____

3. *I don't have a car in my garage.* _____

4. *I have a monkey for George.* _____

5. *I don't want a bird from China.* _____

6. *Hermione has a cat at Hogwarts.* _____

7. *My cousin doesn't have a tiger in the car.* _____

8. *I want some rats for my mouse.* _____

9. *Scooby-Doo is a dog and Velma is a girl.* _____

10. *Shrek has a donkey.* _____

Hechos divertidos (*Fun facts*)

Winnie the Pooh

◆ A.A. Milne, el padre de Christopher Robin, es el autor de *Winnie the Pooh,* un libro muy popular con los chicos y las chicas.

◆ Pooh es un oso.

◆ Eeyore es un burro.

◆ Rabbit es un conejo.

◆ Roo es un canguro (su madre es Kanga).

◆ Tigger es un tigre.

◆ Piglet es un cerdo.

◆ Heffalump es un elefante.

The use of hay
The classroom

·4·

Hay

Hay _____.	*There is* _____.	*There are* _____.
No hay _____.	*There isn't* _____.	*There aren't* _____.
¿Hay _____?	*Is there* _____?	*Are there* _____?
¿No hay _____?	*Isn't there* _____?	*Aren't there* _____?

NOTA BUENA **Hay** is pronounced "eye."

VOCABULARIO

La sala de clase (*The classroom*)

assignment	**la tarea**	lights	**las luces**
backpack	**la mochila**	map	**el mapa**
book	**el libro**	notebook	**el cuaderno**
chair	**la silla**	paper	**el papel**
chalk	**la tiza**	pen	**la pluma**
chalkboard	**la pizarra**	pencil	**el lápiz**
classroom	**la sala de clase**	ruler	**la regla**
clock	**el reloj**	school	**la escuela**
desk	**el escritorio**	student	**el estudiante, la estudiante**
dictionary	**el diccionario**	teacher	**el maestro, la maestra**
eraser	**el borrador**	wall	**la pared**
lesson	**la lección**		

EJERCICIO

4·1

Traducción compleja (Complex translation)

1. *There is a book on the desk.* _____

2. *There are two rulers in my desk.* _____

3. *There is a map on the wall.* _____

4. There is a teacher in the classroom. _____

5. There isn't a pen on my desk. _____

6. There isn't a notebook for the teacher. _____

7. There aren't lights in the classroom. _____

8. Is there chalk for the chalkboard? _____

9. Is there a clock for the wall? _____

10. Is there an assignment for the students? _____

11. There are three maps for the teachers. _____

12. There is a backpack on the desk. _____

EJERCICIO
4·2

¿En la pared o en el escritorio? (On the wall or on the desk?)
Are the following items hanging on the wall (en la pared) or sitting on (or in) the desk (en el escritorio)? Place an X in the appropriate column. If neither is true, place an X in the no column.

	en la pared	en el escritorio	no
1. el cuaderno	_____	_____	_____
2. el mapa	_____	_____	_____
3. la regla	_____	_____	_____
4. la tarea	_____	_____	_____
5. la maestra	_____	_____	_____
6. la pizarra	_____	_____	_____
7. la pluma	_____	_____	_____
8. el lápiz	_____	_____	_____
9. la silla	_____	_____	_____
10. el reloj	_____	_____	_____
11. el diccionario	_____	_____	_____
12. la estudiante	_____	_____	_____
13. el papel	_____	_____	_____
14. el escritorio	_____	_____	_____

Everyday words

six	**seis**	and	**y**
seven	**siete**	each; every	**cada**
eight	**ocho**		
nine	**nueve**		
ten	**diez**		

EJERCICIO
4·3

Traducción (Translation)

1. *My classroom has a clock on each wall.*

   _____

2. *I have six pens and seven rulers in my backpack.*

   _____

3. *I want eight notebooks for my desk.*

   _____

4. *I don't have the ruler for my assignment.*

   _____

5. *My teacher has paper and a pen for every student.*

   _____

6. *I want chalk and an eraser for every chalkboard.*

   _____

7. *There is a duck on each desk.* _____

8. *Is there a fish in the classroom?* _____

Hechos divertidos (*Fun facts*)

Mr. Rogers

En la escuela del programa *Señor Rogers* (en la televisión americana), hay tres estudiantes: Anna Platypus, el Príncipe Tuesday y Daniel el Tigre. La maestra es una vaca: Harriet Elizabeth Cow. La asistenta a la maestra es la Dama Elaine. La Dama Elaine es la sobrina del Rey (*King*) Friday y la Reina (*Queen*) Sara. Dama Elaine es la prima del Príncipe Tuesday.

Subject pronouns
Common -ar verbs
Regular -ar verbs
Days of the week

·5·

Subject pronouns

yo	*I*	nosotros	*we* (m.)
		nosotras	*we* (f.)
tú	*you* (sing., fam.)	vosotros	*you* (pl., fam., m.)
		vosotras	*you* (pl., fam., f.)
él	*he*	ellos	*they* (m.)
ella	*she*	ellas	*they* (f.)
usted	*you* (sing., form.)	ustedes	*you* (pl., form.)

VOCABULARIO

Unos verbos -ar comunes (*Common* **-ar** *verbs*)

bailar	to dance	**mirar**	to watch, to look (at)
caminar	to walk	**pagar**	to pay
cantar	to sing	**preparar**	to prepare
comprar	to buy	**tocar**	to play (a musical instrument), to touch
escuchar	to listen (to)	**tomar**	to take, to drink/sip
estudiar	to study	**trabajar**	to work
hablar	to speak		

Conjugation of regular -ar verbs

hablar *to speak, talk*

yo	hablo	nosotros/nosotras	hablamos
tú	hablas	vosotros/vosotras	habláis
él	habla	ellos	hablan
ella	habla	ellas	hablan
usted	habla	ustedes	hablan

Conjugación (Conjugation) *Conjugate the following verbs.*

	yo	tú	él/ella/ usted	nosotros/ nosotras	vosotros/ vosotras	ellos/ellas/ ustedes
1. hablar *to speak*						
2. cantar *to sing*						
3. comprar *to buy*						
4. estudiar *to study*						
5. mirar *to watch*						
6. pagar *to pay*						
7. tocar *to touch; to play an instrument*						
8. caminar *to walk*						
9. trabajar *to work*						
10. tomar *to take*						

¿Verdadero o falso? (True or false?) *Mark the following statements true (V) or false (F).*

1. _____ Yo hablo inglés (*English*).

2. _____ Yo estudio español.

3. _____ Yo no canto en la clase de música.

4. _____ Yo miro la televisión en mi casa.

5. _____ Yo bailo con mi maestro/maestra en la sala de clase.

6. _____ Yo trabajo en la oficina del presidente de los Estados Unidos.

7. _____ Chris Martin, de la banda Coldplay, toca el piano.

8. ____ Muchos actores trabajan en Hollywood.

9. ____ Nosotros estudiamos mucho en la escuela.

10. ____ Katy Perry y Beyoncé no cantan.

EJERCICIO 5·3

Traducción simple (Simple translation)

1. *I speak.* _____

2. *You speak.* _____

3. *He speaks.* _____

4. *We speak.* _____

5. *They [m.] speak.* _____

6. *I study.* _____

7. *You study.* _____

8. *We study.* _____

9. *She dances.* _____

10. *You watch.* _____

11. *We take.* _____

12. *We work.* _____

13. *I sing.* _____

14. *You sing.* _____

15. *Beyoncé sings.* _____

16. *They dance.* _____

EJERCICIO 5·4

¿Verdadero o falso? (True or false?) *Mark the following statements true* (**V**) *or false* (**F**). *Many of the words are new, but with a bit of study you'll be able to figure them out.*

1. ____ Yo toco el trombón, la trompeta, el clarinete, el violín, el oboe y el saxofón.

2. ____ Yo no miro la televisión en mi casa.

3. ____ Yo estudio español.

4. ____ El presidente de Honduras habla español.

5. ____ Tiffany Haddish canta y baila en Broadway.

6. ____ Nosotros estudiamos mucho en la sala de clase.

7. ____ Mi maestro/maestra trabaja mucho.

8. ____ Muchas personas hablan con amigos por teléfono celular.

9. ____ Yo compro perros y vacas en la cafetería.

10. ____ Nosotros miramos muchas películas (*movies*) por Internet.

11. ____ Los fashionistas compran mucha ropa (*clothing*).

12. ____ Hay un teléfono en mi casa.

VOCABULARIO

Everyday words

a lot	**mucho**
because	**porque**
day	**el día**
money	**el dinero**
to	**a**

EJERCICIO
5·5

Traducción (Translation)

1. *I practice the piano every day.* _____

2. *We study a lot in the classroom.* _____

3. *I walk a lot because I have three dogs.* _____

4. *We walk to my house.* _____

5. *I pay because I have the money.* _____

6. *You take the money from the girl.* _____

7. *I work a lot because I buy a lot.* _____

Hechos divertidos (*Fun facts*)

La televisión (*Television*)

En la casa típica en los Estados Unidos, los americanos miran la televisión por ocho horas cada día. En la casa típica en Francia, los franceses miran la televisión por tres horas cada día. En la casa típica en Italia, los italianos miran la televisión por cuatro horas cada día. En Japón, los japoneses miran la televisión por tres horas y media (3½) cada día. Es obvio—¡Los americanos aman la televisión!

VOCABULARIO

Los días de la semana (*Days of the week*)

Monday	**el lunes**
Tuesday	**el martes**
Wednesday	**el miércoles**
Thursday	**el jueves**
Friday	**el viernes**
Saturday	**el sábado**
Sunday	**el domingo**

NOTA BUENA Monday is the first day of the week on the Spanish calendar. The names of the days are not capitalized.

¿Qué día (o días)? (On which day (or days)?) *Write the day (or days) of the week when the following events usually occur.*

1. Yo no estudio en la escuela. _____ y _____

2. el primer día de la escuela cada semana _____

3. el último día de la escuela cada semana _____

4. el día tradicional del matrimonio _____

5. Los cristianos visitan la iglesia (*church*). _____

6. el segundo día de la escuela cada semana _____

7. el Súper Bowl (del fútbol americano) _____

8. una fiesta con toda la familia _____ y _____ y _____

Hechos divertidos (*Fun facts*)

La comida rápida (*Fast food*)

- Más o menos (*More or less*) 50,000,000 personas en el mundo (*world*) compran una hamburguesa de McDonald's cada día.
- Hay 250 calorías en una hamburguesa regular de McDonald's. Hay 540 calorías en un Big Mac.
- Hay 250 calorías en un paquete pequeño de papas fritas (*French fries*). Un paquete regular de papas fritas tiene 380 y un paquete grande de papas fritas tiene 570.
- Hay quince (15) calorías en un paquete de salsa de tomate.
- No hay calorías en la sal.
- Hay 105 calorías en una lata (*can*) de Coca-Cola (ocho onzas); hay 155 calorías en una lata de 12 onzas; hay 200 en una botella de 16 onzas y hay 280 en una botella de 22 onzas.
- No hay calorías (ni nutrición) en una lata de Coca-Cola de dieta.
- Hay 150 calorías en un Hostess Twinkie. En un Hostess Ho Ho, hay 130 calorías.
- Hay 273 calorías en un Snickers.
- Hay 25 calorías en un Hershey's Kiss (muy romántico, ¿no?)

Lecciones 1–5

Traducción simple

1. *the boys* _____
2. *some grandmothers* _____
3. *a monkey* _____
4. *some wolves* _____
5. *the house* _____
6. *the bedrooms* _____
7. *some kitchens* _____
8. *a basement* _____
9. *some backpacks* _____
10. *a horse* _____
11. *a lesson* _____
12. *some windows* _____
13. *the room* _____
14. *a shower* _____
15. *the bathroom* _____

Match the character in the first column with the Spanish name for the kind of animal it is.

1. _____ Shere Kahn		A.	el mono
2. _____ Nemo		B.	el oso
3. _____ Secretariat		C.	el tigre
4. _____ Dumbo		D.	la rata
5. _____ Tweety		E.	el conejo
6. _____ Curious George		F.	el león
7. _____ Wilbur		G.	el cerdo
8. _____ Ferdinand		H.	el ratón
9. _____ Scooby Doo		I.	el caballo
10. _____ Smokey		J.	el pez
11. _____ Templeton		K.	el elefante
12. _____ Garfield		L.	el pato
13. _____ Stuart Little		M.	el perro
14. _____ Donald		N.	el gato
15. _____ Leo		O.	el toro
16. _____ Peter Cottontail		P.	el pájaro

Hay / No hay *Make each of the following statements true by adding either* **Hay** *(There is / There are) or* **No hay** *(There isn't / There aren't).*

1. _____ un mono en el zoológico.

2. _____ un baño en mi cocina.

3. _____ muchas fotos en el website de Facebook.

4. _____ un león en la granja típica.

5. _____ un oso en mi refrigerador.

6. _____ vacas, cerdos, pollos y un gallo en una granja típica.

7. _____ unos hijos en la casa de Angelina Jolie.

8. _____ un ratón muy famoso y popular en Disneylandia.

EJERCICIO

C1·4

¿Verdadero o falso?

1. _____ Jennifer Garner es la madre de tres hijas, y Ben Affleck es el padre.

2. _____ Yo tengo diez hijas.

3. _____ Mi casa tiene una cocina y mi dormitorio tiene un clóset.

4. _____ En *El Mago de Oz,* Dorothy tiene un perro y tres amigos. Uno de los amigos es un león.

5. _____ Hay muchos escritorios y un reloj en la sala de clase típica.

6. _____ En mi casa hay nueve dormitorios, dos cocinas, cinco baños y cuatro despachos.

7. _____ En muchas casas hay tres dormitorios, dos baños y un garaje para dos carros.

8. _____ Yo tengo un mono en la sala de mi casa.

EJERCICIO

C1·5

Conjugate the following -ar verbs.

	yo	tú	él/ella/ usted	nosotros/ nosotras	vosotros/ vosotras	ellos/ellas/ ustedes
1. caminar *to walk*	_____	_____	_____	_____	_____	_____
2. cantar *to sing*	_____	_____	_____	_____	_____	_____
3. comprar *to buy*	_____	_____	_____	_____	_____	_____
4. llevar *to wear*	_____	_____	_____	_____	_____	_____
5. limpiar *to clean*	_____	_____	_____	_____	_____	_____
6. mirar *to watch*	_____	_____	_____	_____	_____	_____
7. pagar *to pay*	_____	_____	_____	_____	_____	_____
8. tocar *to touch*	_____	_____	_____	_____	_____	_____
9. tomar *to take*	_____	_____	_____	_____	_____	_____
10. trabajar *to work*	_____	_____	_____	_____	_____	_____

EJERCICIO
C1·6

¿Quién soy? (Who am I?) *There are some new words here. Take time to figure them out, and it will help you figure out the mystery person, too.*

1. Yo soy cantante y bailante. Yo soy de Houston, Texas. Originalmente, yo canto con un grupo de tres cantantes. El nombre del grupo es Destiny's Child. Yo soy la cantante principal. Ahora yo canto sola. Mi esposo es el *rapper* Jay Z. Yo tengo. dos hijas y un hijo.

   Yo soy _____.

2. Yo trabajo en una mina. Yo soy "médico." Yo soy muy inteligente. Mi casa no es grande. Yo no soy grande. Yo tengo seis hermanos. Nosotros caminamos a la mina cada día. Nosotros cantamos y nosotros trabajamos. Mi amiga es Snow White, y ella limpia la casa cuando nosotros trabajamos.

   Yo soy _____.

3. Yo soy cómico. Yo tengo un programa en la televisión en la noche. Yo hablo con muchas celebridades en cada programa. En mi programa hay muchas celebridades: actores, cantantes, bailantes, autores y más. Cada persona es notable. A veces yo tengo una competición de *lip sync* con una o dos celebridades. Las personas en la audiencia votan por la persona más magnífica (o más ridícula). En el pasado, el cómico Jay Leno tiene el programa.

   Yo soy _____.

EJERCICIO
C1·7

¿Quién compra esto? (Who buys this?) *Before the school year starts, who pays* (**¿quién paga?**) *for the following items? Mark an* **X** *in the correct column.*

	la escuela	el/la estudiante
1. el lápiz	_____	_____
2. la pizarra	_____	_____
3. la mochila	_____	_____
4. las luces	_____	_____
5. la tiza	_____	_____
6. el cuaderno	_____	_____
7. la pluma	_____	_____
8. la silla	_____	_____
9. el escritorio	_____	_____
10. el mapa	_____	_____
11. la regla	_____	_____
12. la pared	_____	_____

Traducción compleja (Complex translation)

1. *I study Spanish in my school every Monday and Friday.*

   _____

2. *My teacher has a desk and five windows in his/her classroom.*

   _____

3. *My mother buys the pen, the pencil, and the notebook because I don't have money.*

   _____

4. *We watch* Sesame Street (**Barrio Sésamo**) *every day.*

   _____

5. *Fred buys the books for Velma, and Shaggy buys a hamburger for Scooby-Doo.*

   _____

6. *There are four horses in the house of my cousin.*

   _____

7. *He works every Tuesday, Wednesday, and Thursday.*

   _____

8. *There is a party* (la fiesta) *every Saturday and Sunday at my house.*

   _____

Hechos divertidos (*Fun facts*)

Los caracteres de *Arthur* (*Characters from* Arthur)

Hay muchos caracteres en el programa *Arthur*, un programa muy popular con los chicos y las chicas.

- Arthur es un oso hormiguero (*aardvark*). Su nombre completo es Arthur Timothy Read.
- Brain es un oso.
- Muffy y Francine son monas.
- Binky es un bulldog.
- Búster es un conejo.
- Sue Ellen es una gata.
- Prunella es una rata.
- Fern es una perra.
- Jane es la madre de Arthur.
- David es el padre de Arthur.
- D.W. es la hermana de Arthur. (*D* es para Dora y *W* es para Winifred.)
- El Señor Ratburn es el maestro de Arthur.

Grammar

Vocabulary

Fun facts

Clothing
-Ar verb endings

VOCABULARIO

La ropa (*Clothing*)

belt	**el cinturón**	pants	**los pantalones**
blouse	**la blusa**	shirt	**la camisa**
cap	**la gorra**	shoe	**el zapato**
clothing	**la ropa**	skirt	**la falda**
coat	**el abrigo**	socks	**los calcetines**
dress	**el vestido**	sweater	**el suéter**
hat	**el sombrero**	T-shirt	**la camiseta**
pajamas	**los pijamas**	(to) wear	**llevar**

EJERCICIO
6·1

Traducción simple

1. *I buy the clothing.* _____

2. *You wear the shirt.* _____

3. *She wears the skirt with the blouse.*

   _____

4. *We take the shoes from the girl.*

   _____

5. *She dances in a dress.* _____

6. *They buy the dresses for some girls.*

   _____

7. *We don't wear pajamas in the classroom.*

   _____

8. *You wear shoes and you dance a lot.*

   _____

9. *We take the T-shirt from the chair.*

_____

10. *I wear shoes and socks every day.*

_____

11. *Sometimes (a veces) Daniel Radcliffe doesn't wear a shirt when (cuando) he works.*

_____

12. *I don't wear shoes when I practice the piano.*

_____

Identificación *Write the Spanish name next to each picture. Include the appropriate definite article.*

1. _____

2. _____

3. _____

4. _____

5.  _____

6. _____

7.  _____

8. _____

9. _____

10. _____

11. _____

12.  _____

13. _____

14. _____   15. _____

EJERCICIO

6·3

Traducción

1. _Lady Gaga sings and sometimes plays the piano._

   _____

2. _Sometimes he sings when he buys something._

   _____

3. _We wear pants and a T-shirt when we work._

   _____

4. _Sometimes they sing when we play the guitar_ (la guitarra).

   _____

5. _The girls watch something and they listen to something else._

   _____

6. _They speak every day with my teacher._

   _____

7. _I have a lot of money because you always pay._

   _____

8. _He always watches the dogs in the house._

   _____

Regular -ar verb endings

SINGULAR SUBJECT	VERB ENDING	PLURAL SUBJECT	VERB ENDING
yo	**-o**	nosotros/nosotras	**-amos**
tú	**-as**	vosotros/vosotras	**-áis**
él	**-a**	ellos	**-an**
ella	**-a**	ellas	**-an**
usted	**-a**	ustedes	**-an**

EJERCICIO 6·4

*Conjugate the following regular **-ar** verbs.*

	yo	tú	él/ella/ usted	nosotros/ nosotras	vosotros/ vosotras	ellos/ellas/ ustedes
1. ganar *to win, earn*	___	___	___	___	___	___
2. gritar *to shout, yell*	___	___	___	___	___	___
3. llegar *to arrive*	___	___	___	___	___	___
4. llorar *to cry*	___	___	___	___	___	___
5. necesitar *to need*	___	___	___	___	___	___
6. preparar *to prepare*	___	___	___	___	___	___
7. tirar *to throw*	___	___	___	___	___	___
8. usar *to use*	___	___	___	___	___	___

Hechos divertidos (*Fun facts*)

La ropa (*Clothing*)

- Mary Quant es la inventora de la mini-falda en los 1960s.
- Jacob Davis y Levi Strauss inventan los blue jeans en 1873.
- En un musical muy popular en Broadway, Joseph (hijo de Jacob y Rachel en la Biblia) tiene un abrigo de muchos colores.
- En el centro de la camisa de Superman, hay una *S* enorme—la *S* es para Súper.
- En un campamento de nudistas, las personas no llevan ropa.
- La diseñadora de moda Stella McCartney es la hija de Sir Paul McCartney.

Regular -er verbs
Food and drink

Conjugation of regular -er verbs

comer *to eat*

yo	como	nosotros/nosotras	comemos
tú	comes	vosotros/vosotras	coméis
él	come	ellos	comen
ella	come	ellas	comen
usted	come	ustedes	comen

beber *to drink*

yo	bebo	nosotros/nosotras	bebemos
tú	bebes	vosotros/vosotras	bebéis
él	bebe	ellos	beben
ella	bebe	ellas	beben
usted	bebe	ustedes	beben

VOCABULARIO

La comida y las bebidas (*Food and drink*)

La comida (*Food*)

bread	**el pan**	ice cream	**el helado**
cereal	**el cereal**	peanut butter	**la crema de cacahuete**
cheese	**el queso**	pizza	**la pizza**
chicken	**el pollo**	rice	**el arroz**
egg	**el huevo**	salad	**la ensalada**
French fries	**las papas fritas**	sandwich	**el sándwich**
hamburger	**la hamburguesa**	toast	**el pan tostado**

Las bebidas (*Beverages*)

chocolate milk	**la leche chocolate**	milk	**la leche**
coffee	**el café**	soda pop	**el refresco**
juice	**el jugo**	water	**el agua**
lemonade	**la limonada**		

Traducción compleja

1. *I eat the pizza.* _____

2. *You eat the cereal with milk.* _____

3. *She eats the bread.* _____

4. *We eat the salad.* _____

5. *You all eat the rice with chicken.* _____

6. *Ben and Jerry eat the ice cream.* _____

7. *I drink the milk.* _____

8. *You drink the juice.* _____

9. *She drinks the coffee with milk.* _____

10. *You all drink the water.* _____

11. *They drink the lemonade.* _____

12. *I drink chocolate milk when I eat a hamburger and French fries.*

_____

13. *He doesn't eat the cheese on the pizza.* _____

¿Cuándo comes esto? (When do you eat this?) *Mark an X in the appropriate column for each meal during which you would typically eat the foods listed below:* **el desayuno** (breakfast), **el almuerzo** (lunch), **la cena** (dinner), *or* **el postre** (dessert). *(Answers may vary.)*

	el desayuno	el almuerzo	la cena	el postre
1. el cereal	_____	_____	_____	_____
2. el helado	_____	_____	_____	_____
3. el sándwich	_____	_____	_____	_____
4. la ensalada	_____	_____	_____	_____
5. la hamburguesa	_____	_____	_____	_____
6. el huevo	_____	_____	_____	_____
7. la pizza	_____	_____	_____	_____
8. el pan tostado	_____	_____	_____	_____
9. el pollo	_____	_____	_____	_____
10. las papas fritas	_____	_____	_____	_____

Everyday words

but	**pero**	morning	**la mañana**
cafeteria	**la cafetería**	plate	**el plato**
glass (drinking)	**el vaso**	sometimes	**a veces**

EJERCICIO 7·3

Traducción

1. *Sometimes we eat in the cafeteria, and sometimes we eat in the classroom.*

_____

2. *I drink the water in the glass, and you eat the hamburger on the plate.*

_____

3. *There is a lot of ice cream for the children of Kate on the plates.*

_____

4. *We eat cereal every morning for breakfast.*

_____

5. *Sometimes in the morning they eat hamburgers and pizza, and they drink a soda pop.*

_____

6. *I want three eggs for lunch, but I don't want the toast.*

_____

7. *In China they eat a lot of rice, and in Mexico they eat a lot of rice with chicken.*

_____

Hechos divertidos (*Fun facts*)

Los animales (*Animals*)

- Los felinos (los gatos, los leones, los tigres, etc.) son carnívoros y comen otros animales.
- La vaca es herbívora y come solamente plantas.
- El omnívoro come de todo: los animales y las plantas.
- El cerebro del mono es una delicadeza en partes de China.
- Más o menos dos por ciento de las personas en los Estados Unidos son vegetarianos: Ellos no comen la carne.
- ¡Un murciélago (*bat*) come más o menos 600 mosquitos en una hora!
- La persona típica necesita ocho vasos de agua cada día.

·8· -Er verb endings
Common -er verbs

Regular -er verb endings

SINGULAR SUBJECT	VERB ENDING	PLURAL SUBJECT	VERB ENDING
yo	**-o**	nosotros/nosotras	**-emos**
tú	**-es**	vosotros/vosotras	**-éis**
él	**-e**	ellos	**-en**
ella	**-e**	ellas	**-en**
usted	**-e**	ustedes	**-en**

VOCABULARIO

Unos verbos -er comunes (*Common -er verbs*)

aprender	to learn	**deber**	to owe
beber	to drink	**esconder**	to hide
comer	to eat	**leer**	to read
comprender	to understand, comprehend	**responder**	to answer, respond
correr	to run	**romper**	to break
creer	to believe	**vender**	to sell

EJERCICIO 8·1

Traducción simple

1. *I learn.* _____
2. *You learn.* _____
3. *He learns.* _____
4. *We eat.* _____
5. *You all eat.* _____
6. *They run.* _____
7. *I understand.* _____
8. *You believe.* _____

9. *I believe.* _____
10. *She owes.* _____
11. *They hide.* _____
12. *We read.* _____
13. *You read.* _____
14. *I answer.* _____
15. *He breaks.* _____
16. *We sell.* _____

¿**Qué hago yo?** (What do I do?) *Tell what you would likely do given the following information.*

EJEMPLO   Yo tengo un sándwich. *Yo como.*

1. Yo tengo un libro. _____

2. Yo tengo un refresco. _____

3. Yo tengo un sándwich de crema de cacahuete. _____

4. Yo tengo una clase. _____

5. Yo necesito dinero. _____

6. Yo necesito ejercicio (*exercise*). _____

7. Yo tengo un plato de papas fritas. _____

8. Yo tengo un vaso de leche. _____

9. Yo tengo una piñata. _____

10. Yo tengo mi clase de español y estudio mucho. _____

VOCABULARIO

Everyday words

a little	**un poco**	on top of	**encima de**
everything	**todo**	only	**solamente**
her	**su**	to	**a**
his	**su**	under	**debajo de**

Traducción

1. *I eat the toast on top of the table.* _____

2. *She runs to her mother when she breaks something.*

_____

3. *He hides his backpack under the chair.* _____

4. *We owe a lot of money to my cousin.* _____

5. *She reads a little every day.* _____

6. *I break the plate on top of the table.* _____

7. *You all don't understand the books.* _____

8. *His sister learns a lot in school because she studies a lot.*

_____

EJERCICIO

8·4

¿Verdadero o falso?

1. _____ Los estudiantes beben solamente los refrescos en la cafetería.

2. _____ Las personas en Italia no comen pizza.

3. _____ Enrique Iglesias comprende inglés y español.

4. _____ Jennifer Lopez canta solamente en inglés.

5. _____ A veces yo escondo mi dinero en mi dormitorio.

6. _____ Cardi B canta y baila en muchos videos.

7. _____ Yo comprendo inglés y un poco de español.

8. _____ Yo debo mucho dinero a mi maestro/maestra.

Hechos divertidos (*Fun facts*)

El maratón (*The marathon*)

◆ En un maratón, las personas corren exactamente 26,22 millas (42.195 kilómetros).

◆ La distancia de un maratón es la distancia de Maratón a Atenas (dos ciudades en Grecia).

◆ El primer maratón en los Estados Unidos es en Boston, Massachusetts, en 1897.

◆ Hay más de 36.000 (treinta y seis mil) entrantes en el maratón cada año en Berlín.

◆ Hay más de 10.000 (diez mil) entrantes en el maratón anual de Dublín.

◆ Hay más de 26.000 (veintiséis) entrantes en el maratón anual en Honolulu, Hawaii.

◆ Cada año más o menos 20.000 (veinte mil) personas corren en el maratón en Boston.

◆ Más de 35.000 (treinta y cinco mil) personas corren en el maratón de Londres cada año.

Forms of adjectives
Colors
Expressing "I like"

Two-form adjectives

SINGULAR	PLURAL
azul	azules
verde	verdes

Four-form adjectives

	SINGULAR	PLURAL	SINGULAR	PLURAL
MASCULINE	negro	negros	rojo	rojos
FEMININE	negra	negras	roja	rojas

NOTA BUENA Two-form adjectives take number, while four-form adjectives take number and gender.

VOCABULARIO

Los colores (*Colors*)

black	**negro**	orange	**anaranjado**
blue	**azul**	purple	**morado**
brown	**café**	red	**rojo**
gray	**gris**	white	**blanco**
green	**verde**	yellow	**amarillo**

EJERCICIO
9·1

Traducción simple

1. *the green salad* _____

2. *the white rice* _____

3. *the brown rice* _____

4. *the blue ice cream* _____

5. *the yellow cheese* _____

6. *a yellow French fry* _____

7. *the red cake* _____

8. *the orange cake* _____

9. *the white milk* _____

10. *the purple soda pop* _____

11. *the orange ice cream* _____

12. *a brown hamburger* _____

13. *a green egg* _____

14. *the yellow lemonade* _____

15. *a blue cake* _____

16. *a white egg* _____

17. *the black toast* _____

18. *the orange juice* _____

19. *the red juice* _____

20. *some gray sweaters* _____

EJERCICIO
9·2

¿De qué color es...? (What color is ...?) *Write a complete sentence, giving the typical color for each of the following items.*

EJEMPLO   ¿De qué color es el arroz? *El arroz es blanco.* _____

1. ¿De qué color es una ensalada? _____

2. ¿De qué color es la leche chocolate? _____

3. ¿De qué color es la crema de cacahuete? _____

4. ¿De qué color es la sopa de tomate? _____

5. ¿De qué color es la pizza de queso? _____

6. ¿De qué color es el huevo en el centro? _____

7. ¿De qué color es el pan tostado? _____

8. ¿De qué color es un sándwich de pollo? _____

9. ¿De qué color es la salsa de tomate? _____

10. ¿De qué color es el helado de vainilla? _____

Expressing "I like"

I like _____ (*singular noun*).   **Me gusta** _____.

I don't like _____ (*singular noun*).   **No me gusta** _____.

EJERCICIO

9·3

Traducción

1. *I like brown rice.* _____

2. *I don't like the green hamburger.* _____

3. *I like yellow lemonade when we study.* _____

4. *She drinks white milk when she eats a green salad.*

   _____

5. *I don't like the blue soup.* _____

6. *I like the red juice, but I don't like the soda pop.*

   _____

7. *I drink water when I eat French fries.* _____

8. *I don't like a sandwich with my cereal.* _____

9. *I like the vanilla ice cream, but I don't like the chocolate ice cream.*

   _____

10. *I like an egg with my toast, but I don't like the egg on top of my toast.*

    _____

Hechos divertidos (*Fun facts*)

Los colores (*Colors*)

Rojo	El rojo es el color más común (*common*) en las banderas (*flags*) nacionales.
Azul	En Roma anciana, los sirvientes públicos llevan el azul. Hoy (*Today*) la policía y otros sirvientes públicos llevan el azul.
Amarillo	Un chico (o chica) "amarillo" es considerado cobarde (*coward*).
Verde	Solamente (*Only*) una bandera nacional es un color sólido—la bandera verde de Libia.
Morado	Muchas personas creen que el morado es bueno para la imaginación.
Anaranjado	Muchas personas creen que el anaranjado es el color de la creatividad, determinación, felicidad y del entusiasmo
Negro	El cinturón negro en karate es el símbolo de un experto.
Blanco	Un "elefante blanco" es muy raro y considerado sagrado (*sacred*) a las personas de Tailandia, India, Burma y Sri Lanka.

Descriptive adjectives Expressing "more than"

VOCABULARIO

Adjetivos descriptivos comunes
(*Common descriptive adjectives*)

Two-form descriptive adjectives

big	**grande**	smart	**inteligente**
brave	**valiente**	strong	**fuerte**
nice, kind	**amable**	young	**joven**
poor	**pobre**		

Four-form descriptive adjectives

angry	**enojado**	old	**viejo**
bad	**malo**	pretty	**bonito**
fat	**gordo**	rich	**rico**
friendly	**amistoso**	short (*height*)	**bajo**
funny	**cómico**	short (*length*)	**corto**
good	**bueno**	tall	**alto**
handsome	**guapo**	thin	**delgado**
little, small	**pequeño**	ugly	**feo**
long	**largo**	wonderful	**maravilloso**

Write the plural form for each adjective phrase, then translate the plural forms into English.

EJEMPLOS   el libro grande   *los libros grandes*   *the big books*

              una chica buena   *unas chicas buenas*   *some good girls*

	PLURAL	TRANSLATION
1. la casa bonita		
2. el perro gordo		
3. una sala grande		
4. un abuelo amable		
5. un tío bajo		
6. la tía rica		
7. un gato fuerte		
8. el baño feo		
9. un garaje pequeño		
10. un abuelo valiente		
11. el maestro bueno		
12. una ensalada bonita		
13. la pizza pequeña		
14. el primo pobre		
15. la puerta fea		
16. una ventana grande		
17. el libro largo		
18. la vaca mala		
19. la bufanda larga		
20. una falda corta		

EJERCICIO
10·2

¿Verdadero o falso?

1. _____ Un gigante es grande, alto y gordo.

2. _____ Cinderella es bonita.

3. _____ Las hermanas de Cinderella son amables.

4. _____ Shrek es guapo y Eddie Murphy es la voz de Fiona.

5. _____ Albert Einstein es inteligente y un profesor de la física.

6. _____ Normalmente la puerta principal de una casa es grande.

7. _____ Los siete amigos de Snow White son altos.

8. _____ Beijing, China, es grande.

9. _____ Un ratón es grande y una gorila no es fuerte.

10. _____ Un elefante es delgado y pequeño.

VOCABULARIO

Everyday words

downstairs	**abajo**
or	**o**
upstairs	**arriba**
very	**muy**

EJERCICIO
10·3

Traducción compleja

1. *We eat upstairs in the big kitchen, or we eat in the dining room downstairs.*

_____

2. *They study in the ugly basement, and we dance in the bathroom upstairs.*

_____

3. *I drink the milk downstairs, and you drink the water upstairs.*

_____

4. *Her rich mother is not kind.*

_____

5. *His handsome cousin is tall and funny.*

_____

Expressing "more than"

more + *adjective* + than   **más + *adjective* + que**

Adam Levine is taller (more tall) than I (am).   **Adam Levine es más alto que yo.**

EJERCICIO
10·4

¿Verdadero o falso?

1. _____ Albert Einstein es más inteligente que un cerdo.

2. _____ Superman es más fuerte que yo.

3. _____ España es más grande que Australia.

4. _____ La Señorita Universo es más bonita que una vaca.

5. _____ Una universidad es más grande que un apartamento.

6. _____ Un elefante es más pequeño que un gato.

7. _____ Un millonario es más rico que un billonario.

8. _____ Un maratón es más largo que diez millas.

Hechos divertidos (*Fun facts*)

Popeye el Marino (*Popeye the Sailor*)

En el programa animado *Popeye el Marino* (Sailor), los caracteres son muy distintos.

- Popeye es musculoso y muy feo. Él come espinacas cada día. Con espinacas, Popeye es valiente y fuerte.
- Olive Oyl es alta y delgada.
- Wimpy es gordo. Él come hamburguesas todo el día.
- Bluto no es amistoso.
- Swee'Pea es un bebé y muy pequeño.

Lecciones 6–10

EJERCICIO C2·1

Vocabulario *Write the Spanish infinitive for each of the following verbs.*

1. to speak _____
2. to study _____
3. to eat _____
4. to work _____
5. to drink _____
6. to believe _____
7. to dance _____
8. to understand _____
9. to learn _____
10. to sing _____

11. to run _____
12. to sell _____
13. to take _____
14. to pay _____
15. to watch _____
16. to buy _____
17. to read _____
18. to need _____
19. to hide _____
20. to break _____

EJERCICIO C2·2

¿Cuál es más grande? (Which is bigger?) *Mark an X in the correct column to indicate which of the two items in each pair is larger.*

A	B
1. _____ el número seis	_____ el número siete
2. _____ la cafetería	_____ la cocina
3. _____ el plato	_____ el pato
4. _____ la vaca	_____ el vaso

	A		B
5.	_____ todo	_____	un poco
6.	_____ la sala	_____	el baño
7.	_____ la ventana	_____	el comedor
8.	_____ la silla	_____	el escritorio
9.	_____ el carro	_____	el reloj
10.	_____ la pizarra	_____	la tiza
11.	_____ el pájaro	_____	el toro
12.	_____ el caballo	_____	la regla
13.	_____ los zapatos	_____	los calcetines
14.	_____ el pan tostado	_____	el garaje
15.	_____ la camisa	_____	el abrigo

EJERCICIO C2·3

¿Con qué frecuencia haces esto? (How often do you do this?)
Do you do the following **cada día** (every day), **a veces** (sometimes), *or* **nunca** (never)?
There are no incorrect answers.

	cada día	a veces	nunca
1. Yo "hablo" con mis amigos por teléfono celular.	_____	_____	_____
2. Yo miro los documentarios de *Geográfica Nacional*.	_____	_____	
3. Yo como la comida orgánica.	_____	_____	_____
4. Yo leo el diccionario.	_____	_____	_____
5. Yo corro el maratón en las Olimpiadas.	_____	_____	_____
6. Yo bebo diez Coca-Colas en un día.	_____	_____	_____
7. Yo vendo la casa de mis abuelas.	_____	_____	_____
8. Yo escondo dinero encima de mi casa.	_____	_____	_____
9. Yo rompo el reloj en mi sala de clase.	_____	_____	_____
10. Yo existo.	_____	_____	_____
11. Yo estudio español.	_____	_____	_____
12. Yo compro la ropa por el Internet.	_____	_____	_____

Una encuesta: ¿Qué te gusta más? (A survey: What do you like more?)
Pretend you're taking a survey. Answer each question with a complete sentence, giving a typical response.

EJEMPLO   ¿una pizza *o* un examen en la clase de español?

Me gusta más la pizza.

1. ¿la tarea *o* la fiesta con buenos amigos?

   _____

2. ¿el lunes *o* el sábado?

   _____

3. ¿mi dormitorio *o* la sala de clase?

   _____

4. ¿un dólar *o* diez dólares?

   _____

5. ¿una camiseta confortable *o* un uniforme de poliéster?

   _____

6. ¿la música de iTunes y Pandora *o* la música de mis padres?

   _____

7. ¿el sándwich de crema de cacahuete *o* el huevo de un pájaro enorme?

   _____

8. ¿un refresco *o* el jugo de tomate?

   _____

9. ¿un sándwich de pollo *o* un sándwich de arroz?

   _____

10. ¿el helado con chocolate *o* el helado con salsa de tomate?

   _____

EJERCICIO
C2·5

Para traducir (To translate)

1. *I learn a lot in my Spanish class.* _____

2. *We hide the money under the chair.* _____

3. *She sings in the classroom, but we don't listen.* _____

4. *He breaks the pens with his ruler.* _____

5. *They believe that (que) they need the Internet.* _____

6. *Daisy reads the books to her sister.* _____

7. *I buy a car every Tuesday.* _____

8. *We don't dance when we study.* _____

EJERCICIO
C2·6

¿Verdadero o falso?

1. _____ Una persona que come tres paquetes grandes de papas fritas cada día tiene una dieta buena.

2. _____ La Señorita Congenialidad es amistosa y amable.

3. _____ Cuando una persona come en McDonald's, él/ella paga más de un millón de dólares.

4. _____ Cada domingo mis abuelos corren en un maratón.

5. _____ Muchas personas beben jugo en la mañana.

6. _____ Amazon.com vende muchos libros por el Internet.

7. _____ Típicamente, encima de una montaña hay banderas de exploradores.

8. _____ La bandera de los Estados Unidos, de Inglaterra y de Francia tiene tres colores: roja, blanca y azul.

9. _____ En el zoológico típico hay monos, hay leones, hay tigres y hay gorilas, pero probablemente no hay pájaros.

10. _____ Unos criminales esconden el dinero (que ellos roban de un banco) en el sótano o en el garaje.

EJERCICIO
C2·7

¿A, B o C?

1. _____ En mi clase nosotros leemos un libro de la geometría. Nosotros estudiamos _____.

    a. la música   b. la geografía   c. las matemáticas

2. _____ Mi tío es el padre de mi _____.

    a. abuelo   b. primo   c. nieta

3. _____ Nosotros estudiamos la geografía. Necesitamos _____.

    a. una regla   b. un reloj   c. un mapa

4. _____ Yo quiero un animal para la casa. Mis padres compran _____.

    a. un gato   b. un caballo   c. un lobo

5. _____ En la casa típica, ¿cuántas cocinas hay?

    a. tres   b. siete   c. una

6. _____ En un restaurante en China, con frecuencia, hay _____ en el plato.

    a. el helado   b. el arroz   c. la crema de cacahuete

7. _____ De la combinación del rojo y el amarillo, tú recibes _____.

    a. el morado   b. el anaranjado   c. el verde

8. _____ El estado de Alaska es _____.

    a. grande   b. pequeño   c. delgado

9. _____ Yo necesito un cinturón para _____.

    a. mis zapatos   b. mi gorra   c. mis pantalones

10. _____ Los participantes en el programa *Ídolo Americano* _____.

    a. cantan la música   b. bailan   c. escuchan la música

Hechos divertidos (*Fun facts*)

¿Qué comen los animales? (*What do the animals eat?*)

- La jirafa come las plantas.
- El lobo come los pájaros.
- El chimpancé come las frutas y los insectos.
- El caballo come las frutas y las plantas.
- El gato es carnívoro: Come la carne y los insectos.
- Técnicamente, el perro es carnívoro, pero muchos perros también comen las plantas. Con frecuencia, cuando un perro come una planta, el perro vomita.
- Muchos peces (el plural de "pez") comen otros peces.
- El murciélago (*bat*) come los mosquitos.

Grammar

Vocabulary

Fun facts

Regular -ir verbs
Common -ir verbs

Conjugation of regular -ir verbs

escribir *to write*

yo	escribo	nosotros/nosotras	escribimos
tú	escribes	vosotros/vosotras	escribís
él	escribe	ellos	escriben
ella	escribe	ellas	escriben
usted	escribe	ustedes	escriben

vivir *to live*

yo	vivo	nosotros/nosotras	vivimos
tú	vives	vosotros/vosotras	vivís
él	vive	ellos	viven
ella	vive	ellas	viven
usted	vive	ustedes	viven

VOCABULARIO

Los verbos -ir comunes (*Common -ir verbs*)

abrir	to open	**escribir**	to write
cubrir	to cover	**recibir**	to receive
decidir	to decide	**subir**	to climb
describir	to describe	**sufrir**	to suffer
descubrir	to discover	**vivir**	to live

Traducción simple

1. *I open.* _____
2. *You open.* _____
3. *He opens.* _____
4. *We open.* _____
5. *You all open.* _____
6. *They open.* _____
7. *I cover.* _____
8. *You decide.* _____

9. *She discovers.* _____
10. *He describes.* _____
11. *We receive.* _____
12. *You all climb.* _____
13. *They cover.* _____
14. *You all live.* _____
15. *You write.* _____
16. *He suffers.* _____

¿Quién escribe el libro (o la historia o el drama)?

1. _____ ¿Quién escribe *Los Juegos del Hambre*?
2. _____ ¿Quién escribe *Romeo y Julieta*?
3. _____ ¿Quién escribe *El Gato Ensombrerado*?
4. _____ ¿Quiénes escriben la historia de "Hansel y Gretel"?
5. _____ ¿Quién escribe *El Prisionero de Azkaban*?
6. _____ ¿Quién escribe *Las Crónicas de Narnia*?
7. _____ ¿Quién escribe *La Pequeña Casa en la Pradera*?

A. Dr. Seuss
B. Laura Ingalls Wilder
C. William Shakespeare
D. C.S. Lewis
E. Los Hermanos Grimm
F. Suzanne Collins
G. J.K. Rowling

¿Verdadero o falso?

1. _____ Nosotros abrimos las escuelas los sábados y los domingos.
2. _____ Muchas personas reciben regalos (*gifts*) en diciembre.
3. _____ Muchas personas sufren del Huracán Katrina (2005) en Nueva Orleáns.
4. _____ El presidente de los Estados Unidos vive en Hollywood.
5. _____ Spiderman sube muchos edificios (*buildings*).
6. _____ Mi maestro/maestra describe las lecciones a los estudiantes.
7. _____ Benjamín Franklin descubre la electricidad.

Everyday words

also, too	**también**	next door to, next to	**al lado de**
birthday	**el cumpleaños**	too; too much	**demasiado**
letter	**la carta**	year	**el año**

EJERCICIO

11·4

Traducción compleja

1. *I receive gifts for my birthday every year.*

_____

2. *Sometimes I suffer when I study too much.*

_____

3. *They believe that Ricky Gervais lives next door to the Martians* (marcianos).

_____

4. *He suffers because he eats too much on his birthday.*

_____

5. *She decides that we eat in the dining room every year on her birthday.*

_____

6. *I want pizza, milk, and ice cream, too.*

_____

7. *You write ten letters every year.*

_____

Hechos divertidos (*Fun facts*)

Los cumpleaños en los libros de Harry Potter
(*Birthdays in the Harry Potter books*)

◆ El cumpleaños de J.K. Rowling, la autora de los libros de Harry Potter, es el treinta y uno (31) de julio.

◆ ¡También es el cumpleaños de Harry Potter!

◆ El cumpleaños de Hermione Granger es el diecinueve (19) de septiembre.

◆ El cumpleaños de Ron Weasley es el primero (1) de marzo.

◆ El cumpleaños de Ginny Weasley es el once (11) de agosto.

◆ El cumpleaños de Voldemort es el treinta y uno de diciembre.

◆ El cumpleaños de Severus Snape es el nueve de enero.

◆ El cumpleaños de Draco Malfoy es el cinco de junio.

·12· Asking questions Interrogatives

Asking simple questions

STATEMENT	Él estudia.	*He studies.*
SIMPLE QUESTION	¿Estudia él?	*Does he study?*
ANSWER	Sí. OR No.	*Yes.* OR *No.*

EJERCICIO 12·1

Preguntas simples (Simple questions) *Answer* **Sí** *(Yes) or* **No** *(No) to each of the following questions.*

1. ¿Estudias tú mucho? _____
2. ¿Miras tú la televisión todo el día? _____
3. ¿Comen muchos estudiantes en la cafetería? _____
4. ¿Vendes tú carros? _____
5. ¿Beben muchos chicos y chicas la leche? _____
6. ¿Compras tú los zapatos en el restaurante? _____
7. ¿Recibes muchas cartas de Hillary Clinton? _____
8. ¿Tienes tú un maestro / una maestra de español? _____

EJERCICIO 12·2

Traducción simple

1. *Do you study a lot?* _____
2. *Do you eat pizza?* _____
3. *Do you drink the water?* _____
4. *Do you live in a house?* _____
5. *Do you have a car?* _____
6. *Does Juan study in his bedroom?* _____

7. *Does Juana eat the rice?* _____

8. *Does Hansel live with Gretel?* _____

9. *Do the girls run in the school?* _____

Asking complex questions

STATEMENT/ANSWER   Él vive en España.   *He lives in Spain.*
COMPLEX QUESTION   ¿Dónde vive él?   *Where does he live?*

NOTA BUENA   The typical pattern for a complex question is INTERROGATIVE + VERB + SUBJECT.

EJERCICIO
12·3

¡**Juguémonos a un juego!** (Let's play a game!) *You're given the answer first; match it with the appropriate question.*

VOCABULARIO
la mañana	*morning*
la tarde	*afternoon*
la noche	*night*

Las respuestas (*The answers*)

1. _____ En Florida.

2. _____ Un libro.

3. _____ En la clase de música.

4. _____ Salsa de tomate y queso.

5. _____ Yo quiero una "A" en mi examen.

6. _____ Yo necesito más dinero.

7. _____ El huevo y la tostado o, a veces, el cereal.

8. _____ En la discoteca.

9. _____ Yo escribo un cheque.

10. _____ El saxófono y, a veces, el trombón.

11. _____ En la mañana, en la tarde y en la noche.

12. _____ Nunca.

Las preguntas (*The questions*)

A. ¿Qué lees tú?

B. ¿Dónde bailas tú?

C. ¿Por qué vendes tu carro?

D. ¿Qué necesitas tú para la hamburguesa?

E. ¿Por qué estudias mucho?

F. ¿Qué tocas tú en la banda?

G. ¿Cuándo comes tú?

H. ¿Dónde vives tú?

I. ¿Cómo pagas tú?

J. ¿Cuándo caminas encima del agua?

K. ¿Qué comes tú para el desayuno?

L. ¿Dónde cantas tú?

Everyday words

after	**después de**
because	**porque**
before	**antes de**
during	**durante**
(to) use	**usar**

12·4

Traducción de repaso (Translation review)

1. *When do you study? I study before the party.*

   _____

2. *When do you eat? I eat after the class.*

   _____

3. *When do you read? I read during the afternoon.*

   _____

4. *Why do you live with Fido? I live with Fido because I like the dog.*

   _____

5. *Why do you speak Spanish? I speak Spanish because they don't understand English (inglés).*

   _____

6. *Why do you receive ten gifts? I receive the gifts because tomorrow is my birthday.*

   _____

Ser
Professions

Conjugation of ser

ser *to be*

yo	soy	*I am*	nosotros/nosotras	somos	*we are*
tú	eres	*you are*	vosotros/vosotras	sois	*you all are*
él	es	*he is*	ellos	son	*they [m.] are*
ella	es	*she is*	ellas	son	*they [f.] are*
usted	es	*you are*	ustedes	son	*you all are*

VOCABULARIO

Las profesiones (*Professions*)

	MASCULINE	FEMININE
businessperson	el negociante	la negociante
computer programmer	el programador	la programadora
dentist	el dentista	la dentista
doctor, physician	el médico	la médica
electrician	el electricista	la electricista
farmer	el granjero	la granjera
hairstylist, hairdresser	el peluquero	la peluquera
lawyer, attorney	el abogado	la abogada
musician	el músico	la música
nurse	el enfermero	la enfermera
plumber	el plomero	la plomera
policeman; policewoman	el policía	la policía
politician	el político	la política
principal	el principal	la principal
professor	el profesor	la profesora
salesperson	el dependiente	la dependiente
secretary	el secretario	la secretaria
serviceman; servicewoman	el militar	la militar
singer	el cantante	la cantante
truck driver	el camionero	la camionera
waiter	el mesero	la mesera
writer	el escritor	la escritora

¿Verdadero o falso? *Mark each of the following statements as true (**V**) or false (**F**).*
Note that the indefinite article a *or* an *isn't translated before a profession in Spanish.*

1. _____ Los Beatles son músicos y cantantes.

2. _____ Clara Barton y Florence Nightingale son enfermeras.

3. _____ El doctor Phil es médico y trabaja en un hospital.

4. _____ Elizabeth Warren es política.

5. _____ Yo soy dentista en una clínica en Bagdad, Iraq.

6. _____ Harry Potter y yo somos estudiantes (yo de español y él de la magia).

7. _____ No hay muchos dependientes en Macy's.

8. _____ Bill Gates no es negociante.

Traducción simple

1. *I am a waiter.* _____

2. *You are a serviceman/servicewoman.* _____

3. *He is an electrician.* _____

4. *She is a lawyer.* _____

5. *We are singers.* _____

6. *You all are dentists.* _____

7. *Matthew and James are hairstylists.* _____

8. *They [f.] are truck drivers.* _____

Traducción: Repaso de adjetivos (Translation: Review of adjectives)
*Translate the following sentences, first for a masculine subject, then for a feminine
subject.*

	MASCULINE	FEMININE
1. *I am tall.*	_____	_____
2. *I am short.*	_____	_____
3. *I am friendly.*	_____	_____
4. *I am smart.*	_____	_____

	MASCULINE	FEMININE

5. *I am brave.* _____ _____

6. *You are strong.* _____ _____

7. *You are handsome.* _____ _____

8. *You are pretty.* _____ _____

9. *You are my good friend.* _____ _____

10. *You are wonderful.* _____ _____

EJERCICIO 13·4

Traducción: ¡Que comparemos! (Translation: Let's compare!)
Translate each of the following sentences.

1. *I am more intelligent than a cat.* _____

2. *You are taller than I (am).* _____

3. *Mother Teresa is nicer than he (is).* _____

4. *Will Farrell is funnier than you (are).* _____

5. *We are braver than Rambo (is).* _____

6. *They are smaller than a package of French fries.*

_____

EJERCICIO 13·5

¿Quién soy? *Each description is of a famous animal. Who is it? Note that **yo** is omitted in many cases; if the subject pronoun is understood from the verb, you don't need to use it.*

1. Soy morado. Soy enorme. Soy alto y soy gordo. Soy muy amistoso. Tengo un programa en la televisión para los chicos y chicas pequeños. Cada día durante de mi programa, yo canto una canción en particular. (Una línea de la canción es "Somos una familia feliz.") Mi canción especial es muy popular con los chicos y chicas pequeños, pero es totalmente repugnante a los chicos y chicas más grandes.

   Yo soy _____.

2. Soy cerdo. Vivo en una granja. Tengo muchos amigos en la granja. Templeton la rata, Charlotte la araña, vacas, patos, pollos, corderos, caballos, pavos y especialmente mi amiga Fern. Fern no es animal—es una chica. Vivo en la granja de su tío Homer. Charlotte la araña es escritora: Ella escribe que (1) yo soy "terrífico"; (2) yo soy "humilde"; y (3) yo soy "radiante."

   Yo soy _____.

Possessive adjectives Using **ser**

Possessive adjectives

BEFORE A SINGULAR NOUN		BEFORE PLURAL NOUNS	
mi	nuestro/nuestra	mis	nuestros/nuestras
tu	vuestro/vuestra	tus	vuestros/vuestras
su	su	sus	sus

EJEMPLOS	mi casa	mis casas
	tu perro	tus perros
	nuestra mesa	nuestras mesas

EJERCICIO

14·1

Traducción simple

EJEMPLO	*my cat*	*mi gato*	*my cats*	*mis gatos*

SINGULAR · · · · · · · · · · · · · · · PLURAL

1. *my book* _____ *my books* _____

2. *your house* _____ *your houses* _____

3. *his dog* _____ *his dogs* _____

4. *her cousin* [m.] _____ *her cousins* [m.] _____

5. *our friend* [m.] _____ *our friends* [m.] _____

6. *our teacher* [f.] _____ *our teachers* [f.] _____

7. *their shoe* _____ *their shoes* _____

8. *their window* _____ *their windows* _____

9. *my door* _____ *my doors* _____

10. *your shirt* _____ *your shirts* _____

Using ser

CLOCK TIME	Es la una.	*It's one o'clock.*
DAY OF THE WEEK	Hoy es jueves.	*Today is Thursday.*
DATE	Es el dos de mayo.	*It's May 2.*
ORIGIN	Somos de Inglaterra.	*We are from England.*
PERSONALITY	Ella es fascinante.	*She is fascinating.*
PROFESSION	Es dentista.	*She's a dentist.*
RELATIONSHIP	Eres mi primo.	*You are my cousin.*
NATIONALITY	Yo soy cubana.	*I am Cuban.*

EJERCICIO 14·2

¿Verdadero o falso?

1. _____ Mi madre es electricista, mi padre es secretario y mi tía es plomera.

2. _____ John Oliver es cómico y Tina Fey y Hannah Gadsby son cómicas.

3. _____ En nuestro país (*country*), hay tres presidentes.

4. _____ Mi principal tiene un teléfono en su oficina.

5. _____ Un inmigrante de Paris probablemente habla francés en su casa.

6. _____ Yo soy presidente/presidenta de mi país.

7. _____ Nosotros somos responsables por nuestras decisiones.

8. _____ Muchas personas amistosas creen que "mi casa es tu casa."

EJERCICIO 14·3

Conjugación simple: ser

1. yo _____

2. tú _____

3. él _____

4. ella _____

5. usted _____

6. nosotros _____

7. vosotros _____

8. ellos _____

9. ellas _____

10. ustedes _____

VOCABULARIO

Everyday words

city	**la ciudad**
country (nation)	**el país**
name	**el nombre**
so	**tan**

Traducción compleja

1. *What are you studying?* _____

2. *What do you drink with breakfast?* _____

3. *Who is your teacher?* _____

4. *Who is her friend?* _____

5. *When is our class?* _____

6. *When is their party?* _____

7. *Is your city big or small?* _____

8. *Is your skirt long or short?* _____

9. *Why is their country so small?* _____

10. *Why is their city so big?* _____

¿Qué país? (What country?)

1. Nosotros somos famosos por nuestra comida: los espaguetis, la pasta, la lasaña y especialmente la pizza. Hay mucho para los turistas: el Coliseo, la Basílica de San Pedro, el Museo Ufizzi, la Ciudad Vaticano, los canales de Venecia y mucho, mucho más. La ciudad más grande (también la capital) es Roma.

   El país es _____.

2. Este (*This*) país es el país más grande en todo el mundo: Es más grande que Canadá (#2), los Estados Unidos (#3), China (#4) y Brasil (#5). Este país es famoso por la Catedral de San Basil, el Kremlin (que significa *fortress* en inglés), varios políticos (Joseph Stalin, Mikhail Gorbachev, Vladimir Putin), escritores (Leo Tolstoy, Fyodor Dostoyevsky, Ayn Rand), músicos (el pianista Vladimir Horowitz, los compositores Igor Stravinsky y Pyotr Tchaikovsky) y artistas (el pintor Marc Chagall, el pintor abstracto Wassily Kandinsky). La ciudad más grande (y también la capital) es Moscow.

   El país es _____.

3. Este país tiene dos idiomas oficiales: el francés y el inglés. En un mapa, este país está "encima de" los Estados Unidos. Este país tiene diez provincias y tres territorios. El país es muy grande, pero la población es relativamente pequeña: En términos de la densidad de la población, este país es número cuatro del fondo (*bottom*). Muchas personas creen que este país tiene el dominio del Polo Norte, pero no es verdadero. También, muchas personas creen que Santa Claus es de este país (también, no es verdadero: Santa Claus es del Polo Norte). La ciudad más grande es Toronto y la capital es Ottawa.

   El país es _____.

Tener
Things in the house

Conjugation of **tener**

tener *to have*

yo	tengo	nosotros/nosotras	tenemos
tú	tienes	vosotros/vosotras	tenéis
él	tiene	ellos	tienen
ella	tiene	ellas	tienen
usted	tiene	ustedes	tienen

VOCABULARIO

Las cosas dentro de la casa (*Things in the house*)

armchair	**el sillón**	mirror	**el espejo**
bathtub	**la bañera**	rocking chair	**la mecedora**
bed	**la cama**	rug	**la carpeta**
bookcase	**el estante**	shower	**la ducha**
cabinet	**el gabinete**	sink (bathroom)	**el lavabo**
coffee table	**la mesa de centro**	sink (kitchen)	**el fregadero**
cupboard	**la alacena**	sofa	**el sofá**
curtain	**la cortina**	toilet	**el inodoro**
dresser	**la cómoda**	wall (exterior)	**el muro**
fireplace	**la chimenea**	wall (interior)	**la pared**
lamp	**la lámpara**		

EJERCICIO
15·1

Traducción simple

1. *I have the curtain.* _____

2. *You have the armchair.* _____

3. *He has the sofa.* _____

4. *She has the rocking chair.* _____

5. *We have the coffee table.* _____

6. *You all have the fireplace.* _____

7. *They [m.] have the bookcase.* _____

8. *I have a bathtub.* _____

9. *You have a cabinet.* _____

10. *She has a dresser.* _____

11. *He has a lamp.* _____

12. *We have a mirror.* _____

13. *You all have a rug.* _____

14. *They [m.] have a bathroom sink.* _____

15. *They [f.] have a kitchen sink.* _____

¿Dónde está esta cosa? (Where is this thing?) *In which room or part of the house would you most likely find the following items?*

1. la cama _____

2. la ducha _____

3. el sillón _____

4. la cómoda _____

5. el inodoro _____

6. el fregadero _____

7. la mesa de centro _____

8. la bañera _____

9. la chimenea _____

10. la alacena _____

11. el plato, el vaso _____

12. el coche, la bicicleta _____

EJERCICIO 15·3

¿Verdadero o falso?

1. _____ Tengo un maestro / una maestra de español.

2. _____ En nuestra sala de clase tenemos varios escritorios y sillas.

3. _____ Mis amigos no tienen televisiones en sus casas.

4. _____ Una casa enorme probablemente tiene solamente un dormitorio.

5. _____ Probablemente un perro tiene muchos gatos para sus amigos.

6. _____ En una escuela típica, el/la principal tiene una oficina y una secretaria.

7. _____ Probablemente tú tienes una cafetería en tu escuela, ¿correcto?

8. _____ Tengo un restaurante, y yo soy el mesero / la mesera.

EJERCICIO
15·4

Traducción compleja

1. *Do you have a sandwich?* _____

2. *Do you have a pizza for your friends?* _____

3. *Do you have ice cream for the party?* _____

4. *Does he have a shower in his bathroom?* _____

5. *Does William have a gift for Kate?* _____

6. *Does Mario have a letter from his attorney?*

_____

7. *Do we have a singer for the party? Is the singer Ed Sheeran? No.*

_____

8. *Do they* [m.] *have a waiter for their table? Is the restaurant good? Yes, it's (es) good.*

_____

Hechos divertidos (*Fun facts*)

Los colores (*Colors*)

- El blanco es el color más común de las paredes (interiores).
- También, el blanco es el color más común de los muros (exteriores).
- También, el blanco es el color más común de los inodoros.
- Típicamente, el inodoro en un avión (*airplane*) es de metal.
- Una bañera típica tiene sesenta (60) galones de agua.
- La ducha típica dura (*lasts*) ocho minutos, y la persona usa veinte (20) galones de agua.
- Típicamente, Santa Claus entra en la casa por la chimenea; pero, si (*if*) tu casa no tiene una chimenea, Santa Claus entra en la casa por la puerta o la ventana. (Tú crees en Santa Claus, ¿no?)

Lecciones 11–15

Match the following terms.

1. _____ antes de   A. *a lot*

2. _____ después de   B. *when*

3. _____ durante   C. *only*

4. _____ cuando   D. *next (door) to*

5. _____ para   E. *during*

6. _____ cada   F. *I like*

7. _____ mucho   G. *on top of*

8. _____ porque   H. *late*

9. _____ siempre   I. *sometimes*

10. _____ más   J. *always*

11. _____ algo   K. *before*

12. _____ a veces   L. *also, too*

13. _____ pero   M. *there is, there are*

14. _____ un poco   N. *too; too much*

15. _____ encima de   O. *each, every*

16. _____ debajo de   P. *I don't like*

17. _____ solamente   Q. *for*

18. _____ a   R. *early*

19. _____ hay   S. *a little*

20. _____ me gusta   T. *to*

21. _____ no me gusta   U. *after*

22. _____ temprano   V. *under*

23. _____ tarde   W. *something*

24. _____ también   X. *because*

25. _____ al lado de   Y. *more; else*

26. _____ demasiado   Z. *but*

EJERCICIO C3·2

Traducción compleja

1. *There is a big dog on top of my house.* _____

2. *There are two ugly chairs in his classroom.*

   _____

3. *The curtains in their living room are ugly.*

   _____

4. *I am tall, and you are short.* _____

5. *Superman is big, tall, strong, and brave.*

   _____

6. *Justin Bieber has many tattoos* (el tatuaje) *and a police record* (antecedentes penales /

   un récord policial). _____

7. *There is a mouse in my ice cream.* _____

8. *We have something for Mario in our red kitchen.*

   _____

9. *I like the green salad.* _____

10. *I don't like the blue cheese.* _____

EJERCICIO C3·3

Conjugate the following verbs.

	yo	tú	él/ella/ usted	nosotros/ nosotras	vosotros/ vosotras	ellos/ellas/ ustedes
1. ganar to win						
2. llorar to cry						
3. nadar to swim						
4. limpiar to clean						
5. meter to put						
6. suspender to suspend						
7. admitir to admit						

	yo	tú	él/ella/usted	nosotros/nosotras	vosotros/vosotras	ellos/ellas/ustedes
8. discutir *to argue*	_____	_____	_____	_____	_____	_____
9. existir *to exist*	_____	_____	_____	_____	_____	_____
10. permitir *to permit, allow*	_____	_____	_____	_____	_____	_____
11. ser *to be*	_____	_____	_____	_____	_____	_____
12. tener *to have*	_____	_____	_____	_____	_____	_____

EJERCICIO C3·4

Opiniones personales: Para ti, ¿es la frase verdadera o falsa?
(Personal opinions: For you, is the sentence true or false?)
Write **Sí** (Yes) *or* **No** (No) *next to each sentence.*

1. _____ Me gusta mi clase de matemáticas.

2. _____ Me gusta la música de Ludwig van Beethoven.

3. _____ No me gusta la comida de McDonald's.

4. _____ Me gusta cuando mis amigos y yo hablamos español.

5. _____ Me gusta cuando tenemos mucha tarea.

6. _____ No me gusta cuando tenemos un examen grande el viernes.

7. _____ Me gusta cuando hay ratas y ratones y cucarachas en mi restaurante favorito.

8. _____ No me gusta el helado con chocolate, especialmente cuando es mi cumpleaños.

9. _____ Me gusta cuando hablo con mis buenos amigos / buenas amigas.

10. _____ Me gusta cuando yo nado en el océano o en el río o en un lago.

EJERCICIO C3·5

¿Quién soy?

Soy cantante, una rapera en realidad. También, soy actriz, escritora de cantantes, y personalidad de la televisión. Soy de Nueva York (el Bronx) y mi cumpleaños es el once de octubre, 1992. Mi nombre real es Belcalis Marlenis Almánzar, pero mi nombre profesional no es similar. El nombre de mi hermana es Hennessey (por el brandy famoso), y por eso, de adolescente yo uso el nombre Bacardi en los medios sociales (por el ron famoso). Mi padre es dominicano y mi madre es descendente de Trinidad y España.

Mi primer trabajo es con VH1 en la serie de la televisión Love & Hip Hop: New York (2015-2017). En este programa yo hablo con varios músicos y raperos y presento historias de sus vidas y careras. Yo recibo cinco galardones en los BET Hip Hop Awards y siete nominaciones a los Premios Grammy.

Mi estilo musical es inspirado por Missy Elliott y Tweet, y Madonna, Ivy Queen, y Lady Gaga son mis influencias por su forma de vestir y dar grades espectáculos. Simplemente cantar bien no es suficiente: también es importante llevar ropa exótica y tener cabello elaborado.

Desde agosto 2017, tengo una relación con el rapero Offset (del grupo Migos). Dos meses después – en octubre de ese año – durante un concierto en Filidelfia, Offset y yo anunciamos nuestro compromiso. En abril de 2018, durante el programa *Saturday Night* Live, anuncio que estoy embarazada. Tres meses después nuestra hija Kulture Kiari Cephus entra en el mundo. ¡Somos una familia!

Me considero cristiana y creo en Dios y Jesús Cristo, y a veces estoy cierta que hablo con los dos. Es muy interesante hablar con Dios y su Hijo.

Yo soy _____.

EJERCICIO C3·6

¿Qué tienen estas cosas en común?
(What do these things have in common?)

1. _____ rojo, amarillo, azul
2. _____ la falda, el abrigo, la camisa
3. _____ verde, morado, anaranjado
4. _____ la nieta, el abuelo, la prima
5. _____ el lavabo, el inodoro, la tina
6. _____ la oveja, el gallo, el pavo
7. _____ el jugo, la leche, el agua
8. _____ el borrador, el cuaderno, la regla
9. _____ el mono, el oso, la gorila
10. _____ la crema de cacahuete, el pollo, el queso

A. Son animales en la granja.
B. Son artículos en tu escritorio.
C. Son populares para un sándwich.
D. Son colores primarios.
E. Nosotros bebemos estos.
F. Son artículos de la ropa.
G. Nosotros tenemos estos en el baño.
H. Son colores secundarios.
I. Son miembros de la familia.
J. Son animales en el zoológico.

Traducción súper compleja *Use the verbs in Exercise C3·3 above in the following sentences.*

1. *Every day I win a big book, some small plates, three red shirts, seven black tables, and six ugly dogs.*

   _____

   _____

2. *Do you exist? Do we exist? I exist because I am a person.*

   _____

3. *Every morning I swim from my school to your school. I am super strong!*

   _____

4. *Why do you cry when you don't win? I don't cry. The plumber doesn't cry. The nurse and the serviceman and the computer programmer don't cry.*

   _____

   _____

5. *Do you argue with your mother or father? Do you argue with your teacher when you receive an "F"? I cry when I receive an "F." I want an "A"!*

   _____

   _____

Hechos divertidos (*Fun facts*)

¡Feliz cumpleaños! (*Happy Birthday!*)

- El cumpleaños de la cantante/bailante Cardi B es el once de octubre (1992).
- El cumpleaños de la escritora Madeleine L'Engle es el veintinueve de noviembre (1918).
- El cumpleaños de Bill Gates es el veintiocho de octubre (1955).
- El cumpleaños de la política Hillary Rodham Clinton es el veintiséis de octubre (1947).
- El cumpleaños del actor Chris Hemsworth y del autor Alex Haley es el once de agosto (1983, 1921, respectivamente).
- El cumpleaños del primer ministro británico Boris Johnson es el diecinueve de junio (1964).
- El cumpleaños de la jugadora del tenis Serena Williams es el veintiséis de septiembre (1981).

·IV·

Grammar

Vocabulary

Fun facts

Reading

Estar
Locations

·16·

Conjugation of estar

estar *to be*

yo	estoy	*I am*	nosotros/nosotras	estamos	*we are*
tú	estás	*you are*	vosotros/vosotras	estáis	*you all are*
él	está	*he is*	ellos	están	*they [m.] are*
ella	está	*she is*	ellas	están	*they [f.] are*
usted	está	*you are*	ustedes	están	*you all are*

VOCABULARIO

Los edificios y los lugares (*Buildings and places*)

airport	**el aeropuerto**	park	**el parque**
barn	**el granero**	restaurant	**el restaurante**
church	**la iglesia**	shopping mall	**la zona comercial**
embassy	**la embajada**	stadium	**el estadio**
gas station	**la gasolinera**	store	**la tienda**
gymnasium	**el gimnasio**	synagogue	**la sinagoga**
hotel	**el hotel**	temple	**el templo**
library	**la biblioteca**	theater	**el teatro**
mosque	**la mezquita**	tower	**la torre**
movie theater	**el cine**	train station	**la estación de tren**
museum	**el museo**	university	**la universidad**

EJERCICIO
16·1

Traducción simple *Remember that each statement of location uses the verb* **estar.**

1. *I am in the museum.* _____

2. *You are in the gymnasium.* _____

3. *He is in the temple.* _____

4. *Rapunzel is in the tower.* _____

5. *We are in the library.* _____

6. *You all are in the stadium.* _____

7. *John Waters is in the movie theater in Baltimore.* _____

_____

8. *I am in the train station.* _____

¿Dónde estás? *Given the situation described, write a complete sentence to tell where you are.*

EJEMPLO   Miro pinturas de Picasso y fotos de Alfred Stieglitz.   *Estoy en el museo.*

1. Miro una película popular con muchas personas. _____

2. Mis amigos y yo miramos una competición de fútbol.

_____

3. Mis amigos y yo miramos una competición de básquetbol.

_____

4. Trabajo con vacas y toros. _____

5. Soy católico, y hoy es domingo. _____

6. Compro ropa para una fiesta. _____

7. Soy un rabí (*rabbi*) y hoy es sábado. _____

8. Tengo un dormitorio por solamente una noche en una ciudad lejos (*far*) de mi casa.

_____

¿A, B o C?

1. _____ Yo corro en _____.

   a. la sinagoga   b. la mezquita   c. el gimnasio

2. _____ Necesito mi pasaporte en _____.

   a. el granero   b. el aeropuerto   c. la gasolinera

3. _____ Estudio en _____.

   a. la zona comercial   b. la tienda   c. la biblioteca

4. _____ Aprendo mucho en _____.

   a. la universidad   b. la torre   c. la tienda

5. _____ El dependiente vende ropa en _____.

    a. la embajada   b. la mezquita   c. la tienda

6. _____ El mesero rompe el vaso en _____.

    a. el restaurante   b. el teatro   c. la estación de tren

EJERCICIO 16·4

¿Verdadero o falso?

1. _____ Cuando una persona está en la iglesia, él o ella habla mucho con sus amigos.

2. _____ Muchas personas que están en Saudi Arabia visitan las mezquitas cada día.

3. _____ Mi dormitorio está en la Torre de Londres.

4. _____ Muchos políticos trabajan en las embajadas.

5. _____ Típicamente, el aeropuerto está en el centro de una ciudad grande.

6. _____ Cuando yo estoy en una gasolinera, usualmente compro zapatos.

7. _____ Comemos comida muy elegante (preparado por un chef de Paris) en el estadio.

VOCABULARIO

Everyday words

almost	**casi**
at home	**en casa**
people	**las personas**
someone	**alguien**

EJERCICIO 16·5

Traducción compleja

1. *Some people are at home, but more people are in the shopping mall.*

_____

2. *The university is next door to the store.* _____

3. *Someone is in the tower and we are in the basement.*

_____

4. *Is someone in the temple with the rabbi?* _____

5. *I am in the big store because I want black shoes and a brown belt.*

_____

·17· Moods Expressing emotions

Los humores (*Moods*)

angry	**enojado**	in a good mood	**de buen humor**
anxious	**ansioso**	jealous, envious	**celoso**
bored	**aburrido**	nervous	**nervioso**
disappointed	**desilusionado**	proud	**orgulloso**
excited	**emocionado**	sad	**triste**
frustrated	**frustrado**	scared, afraid	**asustado**
furious, livid	**furioso**	surprised	**sorprendido**
happy	**feliz, alegre**	worried	**preoccupado**
in a bad mood	**de mal humor**		

Expressing emotional states with **estar**

SITUATIONAL	Hoy estoy feliz.	*Today I am happy.*
	Ahora está furiosa.	*Now she is furious.*

EJERCICIO 17·1

Traducción simple *Each situation takes* **estar**.

1. *I am happy.* _____

2. *You are jealous.* _____

3. *He is frustrated.* _____

4. *She is proud.* _____

5. *We are in a good mood.* _____

6. *You all are in a bad mood.* _____

7. *They are angry.* _____

8. *I am anxious.* _____

9. *You are bored.* _____

10. *He is disappointed.* _____

11. *She is furious.* _____

12. *We are excited.* _____

13. *You all are nervous.* _____

14. *They [m.] are scared.* _____

15. *They [f.] are surprised.* _____

16. *I am sad.* _____

¿Verdadero o falso?

1. _____ Estoy feliz cuando nosotros tenemos un examen grande en nuestra clase de matemáticas y yo no estudio.

2. _____ Típicamente, una persona está aburrida durante una clase muy larga cuando el maestro habla y habla y habla.

3. _____ Estoy orgulloso/orgullosa de los insectos en mi casa.

4. _____ Los actores están muy emocionados cuando ganan un Óscar.

5. _____ El policía está enojado cuando hay muchos criminales en la zona comercial.

6. _____ Una persona no está desilusionada cuando estudia mucho, pero recibe solamente una "D" en un examen importante.

7. _____ Estoy sorprendido/sorprendida cuando es mi cumpleaños y yo creo que yo como con uno o dos amigos en un restaurante, pero en realidad hay cuarenta amigos en el restaurante, y cada uno tiene un regalo para mí.

8. _____ Cuando alguien descubre unas cucarachas en su cocina, él/ella está de buen humor.

VOCABULARIO

Everyday words

here	**aquí**
there	**allí**
somebody	**alguien**
nobody, no one	**nadie**

Traducción compleja

1. *I am here and you are there.* _____

2. *We are here and they are there.* _____

3. *Where are you?* _____

4. *Somebody is here. Nobody is there.* _____

5. *Somebody works here. Nobody works there.*

_____

6. *Somebody sells the clothing. Nobody sells the clothing.*

_____

7. *Somebody lives here. Nobody lives there.*

_____

8. *Is somebody here? Is somebody there?*

_____

*Match each **ser** statement (declaring profession) in the left column with the appropriate **estar** statement (denoting location).*

1. _____ Soy profesor.	A.	Estoy en el hospital.
2. _____ Soy dependiente.	B.	Estoy en la sala de computadoras.
3. _____ Soy cantante.	C.	Estoy en la corte con Judge Judy.
4. _____ Soy médico.	D.	Estoy en la sala de clase.
5. _____ Soy mesera.	E.	Estoy en el granero.
6. _____ Soy plomero.	F.	Estoy en el restaurante.
7. _____ Soy abogado.	G.	Estoy en la Ópera.
8. _____ Soy programador.	H.	Estoy en la embajada.
9. _____ Soy granjero.	I.	Estoy en el sótano con el agua.
10. _____ Soy político.	J.	Estoy en la tienda.

Using estar
Physical condition

Using estar

LOCATION	Estoy en el museo.	*I am at the museum.*
MOODS	Están tristes.	*They are sad.*
PHYSICAL CONDITION	Él está cansado.	*He is tired.*

VOCABULARIO

La condición física (*Physical condition*)

achy, sore	**dolorido**	relaxed	**relajado**
bad, not well	**mal**	seasick	**mareado**
dizzy	**vertiginoso**	sick	**enfermo**
fine	**bien**	so-so	**así así**
full	**lleno**	tired	**cansado**
healthy	**sano**	(very) well, okay, fine	**(muy) bien**
miserable	**miserable**	wide awake, alert	**alerto**

EJERCICIO 18·1

Traducción simple

1. *I am wide awake.* _____
2. *You are tired.* _____
3. *He is sick.* _____
4. *She is seasick.* _____
5. *We are full.* _____
6. *You all are achy.* _____
7. *They are healthy.* _____
8. *Are you tired?* _____
9. *I'm not well.* _____
10. *You're dizzy.* _____

79

11. *He's miserable.* _____

12. *She's fine.* _____

13. *We're relaxed.* _____

14. *I'm so-so* _____

15. *How are you?* _____

Conjugación *Conjugate the following verbs.*

	yo	tú	él/ella/ usted	nosotros/ nosotras	vosotros/ vosotras	ellos/ellas/ ustedes
1. llegar *to arrive*						
2. leer *to read*						
3. admitir *to admit*						
4. ser *to be*						
5. tener *to have*						
6. estar *to be*						

¿Cuál profesión es mía? (Which profession is mine?)

1. Principalmente, yo trabajo donde hay agua. Cuando estoy en tu casa, probablemente estoy en el baño, en la cocina o en el sótano donde hay muchas pipas (*pipes*) visibles para el agua. Cuando tú tienes una obstrucción en el lavabo, el fregadero o el inodoro, yo soy perfecto para tu problema.

   Yo soy _____.

2. Yo trabajo con varios tipos de personas. Unos son criminales, y otros (*others*) son simplemente personas con un problema con un contrato o personas que tienen cuestiones de dinero u otras situaciones difíciles. Tengo una oficina, pero con frecuencia estoy en la corte o, a veces, en la prisión con mis clientes.

   Yo soy _____.

3. Yo soy la protección de tu país. Mi profesión no es fácil (*easy*). Es muy difícil. Con frecuencia, yo trabajo en otros países donde hay muchos problemas y mucho conflicto. Mi superior es un sargento. Mi profesión no es fácil para mi familia. Ellos están muy preocupados, especialmente cuando yo estoy en otro país. ¡Gracias por e-mail y el Internet! Soy fuerte y estoy sano. Estoy muy feliz cuando yo estoy en casa con mi familia.

Yo soy _____.

EJERCICIO
18·4

¿Cuál es: fácil, difícil o imposible? (Which is it: easy, difficult, or impossible?) *Read each statement, then write whether you think it is* **fácil, difícil,** *or* **imposible**.

1. Yo leo cuatro libros cada semana. _____

2. Yo camino encima del agua. _____

3. Yo bebo un vaso de agua. _____

4. Yo abro todas las ventanas en China. _____

5. Yo escribo un libro. _____

6. Yo respondo a la pregunta, "¿Dónde vives?" _____

7. Yo como un caballo. _____

8. Yo comprendo inglés. _____

9. Yo subo solo a la Montaña Everest. _____

10. Yo canto en la ducha. _____

Hechos divertidos (*Fun facts*)

El juego Monopoly® (*The game Monopoly*®)

- Parker Brothers publica el juego Monopoly en 1935.
- Hay cuarenta (40) cuadros (*squares*) en el juego.
- El total del dinero en un juego de Monopoly es $15.140.
- El juego es publicado en treinta y siete idiomas.
- Tiendas en ciento tres países venden el juego Monopoly.
- Antes de comenzar, cada participante recibe $1.500.
- El juego más largo dura 1.680 horas (setenta días).

Querer
More clothing

Conjugation of querer

querer *to want*

yo	quiero	nosotros/nosotras	queremos
tú	quieres	vosotros/vosotras	queréis
él	quiere	ellos	quieren
ella	quiere	ellas	quieren
usted	quiere	ustedes	quieren

VOCABULARIO

Más ropa (*More clothing*)

bathrobe	**la bata**	shorts	**los pantalones cortos**
blue jeans	**los vaqueros, los blue jeans**	slippers	**las zapatillas**
		suit	**el traje**
boots	**las botas**	sweatshirt	**la sudadera**
gloves	**los guantes**	swimsuit	**el traje de baño**
jacket	**la chaqueta**	tie	**la corbata**
mittens	**las manoplas**	turtleneck sweater	**el suéter de tortuga**
raincoat	**el impermeable**	underwear	**la ropa interior**
sandals	**las sandalias**	vest	**el chaleco**
scarf	**la bufanda**		

Traducción simple: querer + noun

EJEMPLO   *I want a shirt.*   *Quiero una camisa.*

1. *I want a tie.* _____

2. *You want the boots.* _____

3. *He wants some gloves.* _____

4. *She wants the sandals.* _____

5. *RuPaul wants a new dress.* _____

6. *You all want some mittens.* _____

7. *They want the jackets.* _____

8. *I want a red bathrobe.* _____

9. *You want a yellow raincoat.* _____

10. *Do you want a scarf?* _____

11. *He wants his slippers.* _____

12. *She wants her turtleneck sweater.* _____

13. *We want the swimsuit.* _____

14. *You all want the shorts.* _____

15. *They want a black suit.* _____

¿Verdadero o falso?

1. _____ Una persona lleva (*wears*) una bata y zapatillas en el baño.

2. _____ Cuando una persona lleva pantalones cortos, típicamente lleva manoplas también.

3. _____ Muchas personas llevan trajes de baño a fiestas formales.

4. _____ Los vaqueros y la sudadera son para ocasiones casuales.

5. _____ La combinación de guantes con una bufanda, abrigo y botas es común en diciembre en Canadá.

6. _____ Cuando una persona lleva un traje formal y los pantalones son negros, la chaqueta también es negra.

7. _____ La combinación de traje de baño con corbata es muy popular.

8. _____ A veces un chaleco es parte de un traje.

¿Quién soy?

VOCABULARIO

aparecer	*to appear*
asistir a	*to attend*
el hombre	*man*
lavar	*to wash*
limpiar	*to clean*
la madrina	*godmother*
preparar	*to prepare*
regresar	*to return*
la vida	*life*

Vivo en una casa pequeña con tres personas crueles y varios ratones. Todo el día yo trabajo: Limpio la casa, lavo la ropa, preparo la comida, lavo los platos. Las otras personas en la casa tienen muchas diversiones: Ellas cantan, bailan, compran ropa en las tiendas, visitan con sus amigas horribles, etc.

Un día, cuando yo estoy sola en la casa, un hombre aparece a la puerta. Él está en caballo porque no hay coches (no hay televisiones, no hay teléfonos celulares, no hay el Internet— ¿tienes la idea?—¡tengo una vida brutal!). Yo abro la puerta. ¡Ay caramba! El hombre es guapo, súper guapo. Él quiere agua. Yo quiero otra vida—una vida con él. Nosotros hablamos. Es obvio: Yo soy su destino y él es mi destino. Él bebe el agua, y estamos muy felices.

Unos días después, el hombre misterioso tiene una fiesta. Yo asisto a la fiesta, gracias a mi madrina. De ella, yo recibo un coche, caballos, asistentes, un vestido magnífico, y zapatillas de cristal. Soy una visión. Soy más bonita que todas las chicas en toda la fiesta. (Soy un poco egoísta, ¿no?) El hombre misterioso y yo bailamos y bailamos. Las otras chicas están muy celosas, pero no es mi problema.

¡Ay, ratas y ratones! Son las doce de la noche. Yo corro de la fiesta. Yo corro a la casa. No tengo coche, caballos, asistentes, vestido fabuloso. Y no tengo los zapatillas de cristal. Ah, pero el hombre misterioso (OK, no es misterioso—es el príncipe) descubre una de las zapatillas.

Un día después, él regresa a mi casa con la zapatilla, y—*poof!*—inmediatamente yo tengo mi vestido elegante. Soy princesa. Las tres personas horribles (mi madrastra y mis dos hermanastras feas) están furiosas y súper celosas, pero es su problema. El príncipe y yo vivimos felizmente en el palacio el resto de nuestra vida.

Yo soy _____.

EJERCICIO
19·4

Traducción simple: querer + infinitive

NOTA BUENA When working with two verbs, the first one is conjugated while the second remains in the infinitive.

EJEMPLOS

Quiero hablar.	*I want to speak.*
Él no quiere estudiar.	*He doesn't want to study.*
Queremos aprender mucho.	*We want to learn a lot.*

1. *I want to speak.* _____

2. *I want to eat.* _____

3. *I want to open the window.* _____

4. *You want to work.* _____

5. *You want to drink water.* _____

6. *You want to live in Asia.* _____

7. *He wants to study.* _____

8. *She wants to play the piano.* _____

9. *We want to read the books.* _____

10. *They [m.] want to write a book.* _____

11. *I don't want to wash the dishes.* _____

12. *I don't want to clean the house.* _____

EJERCICIO 19·5

¿Qué quiero hacer? (What do I want to do?) *Match each statement with the appropriate response.*

1. _____ Hay una pizza deliciosa en la mesa.

2. _____ Tengo un examen grande mañana.

3. _____ Hay muchos platos en el fregadero.

4. _____ Compro una pluma y papel.

5. _____ Tengo los ingredientes para una pizza.

6. _____ Estoy en la escuela.

7. _____ Es mi cumpleaños.

8. _____ Estoy en una fiesta con una banda buena.

A. Quiero estudiar.

B. Quiero aprender.

C. Quiero escribir.

D. Quiero recibir regalos.

E. Quiero comer.

F. Quiero bailar.

G. Quiero preparar la comida.

H. Quiero lavar los platos.

EJERCICIO 19·6

¿Sí o no? *Respond to each question with **Sí** or **No**.*

1. ¿Quieres comer insectos para el desayuno? _____

2. ¿Quieres romper tu bicicleta? _____

3. ¿Quieres beber agua en el desierto? _____

4. ¿Quieres abrir las ventanas en agosto? _____

5. ¿Quieres recibir regalos en diciembre? _____

6. ¿Quieres correr un maratón cada mañana? _____

7. ¿Quieres leer un buen libro en la cama? _____

8. ¿Quieres asistir a la escuela siete días cada semana? _____

VOCABULARIO

Everyday words

new   **nuevo**
old   **viejo**
too   **demasiado**

Traducción cumulativa

1. *I want to buy a new bathrobe because my old bathrobe is too ugly.*

_____

2. *His mittens are red and his boots are black. He is Santa Claus!*

_____

3. *Our slippers are in the bedroom and her slippers are in the bathroom.*

_____

4. *I don't want to wear the blue sweatshirt because it's too casual.*

_____

5. *My bathing suit is too ugly. I want to buy a new bathing suit.*

_____

6. *His vest is too small and his jacket is too long.*

_____

La Prisión de Alcatraz (*The Prison of Alcatraz*)

Posiblemente tú tienes familiaridad con Alcatraz, la prisión famosa. En realidad, Alcatraz es el nombre de una isla, situada en el medio de la Bahía de San Francisco, California. Primero, Alcatraz es simplemente un faro para los barcos; después es una fortificación militar; después es una prisión federal hasta 1963; finalmente, es una área de recreación de los Estados Unidos—principalmente, un museo de la prisión para turistas.

ahora	*now*
la bahía	*bay*
el barco	*boat, ship*
la celda	*cell (prison)*
el faro	*lighthouse*
frío	*cold*
la isla	*island*
la milla	*mile*
se cierra	*is closed*

La isla Alcatraz es perfecta para una prisión porque la distancia de San Francisco es una milla y media: El escape es imposible porque es imposible nadar en las aguas tan frías. La prisión no existe ahora (se cierra en 1963) porque es demasiado costoso.

Alcatraz tiene trescientas treinta y seis (336) celdas en la parte principal de la prisión. Cada celda tiene una cama pequeña, un lavabo y un inodoro. Los prisioneros no tienen un momento privado. La sentencia media de los prisioneros es ocho años.

Hay varios prisioneros famosos que tienen una sentencia en Alcatraz. Unos son Al Capone, Henry Young, George "Machine Gun" Kelly y Robert Stroud, el "hombre de los pájaros de Alcatraz."

Ahora, Alcatraz es para turistas. Los turistas toman una feria de Fisherman's Wharf en San Francisco a la isla. Los turistas reciben un sistema de audio personal y ellos caminan por la prisión y miran las celdas, la cafetería, las duchas, la cocina y más. Después, los turistas compran camisetas en la tienda.

EJERCICIO 19·8

Answer the following questions based on the reading above.

1. ¿En qué año se cierra la prisión de Alcatraz?

_____

2. ¿Cuántas celdas hay en la sección principal de Alcatraz?

_____

3. ¿Qué tipo de animal tiene Robert Stroud?

_____

4. ¿Qué es Alcatraz ahora?

_____

5. ¿Es el escape de Alcatraz fácil o difícil?

_____

6. ¿Hay una tienda en Alcatraz ahora?

_____

Numbers
Expressing age
Idioms with **tener**
Using **tener que**

VOCABULARIO

Los números 1–100 (*Numbers 1–100*)

1	uno, una (*f.*)	21	veintiuno	50	cincuenta
2	dos	22	veintidós	60	sesenta
3	tres	23	veintitrés	70	setenta
4	cuatro	24	veinticuatro	80	ochenta
5	cinco	25	veinticinco	90	noventa
6	seis	26	veintiséis	100	cien
7	siete	27	veintisiete		
8	ocho	28	veintiocho		
9	nueve	29	veintinueve		
10	diez	30	treinta		
11	once	31	treinta y uno		
12	doce	32	treinta y dos		
13	trece	33	treinta y tres		
14	catorce	34	treinta y cuatro		
15	quince	35	treinta y cinco		
16	dieciséis	36	treinta y seis		
17	diecisiete	37	treinta y siete		
18	dieciocho	38	treinta y ocho		
19	diecinueve	39	treinta y nueve		
20	veinte	40	cuarenta		

Expressing age

tener _____ años	*to be _____ years old*
tener 12 años	*to be 12 years old*
Él tiene doce años.	*He is twelve years old.*

NOTA BUENA The word "old," from the phrase "years old," is not translated. Literally, one is saying, He has twelve years.

EJERCICIO
20·1

¿**Cuántos años tienes tú?** (How old are you?) *Translate each of the following sentences, writing out all numbers in words.*

1. I am sixteen years old. _____

2. You are twenty years old. _____

3. He is ten years old. _____

4. She is fifty-one years old. _____

5. We are thirty-five years old. _____

6. You all are fifty years old. _____

7. They [m.] are seventy-five years old. _____

8. They [f.] are twenty-three years old. _____

9. How old are you? _____

10. How old is he? _____

Idioms with **tener**

ESPAÑOL	SPOKEN TRANSLATION	LITERAL TRANSLATION
tener razón	*to be right*	*to have reason*
no tener razón	*to be wrong*	*to not have reason*
tener (mucha) hambre	*to be (very) hungry*	*to have (much) hunger*
tener (mucha) sed	*to be (very) thirsty*	*to have (much) thirst*
tener (mucha) suerte	*to be (very) lucky*	*to have (much) luck*
tener (mucha) prisa	*to be in a (big) hurry*	*to have (much) haste*
tener (mucho) calor	*to be (very) warm)*	*to have (much) warmth*
tener (mucho) frío	*to be (very) cold*	*to have (much) coldness*
tener (mucho) miedo (de)	*to be (very) afraid (of)*	*to have (much) fear (of)*
tener (mucho) orgullo (de)	*to be (very) proud (of)*	*to have (much) pride (for)*
tener (mucho) sueño	*to be (very) sleepy*	*to have (much) sleepiness*

EJERCICIO
20·2

¿**Cómo estás?** *Respond to the following statements with a complete sentence, using an idiom with* **tener.**

EJEMPLO   Recibo una "A+" en un examen difícil. _Yo tengo mucho orgullo._

1. Quiero comer. _____

2. Quiero una siesta. _____

3. Creo que dos y dos son cuatro. _____

4. Creo que tres y tres son siete. _____

5. Quiero beber algo. _____

6. Gano la lotería. _____

7. Estoy en una sauna. _____

8. Estoy en el Polo Antártico. _____

9. Estoy tarde (*late*) para el autobús. _____

10. Hay una rata en mi cama. _____

11. Gano un Óscar para mi película. _____

12. Hay un tigre debajo de mi cama. _____

Using **tener que**

tener que _____   *to have to* _____
tener que leer   *to have to read*
Tengo que leer el libro.   *I have to read the book.*

NOTA BUENA While **que** does not translate into English, it is necessary in Spanish to indicate obligation.

Remember, when working with two verbs, to first is conjugated and the second remains in the infinitive.

EJERCICIO
20·3

Traducción: tener que + infinitive

EJEMPLO   *I have to eat.* _Tengo que comer._

1. *I have to speak.* _____

2. *I have to buy milk.* _____

3. *I have to clean my bedroom.* _____

4. *You have to eat the chicken sandwich.* _____

5. *You have to sell your books.* _____

6. *You have to learn a lot.* _____

7. *He has to run in the gymnasium.* _____

8. *She has to open the doors.* _____

9. *We have to read the blog.* _____

10. *They have to suffer in silence* (el silencio). _____

¿Qué tiene que hacer esta persona? (What does this person have to do?)
Pretend that each person is still living; match the pairs.

1. _____ Mark Twain

2. _____ Cristóbal Colón

3. _____ Una persona que tiene mucha hambre

4. _____ Una persona que tiene dinero en secreto

5. _____ Un participante en el *Ídolo Americano*

6. _____ La recepcionista en una oficina

7. _____ Una persona que tiene un examen enorme mañana

8. _____ Una persona que tiene mucha sed

9. _____ Una persona que tiene mucho frío

10. _____ Una persona que tiene mucha prisa

A. Tiene que cantar.

B. Tiene que hablar con los clientes.

C. Tiene que llevar un abrigo o un suéter.

D. Tiene que escribir una novela.

E. Tiene que correr.

F. Tiene que descubrir las Américas.

G. Tiene que comer algo.

H. Tiene que esconder los dólares y los centavos.

I. Tiene que estudiar.

J. Tiene que beber algo.

Traducción compleja: Repaso de los aspectos del verbo tener
(Complex translation: Review of aspects of the verb **tener**)

1. *I have to clean my bedroom every day because I am fifteen years old.*

_____

2. *She is afraid of the dogs because they are big and she is seven years old.*

_____

3. *I have to wear a big sweater in the classroom because I am very cold.*

_____

4. *We are in a hurry because we have to read the book by (para) tomorrow.*

_____

5. *You don't have to eat when you're not hungry.*

_____

Lecciones 16–20

EJERCICIO
C4·1

Traducción: ¿ser o estar?

1. *I am in the house.* _____

2. *I am a student.* _____

3. *You are happy.* _____

4. *You are Spanish.* _____

5. *He is angry.* _____

6. *He is my uncle.* _____

7. *She is bored.* _____

8. *She is a girl.* _____

9. *We are in a bad mood.* _____

10. *We are from China.* _____

11. *You all are in a good mood.* _____

12. *You all are from Spain.* _____

13. *They [m.] are sad.* _____

14. *They [m.] are Americans.* _____

15. *I am happy.* _____

Conjugación *Conjugate the following verbs.*

	yo	tú	él/ella/ usted	nosotros/ nosotras	vosotros/ vosotras	ellos/ellas/ ustedes
1. limpiar *to clean*						
2. lavar *to wash*						
3. poseer *to possess*						
4. discutir *to argue*						
5. estar *to be*						
6. ser *to be*						
7. tener *to have*						
8. querer *to want*						
9. nadar *to swim*						

¿Por qué hago esto? (Why do I do this?) *Match each statement with the appropriate explanation.*

1. _____ Como cinco platos de helado.

2. _____ Corro de los tigres y leones.

3. _____ Rompo algo.

4. _____ Vendo mi coche.

5. _____ Abro las ventanas.

6. _____ Compro mucha comida.

7. _____ Estudio mucho.

8. _____ Nado mucho.

9. _____ Escribo un libro.

10. _____ Descubro un país nuevo.

A. Tengo un examen mañana.

B. Soy novelista.

C. Necesito dinero.

D. Tengo mucha hambre.

E. Soy explorador.

F. Tengo mucho miedo.

G. Tengo calor.

H. No hay nada en la cocina.

I. Estoy de mal humor.

J. Estoy en el océano.

¿De qué color es? (What color is it?)

1. ¿De qué color es el uniforme de Batman? _____

2. ¿De qué color es la casa del presidente de los Estados Unidos? _____

3. ¿De qué color es la bandera de Libia (¡es solamente un color!)? _____

4. ¿De qué color es el agua en el océano? _____

5. ¿De qué color es el centro (es un círculo) de la bandera de Japón? _____

6. ¿De qué color es el centro de un huevo? _____

7. ¿De qué color es la combinación del rojo y del amarillo? _____

8. ¿De qué color es una violeta? _____

9. ¿De qué color es el gato de "mala suerte" (una superstición clásica) _____

10. ¿De qué color es el chocolate _____

EJERCICIO

C4·5

Traducción

1. *I have to eat because I'm hungry.* _____

2. *I have to drink the water because I'm thirsty.* _____

3. *I have to run because I'm afraid of the dogs.* _____

4. *You have to run because you're in a hurry.* _____

5. *She has to wear a coat because she's cold.* _____

6. *We have to swim in the ocean because we're warm.*

_____

7. *He has to study more because he's wrong.* _____

EJERCICIO

C4·6

¿Cuántos hay? (How many are there?) *Answer with a complete sentence.*

1. ¿Cuántos huevos hay en una docena (*dozen*)? _____

2. ¿Cuántas personas hay en el signo astrológico de Géminis?

_____

3. ¿Cuántas personas hay en un equipo (*team*) de béisbol?

   _____

4. ¿Cuántas personas hay en un equipo de básquetbol?

   _____

5. ¿Cuántos zapatos hay en un par (*pair*)? _____

6. ¿Cuántos cuartos hay en un galón? _____

7. ¿Cuántos calcetines hay en tres pares? _____

EJERCICIO

C4·7

¿Cómo me llamo? (What is my name?)

1. No soy persona humana. Soy un animal muy famoso. En realidad, posiblemente soy el animal más famoso en todo el universo. Pero no existo en realidad. Existo en la televisión, en las películas y en las imaginaciones de los chicos y chicas. "Nazco" (*I am born*) en 1928 en Los Ángeles, California. El nombre de mi "padre" es Walt Disney. Soy ratón.

   Me llamo _____.

2. Soy la novia del animal de la respuesta número uno.

   Me llamo _____.

3. Soy pato. Y soy amigo del animal de la respuesta número uno.

   Me llamo _____.

4. Soy la novia del pato de la respuesta número tres.

   Me llamo _____.

5. Soy el perro del animal de la respuesta número uno.

   Me llamo _____.

EJERCICIO

C4·8

¿Ser o estar? *Fill in the blanks with the appropriate form of* **ser** *or* **estar**.

1. Abraham Lincoln _____ alto.

2. El electricista _____ feliz.

3. Yo _____ de buen humor.

4. Dos y dos y dos _____ seis.

5. Vosotros _____ en el estadio con vuestros amigos.

6. Tú _____ nervioso.

7. Tú _____ mexicano.

8. Yo _____ irlandesa.

9. Mi abuelo _____ dentista.

10. Ella _____ enferma.

EJERCICIO
C4·9

Respond to the following questions.

1. ¿De qué color es el cinturón de Santa Claus? _____

2. ¿Cuál es el nombre de la comida blanca muy popular en China? _____

3. ¿En qué cuarto están el inodoro y el lavabo? _____

4. Usualmente, ¿de qué color es la tiza? _____

5. ¿Qué animal de granja es asociado más con la leche? _____

6. Típicamente, ¿qué no llevas con las sandalias? _____

7. Normalmente, ¿en qué edificio viven el toro y el cerdo? _____

8. En público, ¿dónde miramos las películas? _____

9. Cuando tu coche "tiene sed," ¿dónde compras el líquido que necesitas? _____

10. Cuando tu maestro habla, habla, habla, habla y habla, probablemente, cómo estás?

_____

EJERCICIO
C4·10

¿Verdadero o falso?

1. _____ En una zona comercial grande, típicamente hay varias tiendas, unos restaurantes y un cine para mirar películas.

2. _____ Me gusta estar triste.

3. _____ El arroz blanco es la fundación de muchas comidas de China.

4. _____ Una persona que está de vacaciones usualmente está relajada.

5. _____ Después de una comida de tres hamburguesas, cuatro paquetes de papas fritas y cinco vasos de gaseosa, una persona está llena.

6. _____ Tengo mucho orgullo cuando recibo una "A" en un examen, especialmente después de estudiar mucho.

7. _____ Después de beber mucho café, una persona usualmente está muy cansada.

8. _____ Muchas personas están mareadas o vertiginosas en un barco.

9. _____ Debo mucho dinero a varios criminales en Portugal.

10. _____ Para mi cumpleaños, quiero un regalo.

11. _____ Tengo ciento veinte años.

12. _____ Siempre tengo razón.

Grammar

Vocabulary

Fun facts

Reading

Hacer
Weather

Conjugation of **hacer**

hacer *to do, to make*

yo	hago	nosotros/nosotras	hacemos
tú	haces	vosotros/vosotras	hacéis
él	hace	ellos	hacen
ella	hace	ellas	hacen
usted	hace	ustedes	hacen

EJERCICIO
21·1

Traducción simple

1. *I do a lot every day.* _____

2. *I make my bed every day.* _____

3. *You make your bed every day.* _____

4. *He doesn't make his bed every day.*

   _____

5. *We do something every afternoon.*

   _____

6. *You all do a lot in the kitchen.* _____

7. *They [m.] don't do their assignment every night.*

   _____

8. *I do my assignment every night.* _____

9. *What do you do?* _____

10. *What do they [f.] do?* _____

Talking about weather

¿Qué tiempo hace hoy?	*What's the weather like today?*
Hace (muy) buen tiempo.	*It's (very) nice out.*
Hace (muy) mal tiempo.	*It's (very) bad out.*
Hace (mucho) calor.	*It's (very) warm.*
Hace (mucho) frío.	*It's (very) cold.*
Hace (mucho) fresco.	*It's (very) cool.*
Hace (mucho) sol.	*It's (very) sunny.*
Hace (mucho) viento.	*It's (very) windy.*

VOCABULARIO

El tiempo (*Weather*)

Las cuatro estaciones (*The four seasons*)

winter	**el invierno**	summer	**el verano**
spring	**la primavera**	fall	**el otoño**

Los términos del tiempo (*Weather terms*)

blizzard	**la ventisca**	rainbow	**el arco iris**
climate	**el clima**	shade	**la sombra**
cloud	**la nube**	shower	**el chaparrón**
earthquake	**el terremoto**	sky	**el cielo**
frost	**la helada, la escarcha**	snow	**la nieve**
hail	**el granizo**	snowfall	**la nevada**
hurricane	**el huracán**	storm	**la tormenta**
ice	**el hielo**	thunder	**el trueno**
lightning	**el relámpago**	tornado, cyclone	**el ciclón**
monsoon	**el monzón**	tsunami	**el tsunami**
rain	**la lluvia**		

EJERCICIO
21·2

¿Verdadero o falso?

1. _____ Hace mucho calor en Panamá.

2. _____ Hace buen tiempo durante una tormenta.

3. _____ Hay mucha lluvia durante el monzón.

4. _____ Hace mucho viento durante un huracán.

5. _____ El granizo es una combinación del hielo y la nieve y la lluvia.

6. _____ Hay muchas ventiscas en Puerto Rico.

7. _____ Santa Claus "visita" nuestras casas en el invierno.

8. _____ Nosotros celebramos Halloween en la primavera.

9. _____ Hace mucho sol y mucho calor en los trópicos.

EJERCICIO 21·3

¿En qué estación es la fecha? (In which season is the date?)

1. el cinco de mayo _____

2. el tres de julio _____

3. el treinta y uno de octubre _____

4. el catorce de febrero _____

5. el catorce de julio _____

6. el veintidós de diciembre _____

7. el veintisiete de noviembre _____

8. el once de junio _____

EJERCICIO 21·4

¿A, B o C?

1. _____ Cuando hace frío, tengo que llevar _____.

   a. un traje de baño   b. un abrigo   c. las sandalias

2. _____ Durante un ciclón, tengo que estar en _____.

   a. mi coche   b. el desván   c. el sótano

3. _____ Cuando hace muy buen tiempo, quiero _____.

   a. visitar con amigos en el parque   b. limpiar mi casa   c. estudiar

4. _____ Durante una tormenta de lluvia, las nubes están _____.

   a. anaranjadas   b. amarillas   c. grises

5. _____ La ventisca es más común en _____.

   a. Alaska   b. Honduras   c. Cuba

6. _____ El terremoto es más común en _____.

   a. Venezuela   b. Japón   c. Francia

7. _____ Durante una tormenta, usualmente una persona quiere estar _____.

   a. en casa   b. en una zona comercial   c. en un museo

8. _____ Benjamín Franklin descubre la electricidad durante una tormenta de _____.

   a. nieve   b. relámpago   c. granizo

·22· Telling time

Telling time

Es la una.	*It's one o'clock.*	Son las ocho.	*It's eight o'clock.*
Son las dos.	*It's two o'clock.*	Son las nueve.	*It's nine o'clock.*
Son las tres.	*It's three o'clock.*	Son las diez.	*It's ten o'clock.*
Son las cuatro.	*It's four o'clock.*	Son las once.	*It's eleven o'clock.*
Son las cinco.	*It's five o'clock.*	Son las doce.	*It's twelve o'clock.*
Son las seis.	*It's six o'clock.*	Es el mediodía.	*It's noon.*
Son las siete.	*It's seven o'clock.*	Es la medianoche.	*It's midnight.*

Las partes del día (*Parts of the day*)

de la mañana	*in the morning*
de la tarde	*in the afternoon*
de la noche	*in the evening/night*

EJERCICIO 22·1

Traducción simple

1. *It's one o'clock.* _____

2. *It's seven o'clock.* _____

3. *It's ten o'clock.* _____

4. *It's five o'clock in the morning.* _____

5. *It's ten o'clock in the morning.* _____

6. *It's two o'clock in the afternoon.* _____

7. *It's one o'clock in the afternoon.* _____

8. *It's nine o'clock in the evening.* _____

9. *It's eleven o'clock at night.* _____

10. *It's four o'clock and I have to study Spanish.*

_____

_____

EJERCICIO

22·2

Favor de traducir (Please translate) *Translate the following, using the* at the *hour* (**a la una, a las dos, a las tres,** *etc.*) *construction.*

1. *At six o'clock in the morning, I make my bed.*

_____

2. *At seven o'clock in the morning, I eat breakfast.*

_____

3. *At eight o'clock in the morning, I walk to school.*

_____

4. *At eleven o'clock in the morning, I am in the cafeteria and I eat lunch.*

_____

5. *At one o'clock in the afternoon, I run in the gymnasium.*

_____

6. *At two o'clock in the afternoon, I read a book.*

_____

7. *At three o'clock in the afternoon, I am on the bus.*

_____

8. *At five o'clock in the afternoon, I watch television.*

_____

9. *At six o'clock in the evening, I eat dinner.*

_____

10. *At nine o'clock in the evening, I do homework.*

_____

EJERCICIO

22·3

¿Verdadero o falso?

1. _____ Muchas personas comen el desayuno a las siete de la mañana.

2. _____ Muchas personas comen el almuerzo a las cinco de la tarde.

3. _____ Estoy en la escuela a las diez de la noche.

4. _____ Muchos infantes y bebés quieren leche a las dos de la mañana.

5. _____ Muchas personas tienen sueño a las once de la noche.

6. _____ Muchos maestros toman café a las seis de la mañana.

Las expresiones de la hora (*Expressions of time*)

all the time	**todo el tiempo**	many times	**muchas veces**
always	**siempre**	never	**nunca**
at times	**a veces**	now	**ahora**
begins	**comienza**	right now	**ahora mismo, ahorita**
ends	**termina**	several times	**varias veces**
every time	**cada vez**	sometimes	**a veces**
for the first time	**por primera vez**	time after time	**una y otra vez**
for the last time	**por la última vez**	watch	**el reloj**

EJERCICIO
22·4

Para traducir

1. *She always receives an "A" because she studies all the time.*

_____

2. *Right now I suffer a lot because I am in my Spanish class.*

_____

3. *Every day we read from our books.*

_____

4. *Sometimes I don't want to make my bed because I'm tired.*

_____

5. *Every time that* (que) *he speaks, he is wrong (but he believes that he is right).*

_____

6. *Sarita is never right because she is always wrong.*

_____

EJERCICIO
22·5

¿A, B o C?

1. _____ Un vegetariano come la hamburguesa _____.

　　a. cada día　　　　　　　b. a veces　　　　　　　c. nunca

2. _____ Un maratón típicamente comienza _____.

　　a. al mediodía　　　　　b. a la medianoche　　　c. a las ocho de la mañana

3. _____ Estudio el español _____.

　　a. ahora mismo　　　　b. nunca　　　　　　　　c. todo el tiempo

4. _____ Benjamín Franklin descubre la electricidad _____.

    a. una y otra vez   b. una vez   c. ahorita

5. _____ Cuando hace calor, abrimos las ventanas _____.

    a. nunca   b. a veces   c. por primera vez

6. _____ Un drama en Broadway típicamente comienza _____.

    a. a las ocho de la noche   b. a las ocho de la mañana   c. al mediodía

Entre las horas (*Between hours*)

Es la una y cinco.	1:05	y cinco	*five past*
Es la una y diez.	1:10	y diez	*ten past*
Es la una y cuarto.	1:15	y cuarto	*quarter past*
Es la una y veinte.	1:20	y veinte	*twenty past*
Es la una y veinticinco.	1:25	y veinticinco	*twenty-five past*
Es la una y media.	1:30	y media	*half past*
Son las dos menos veinticinco.	1:35	menos veinticinco	*twenty-five till*
Son las dos menos veinte.	1:40	menos veinte	*twenty till*
Son las dos menos cuarto.	1:45	menos cuarto	*quarter till*
Son las dos menos diez.	1:50	menos diez	*ten till*
Son las dos menos cinco.	1:55	menos cinco	*five till*

EJERCICIO
22·6

Traducción simple

1. *It's five past seven.* _____

2. *It's ten past eleven.* _____

3. *It's quarter after three.* _____

4. *It's twenty after one.* _____

5. *It's twenty-five after ten.* _____

6. *It's one thirty.* _____

7. *It's twenty-five till two.* _____

8. *It's twenty till four.* _____

9. *It's quarter till eight.* _____

10. *It's ten till five.* _____

11. *It's five till six.* _____

12. *It's five after nine.* _____

Preguntas personales: ¿A qué hora…? (Personal questions: At what time …?) *Respond with a complete sentence.*

1. ¿A qué hora comes el desayuno?

_____

2. ¿A qué hora comes el almuerzo?

_____

3. ¿A qué hora comes la cena?

_____

4. ¿A qué hora estudias el español?

_____

5. ¿A qué hora miras tu programa favorito en la televisión?

_____

6. ¿A qué hora tienes la clase de matemáticas?

_____

7. ¿A qué hora tienes la clase de la historia?

_____

Hechos divertidos (*Fun facts*)

Date and time trivia

◆ La inauguración del presidente de los Estados Unidos siempre ocurre exactamente al mediodía, el veinte de enero (cada cuatro años, después de su elección el noviembre previo).

◆ A las dos y cinco de la tarde, el treinta de marzo, 1889, se abre la Torre Eiffel en Paris, Francia.

◆ A las doce y media de la tarde, el veintidós de noviembre, 1963, se asesina el presidente de los Estados Unidos, John F. Kennedy.

◆ A las cinco y doce de la mañana, el dieciocho de abril, 1906, ocurre el Gran Terremoto de San Francisco. Más de cuatrocientas cincuenta (450) personas mueren (*die*) y trescientas mil personas (300.000) personas no tienen una casa después del terremoto.

◆ A la una de la mañana, el dos de septiembre, 1666, comienza el Gran Incendio (*Fire*) de Londres. El incendio comienza en la casa del panadero (*baker*) Thomas Farriner en Pudding Lane. El incendio dura cinco días, y casi 80% de todos los edificios en la ciudad están destruidos (*destroyed*): trece mil doscientas (13.200) casas, ochenta y siete (87) iglesias, más de cuatrocientas calles (*streets*) y la enorme Catedral de San Pablo están destruidas. De los cuatrocientos (450) acres que Londres tiene, solamente setenta y cinco (75) no están destruidos. Solamente seis personas mueren.

◆ A las nueve menos catorce de la mañana, el once de septiembre 2001, el primer avion estrella contra el Centro Mundial de Comercio en la ciudad de Nueva York.

Jugar
Sports and games

Conjugation of jugar

jugar *to play*

yo	juego	nosotros/nosotras	jugamos
tú	juegas	vosotros/vosotras	jugáis
él	juega	ellos	juegan
ella	juega	ellas	juegan
usted	juega	ustedes	juegan

VOCABULARIO

Jugando a los juegos (*Playing games*)

to bowl, go bowling	**jugar a los bolos**
to play a game	**jugar a un juego**
to play badminton	**jugar al bádminton**
to play baseball	**jugar al béisbol**
to play basketball	**jugar al baloncesto, jugar al básquetbol**
to play cards	**jugar a los naipes**
to play checkers	**jugar a las damas**
to play chess	**jugar al ajedrez**
to play football	**jugar al fútbol americano**
to play (ice) hockey	**jugar al hockey (sobre hielo)**
to play ping-pong	**jugar al ping-pong**
to play polo	**jugar al polo**
to play pool (*billiards*)	**jugar al billar**
to play rugby	**jugar al rugby**
to play soccer	**jugar al fútbol**
to play tennis	**jugar al tenis**
to play volleyball	**jugar al voleibol**

Traducción simple

1. *I play chess.* _____

2. *You play checkers.* _____

3. *He plays ping-pong.* _____

4. *She plays soccer.* _____

5. *We play rugby.* _____

6. *You all play volleyball.* _____

7. *They play polo on horseback* (en caballo). _____

8. *I don't play cards with the principal of my school.*

   _____

9. *You don't play tennis.* _____

10. *We don't play pool in our church.* _____

11. *Do you play basketball?* _____

12. *Do you play a game with your friends?* _____

¿Verdadero o falso?

1. _____ En las pre-escuelas, los chicos y las chicas juegan mucho y no tienen tarea.

2. _____ En Europa el fútbol americano es más popular que el fútbol.

3. _____ Muchas personas juegan a los naipes para dinero en los casinos en Las Vegas, Nevada.

4. _____ Una madre típicamente está feliz cuando sus hijos juegan al voleibol en la cocina o en la sala.

5. _____ Muchas personas juegan al billar o al ping-pong en el sótano de la casa.

6. _____ Una persona necesita la inteligencia y la estrategia cuando juega al ajedrez.

7. _____ Típicamente, cuando una persona juega a las damas, los cuadros en la tabla son rojos y negros.

8. _____ Los profesionales que juegan al baloncesto usualmente son bajos.

¿Qué juegan estas personas? (What do these people play?) *Imagine that each person below is alive (some are; some aren't). Respond with a complete sentence. You may need to consult sources such as an adult or the Internet to find out with which sports or activities these people are associated.*

EJEMPLO   Anatoly Karpov, Emanuel Lasker, José Capablanca

Ellos juegan al ajedrez.

1. Babe Ruth, Willie Mays, Joe Di Maggio _____

2. Wayne Gretzky, Gordie Howe, Nikita Kucherov _____

3. Pelé, Cristiano Ronaldo, Mia Hamm _____

4. Michael Jordan, Charles Barkley, Yao Ming _____

5. Ralph Greenleaf, Willie Mosconi, Minnesota Fats _____

6. Serena Williams, Roger Federer, Coco Gauff _____

7. Dick Weber, Pete Weber, Earl Anthony _____

8. Peyton Manning, Tom Brady, Gale Sayers _____

9. Bobby Fischer, Gary Kasparov, Deep Blue (IBM) _____

10. Hilario Ulloa, princípe Carlos de Gales, princípe Guillermo de Cambridge _____

EJERCICIO
23·4

Traducción compleja

1. *Every afternoon we play soccer at four thirty.*

_____

2. *Why do you play cards at three o'clock in the morning?*

_____

3. *They don't have to play water polo. If (Si) they want to swim, it's okay (está bien).*

_____

4. *Who wants to play checkers with Opie? He doesn't want to play chess.*

_____

5. *When I play a game with Antonio, I never win the game.*

_____

6. *Many people in China play ping-pong.*

_____

7. *We play volleyball in the gymnasium, and you all play rugby in the stadium.*

_____

Ir
Contractions
Transportation

Conjugation of **ir**

ir *to go*

yo	voy	nosotros/nosotras	vamos
tú	vas	vosotros/vosotras	vais
él	va	ellos	van
ella	va	ellas	van
usted	va	ustedes	van

The contractions **al** and **del**

a + el > al   *to the*
de + el > del   *from the, of the*

EJERCICIO
24·1

Traducción simple

1. *I go to the school.* _____

2. *You go to the church.* _____

3. *He goes to the library.* _____

4. *He goes to the theater.* _____

5. *She goes to the museum.* _____

6. *We go to the new stadium.* _____

7. *You all go to the park.* _____

8. *They go to the airport.* _____

9. *I don't go to the shopping center.* _____

10. *Why do you go to the train station every day?*

_____

_____

Los modos de transportación (*Modes of transportation*)

airplane	**el avión**	by airplane	**por avión**
bicycle	**la bicicleta**	by bicycle	**por bicicleta**
boat	**el barco**	by boat	**por barco**
bus	**el autobús**	by bus	**por autobús**
car	**el carro, el coche**	by car	**por carro, por coche**
ferry	**el ferry**	by ferry	**por ferry**
foot	**el pie**	by foot	**de pie**
limousine	**la limusina**	by limousine	**por limusina**
motorcycle	**la motocicleta**	by motorcycle	**por motocicleta**
ship	**el buque**	by ship	**por buque**
spaceship	**la nave**	by spaceship	**por nave**
subway	**el metro**	by subway	**por metro**
taxi	**el taxi**	by taxi	**por taxi**
train	**el tren**	by train	**por tren**
trolley	**el tranvía**	by trolley	**por tranvía**
yacht	**el yate**	by yacht	**por yacht**

Verbs of motion

to ride a bicycle	**montar en bicicleta**
to ride a horse	**montar en caballo**
to travel	**viajar**

EJERCICIO 24·2

¿A, B o C?

1. _____ Jesse James, Wyatt Earp y Roy Rogers típicamente viajan _____.

   a. por tranvía   b. por caballo   c. por buque

2. _____ Cuando tú necesitas viajar una distancia muy larga en poco tiempo, probablemente viajas _____.

   a. por avión   b. de pie   c. por taxi

3. _____ Estás en el aeropuerto de una ciudad no familiar. Para ir al hotel, necesitas _____.

   a. una motocicleta   b. un avión   c. un taxi

4. _____ En ciudades muy grandes, para ir al trabajo, las personas viajan _____.

   a. por metro   b. por nave   c. por yate

5. _____ A veces los estudiantes en las escuelas secundarias van al "prom" _____.

   a. por autobús   b. de pie   c. por limusina

6. _____ En San Francisco, California, un modo de transportación popular, especialmente con los turistas, es _____.

   a. el coche   b. el tranvía   c. el caballo

EJERCICIO 24·3

¿Adónde van? (Where are they going?) *Read the situations presented, then write a complete sentence to tell where these persons go.*

1. Marcos tiene dieciocho años. Ahora no es estudiante en la escuela secundario. Un día quiere ser profesor o abogado y, por eso (*therefore*), él necesita más educación. ¿Adónde va Marcos?

   _____

2. El señor Díaz es negociante. Él está en Houston, Tejas, donde él vive con su familia, pero tiene una reunión mañana por la tarde en Minneapolis, Minnesota (una distancia de 1.055 millas o 1.698 kilómetros). Ahora el señor Díaz está en un taxi. ¿A dónde va?

   _____

3. Marta y su amiga Carlota están en la zona comercial. Toda la mañana ellas compran muchas cosas: zapatos, ropa, un traje de baño, calcetines, camisetas: ¡Todo! Ahora es el mediodía y ellas tienen mucha hambre. ¿Adónde van?

   _____

4. Jorge lee todo el tiempo. Usualmente, él lee tres o cuatro libros cada semana. Hoy él necesita un libro nuevo, pero no quiere comprar un libro porque no tiene dinero. ¿A dónde va?

   _____

5. Usualmente Mateo y Jake miran películas en Netflix, pero hoy hay una película nueva que ellos quieren mirar. Ellos tienen suficiente dinero para las entradas (*tickets*) y también para chocolate y una limonada o gaseosa. ¿Adónde van?

   _____

EJERCICIO 24·4

Traducción rápida

1. *I go by bus.* _____
2. *You go by motorcycle.* _____
3. *He goes by bicycle.* _____
4. *We go by airplane.* _____
5. *You all go by limousine.* _____
6. *They go by foot.* _____
7. *I don't go by spaceship.* _____
8. *You don't go by trolley.* _____
9. *Do you go by taxi?* _____
10. *Do they go by boat?* _____

Five sensing verbs Things to read

The five sensing verbs

oír (*to hear*)	oigo	oyes	oye	oímos	oís	oyen
oler (*to smell*)	huelo	hueles	huele	olemos	oléis	huelen
probar (*to taste*)	pruebo	pruebas	prueba	probamos	probáis	prueban
tocar (*to touch*)	toco	tocas	toca	tocamos	tocáis	tocan
ver (*to see*)	veo	ves	ve	vemos	veis	ven

EJERCICIO
25·1

Which one of the verbs above—**oír, oler, probar, tocar, ver**—is not irregular?

_____

EJERCICIO
25·2

Traducción simple

1. *I hear.* _____
2. *I taste.* _____
3. *I see.* _____
4. *I touch.* _____
5. *I smell.* _____
6. *You taste.* _____
7. *She sees.* _____
8. *We taste.* _____
9. *You all touch.* _____
10. *They [m.] hear.* _____
11. *They [m.] taste.* _____
12. *She hears.* _____
13. *You hear.* _____
14. *They [f.] see.* _____
15. *You all see.* _____
16. *We touch.* _____
17. *They [m.] smell.* _____
18. *We hear.* _____
19. *He sees.* _____
20. *You see.* _____

¿Verdadero o falso?

1. _____ Cuando yo como en mi restaurante favorito, típicamente pruebo algo delicioso.

2. _____ Yo veo una cucaracha en mi libro ahora.

3. _____ Oigo un león en mi dormitorio cada noche.

4. _____ Cuando tengo mucha hambre y huelo el pan o la pizza, quiero comer.

5. _____ Toco el violín profesionalmente: Soy violinista para la Orquesta Filarmónica de Nueva York.

6. _____ Usualmente, cuando una persona prueba una forma de chocolate, la persona está feliz.

7. _____ En un restaurante de McDonald's, olemos hamburguesas y papas fritas.

8. _____ Una persona que toca veinte instrumentos musicales no tiene talento.

9. _____ Un hombre ciego (*blind*) o una mujer ciega no ve nada.

10. _____ Probablemente el interior del arco de Noe (*Noah's Ark*) huele muy mal.

VOCABULARIO

Las cosas de leer (*Things to read*)

atlas	**el atlas**	newspaper	**el periódico**
biography	**la biografía**	note	**la nota**
comic book	**el libro cómico**	novel	**la novela**
diary	**el diario**	page	**la página**
encyclopedia	**la enciclopedia**	paperback	**el libro en rústica**
fable	**la fábula**	paragraph	**el párrafo**
fairy tale	**el cuento de hadas**	play	**el drama**
fiction	**la ficción**	poem	**el poema**
hardback	**el libro de tapa dura**	poetry	**la poesía**
horror story	**la historia de horror, el cuento de horror**	science fiction	**la (historia de) ciencia ficción**
		short story	**el cuento corto, la historia corta**
magazine	**la revista**	textbook	**el libro de texto**
mystery	**el misterio**	thesaurus	**el tesoro léxico**
myth	**el mito**		

¿Verdadero o falso?

1. _____ En un avión, muchas personas leen revistas y periódicos.

2. _____ Un libro en rústica usualmente es más costoso que un libro de tapa dura.

3. _____ "Romeo y Julieta" y "Hamlet" son dramas por William Shakespeare.

4. _____ Un libro importante del holocausto es *El Diario de Anne Frank*.

5. _____ Los mitos de Grecia y Roma son absolutamente verdaderos.

6. _____ Emily Brontë es una autora famosa de las historias de ciencia ficción.

7. _____ El tesoro léxico es una colección de sinónimos.

8. _____ A veces una persona tiene miedo cuando lee un cuento de horror o un misterio.

9. _____ Dr. Seuss escribe los libros de texto para las escuelas de medicina.

10. _____ Hay muchas páginas en las novelas de J.K. Rowling.

Traducción compleja

1. *I smell a rat! Are you the rat?*

_____

2. *Do you hear something? I hear lions, and tigers, and bears!*

_____

3. *I don't want to taste the pizza because it* [don't translate "it"] *smells terrible.*

_____

4. *Aesop writes many fables, but they* [don't translate "they"] *aren't true.*

_____

5. *There are only ten paragraphs and five pages in the novel.*

_____

6. *My teacher is angry when I send* (enviar) *texts* (mensajes de texto) *to my friends during class.*

_____

Lecciones 21–25

EJERCICIO

C5·1

¿Verdadero o falso?

1. _____ Cuando una persona tiene un perro, él/ella tiene que caminar con el perro una o dos veces cada día. Muchas personas caminan con los perros en el Parque Central en Nueva York.

2. _____ Hago mi cama cada día del año, y limpio mi dormitorio cada día del año.

3. _____ Cuando estoy en un restaurante chino, quiero probar la pizza del día.

4. _____ Soy estudiante de español y necesito estudiar mucho porque quiero aprender a hablar español.

5. _____ Normalmente yo veo caballos y vacas en mi cocina.

6. _____ Cuando estás en un teatro y la orquesta toca un concierto dedicado a la música de Ludwig van Beethoven, tú oyes muchos violines, trompetas, clarinetes, flautas, violas y varios otros instrumentos musicales.

7. _____ Cuando estoy en el centro de una ciudad enorme, huelo la polución de muchos coches y de las chimeneas de los edificios grandes.

8. _____ Con frecuencia, Conan O'Brien toca la armónica en su programa de televisión.

9. _____ Cinderella tiene que limpiar la casa de su madrastra y sus hermanastras cada día. Cinderella no está feliz cuando vive con ellas porque ellas son personas egoístas y crueles. El Príncipe Charming es mucho mas amable (¡y guapo!).

10. _____ Los Hermanos Grimm escriben los cuentos de hada, y unos de los cuentos son muy violentos.

Conjugación *Conjugate the following verbs, and write the English translation of each infinitive where indicated.*

	yo	tú	él/ella/ usted	nosotros/ nosotras	vosotros/ vosotras	ellos/ellas/ ustedes
1. limpiar						
to _____						
2. vender						
to _____						
3. sufrir						
to _____						
4. ver						
to _____						
5. probar						
to _____						
6. oler						
to _____						
7. tocar						
to _____						
8. oír						
to _____						
9. tener						
to _____						
10. querer						
to _____						
11. ser						
to _____						
12. estar						
to _____						

¿Qué término del tiempo es esto? (Which weather term is this?)
Read each description, then write the appropriate weather term that describes it.

1. En Norteamérica, los tres meses cuando típicamente hace mucho frío: _____

2. En India y Bangladesh, el período cuando hay muchísima lluvia cada día:

_____

3. El agua súper fría (menos de 32 grados Fahrenheit): _____

4. Lluvia, pero no una tormenta: Después de esto (*this*) en abril, recibimos las flores en mayo:

_____

5. La estación cuando (usualmente) los estudiantes no tienen clases: _____

6. Todos los colores que aparecen en el cielo durante un chaparrón cuando hace sol:

_____

7. Dorian, en las Bahamas, el primero de septiembre, 2019: _____

8. Cristales de hielo en el cielo, usualmente del color blanco, pero a veces gris:

_____

9. La descripción de las condiciones típicas del tiempo en una región del mundo:

_____

10. La combinación de mucha nieve y mucho viento: _____

¿Qué hora es?

1. Tengo una reunión a las dos de la tarde. Tengo mucha prisa porque estoy en casa, y la

   reunión comienza en quince minutos. ¿Qué hora es? _____

2. Son las cinco y media en Los Ángeles, California. Yo vivo en Nueva York. ¿Qué dice (*says*)

   mi reloj? _____

3. Hoy es el treinta y uno de diciembre. Mañana es el primero de enero. Esta noche
   tenemos una gran fiesta para celebrar el año nuevo. Ahora es el momento más especial.

   ¿Qué hora es? _____

4. Hace mucho sol. El sol está el más alto de todo el día en el cielo. Tengo hambre.

   Como el almuerzo. ¿Qué hora es? _____

5. Es una hora después del almuerzo. Es la hora para la siesta. ¿Qué hora es?

   _____

EJERCICIO

C5·5

Traducción

1. *I play checkers every Saturday in the park with my friends.*

   _____

2. *He plays baseball in the park every afternoon with his friends.*

3. *Where do you play basketball?* _____

4. *Why do you play chess?* _____

5. *When do they play volleyball in the gymnasium?*

   _____

6. *Do you want to go bowling with us?* _____

7. *We don't want to play polo in the bathtub.*

   _____

8. *I don't want to play cards today.* _____

EJERCICIO

C5·6

¿En qué piensas cuando oyes estos nombres? (What do you think of when you hear these names?) *Write the appropriate term for the type of reading material suggested by each item.*

EJEMPLO   Stephen King, Edgar Allen Poe   *el cuento de horror*

1. Robert Frost, Shel Silverstein, Elizabeth Barrett Browning _____

2. Rand McNally, a cartographer _____

3. Anne Frank, Bridget Jones _____

4. *New York Times, London, Chicago Tribune* _____

5. Homer, Adonis, Persephone, Narcissus _____

6. Aesop _____

7. Los Hermanos Grimm, Madre Goose _____

8. William Shakespeare, Eugene O'Neill, Tennessee Williams _____

9. Roget _____

10. Ernest Hemingway, Mark Twain, Judy Blume _____

11. *Time, OK!, People* _____

12. Batman, Spiderman, Captain Marvel, Wonder Woman _____

EJERCICIO

C5·7

Para traducir

1. *I go by car to the party.* _____

2. *You go by taxi to the museum.* _____

3. *We go on foot to the store.* _____

4. *They [m.] go to the garage.* _____

5. *She goes to the kitchen.* _____

6. *You all go to the attic.* _____

7. *Why do you go to the basement every night?* _____

8. *When does he go to the new restaurant?* _____

EJERCICIO

C5·8

¿Verdadero o falso?

1. _____ Típicamente, una pizarra es verde o negra, y la tiza es blanca o amarilla.

2. _____ Muchos estudiantes caminan a la escuela o van a la escuela por autobús.

3. _____ Cuando los profesionales juegan al béisbol, ellos llevan un uniforme, pero no llevan una gorra.

4. _____ Los turistas nunca compran camisetas.

5. _____ Estos días muchos estudiantes tienen alergias a la crema de cacahuete y, a veces, ellos tienen que comer en una mesa especial en la escuela.

6. _____ La hamburguesa con papas fritas y una gaseosa no es popular en los Estados Unidos, especialmente en el restaurante McDonald's.

7. _____ La comida de McDonald's es considerada "comida rápida."

8. _____ Los maestros están muy felices cuando los estudiantes envían mensajes de texto a los otros estudiantes.

9. _____ Un párrafo usualmente continúa por más de tres o cuatro páginas.

10. _____ Los cuentos cortos típicamente son de ficción.

Los Inadaptados (*The Misfits*)

De vez en cuando, hay una película que tiene tanto drama entre bastidores como se ve en la pantalla. Una de tales películas es *Los Inadaptados* (1961), la historia de cuatro personajes que tienen poco en común más allá de tener una repugnancia por la conformidad y una desesperada búsqueda por un significado a sus vidas. En otras palabras, es la historia de todos nosotros en un momento u otro.

La película tiene lugar en Reno, Nevada, donde se puede obtener un divorcio "rápido," y aquí encontramos a Roslyn Taber (Marilyn Monroe) haciendo precisamente eso. Después de obtener el divorcio, Roslyn va a un bar donde conoce a Gay Langland (Clark Gable), un vaquero envejecido, y a su amigo Guido Racanelli (Eli Wallach), un piloto. Ellos toman varias bebidas alcohólicas y hablan, y deciden ir a la casa de Guido. Poco más tarde, Roslyn, Gay y Guido van a un rodeo en que participa el cuarto personaje principal, Perce Howland (Montgomery Clift).

El clímax de la película tiene lugar en el desierto fuera de Reno donde Gay, Guido y Perce tratan de capturar varios caballos para vender a una empresa que fabrica comida para perros. Roslyn está con ellos, horrorizada, gritando que los tres hombres, especialmente Gay, son bestias.

Unas personas creen que esta película es un *western* porque tiene lugar en el oeste y hay varias escenas con caballos, pero nunca por normas habituales. Por una parte, el famoso dramaturgo Arthur Miller—el entonces esposo en la vida real de Marilyn Monroe—escribe el guión. El director de la película es el igualmente famoso John Huston y el productor es Frank E. Taylor. El diálogo a veces es como la poesía y en otros momentos es como escuchar a un filósofo tremendo, pero siempre realístico saliendo de las bocas de estos personajes ineducados y perturbados.

el bestia	brute
conocer	to meet/know a person
de vez en cuando	every once in a while
la desesperada búsqueda	desperate search
disoluto	dissolute
el dramaturgo	playwright
la empresa	company
entre bastidores	behind the scenes
el esfuerzo	effort
fabricar	to manufacture
el galán	ladies' man
el guión	script
hacer el papel	to play the role
el hipotiroidismo	hypothyroidism
morir	to die
las normas habituales	normal standards
la pantalla	screen
el personaje	character
perturbado	disturbed
se casa	is married
la sobredosis	overdose
tener lugar	to take place
el vaquero envejecido	aging cowboy

Hechos fascinantes entre bastidores de esta película:

- Arthur Miller escribe el guión en el esfuerzo por salvar su matrimonio con Marilyn Monroe.
- La película está completa el 4 de noviembre, 1960.
- Clark Gable sufre un ataque cardíaco el 6 de noviembre, 1960. Él tiene 59 años.
- Clark Gable muere el 16 de noviembre, 1960.
- Arthur Miller y Marilyn se divorcian en enero 1961.
- Arthur Miller se casa con Inge Morath el 17 de febrero, 1962, una de las fotógrafas oficiales de la película.
- Marilyn Monroe muere el 5 de agosto, 1962, y la causa de su muerte está registrada como sobredosis de drogas. Ella tiene 36 años.
- Mongomery Clift, considerado por millones de mujeres un galán, en realidad es probablemente homosexual (ciertamente bisexual).

◆ Montgomery Clift muere el 23 de julio, 1966, aparentemente debido a un ataque cardíaco, posiblemente agravado por alcoholismo, drogodependencia, colitis crónica e hipotiroidismo. Él tiene 45 años.

◆ Eli Wallach, el actor que hace el papel de Guido, el piloto disoluto y quizás el personaje más inmoral de la película, es el único actor de los cuatro protagonistas que tiene una vida normal (por las normas de Hollywood). Wallach muere el 24 de junio, 2014 de causas naturales a la edad de 98. Él está casado con la actriz Anne Jackson por 66 años.

EJERCICIO
C5·9

Answer each of the following questions.

1. ¿Dónde tiene lugar la película? _____

2. ¿Cómo se llama el actor que hace el papel de Gay Langland?

_____

3. ¿Cómo se llama la actriz que hace el papel de Roslyn Taber?

_____

4. ¿Cómo se llama el piloto? _____

5. ¿Dónde conoce Roslyn a Gay y a Guido? _____

6. ¿Cómo se llama el personaje que participa en el rodeo?

_____

7. ¿Cómo se llama el dramaturgo? _____

8. ¿Cómo se llama el director de la película? _____

9. ¿Es la película un verdadero *western* en el sentido clásico y convencional del término?

_____

10. ¿Dónde tiene lugar el clímax de la película? _____

Grammar

Vocabulary

Reading

Poder
Adverbs

Conjugation of **poder**

poder *to be able to, can*

yo	puedo	nosotros/nosotras	podemos
tú	puedes	vosotros/vosotras	podéis
él	puede	ellos	pueden
ella	puede	ellas	pueden
usted	puede	ustedes	pueden

EJERCICIO
26·1

Traducción simple *Conjugate* **poder** *and add the infinitive.*

1. *I can speak Spanish.* _____

2. *I can dance.* _____

3. *You can sing.* _____

4. *Jorge can eat five pizzas.* _____

5. *Lily can read.* _____

6. *We can sell the car.* _____

7. *You all can open the windows.* _____

8. *They [m.] can't live in the basement.*

   _____

9. *I can't hear the television.* _____

10. *Can you see my motorcycle?* _____

Forming adverbs

ADJECTIVE	ADJECTIVE BASE FOR ADVERB	ADVERB
amable	amable	amablemente
intenso	intensa	intensamente
lento	lenta	lentamente
serio	seria	seriamente

NOTA BUENA To form an adverb, begin with an adjective. If it ends in **-o**, change the **-o** to **-a**, and add **-mente**. If it doesn't end in **-o**, add **-mente** directly.

VOCABULARIO

Los adverbios comunes (*Common adverbs*)

absolutely	**absolutamente**	obviously	**obviamente**
clearly	**claramente**	perfectly	**perfectamente**
easily	**fácilmente**	probably	**probablemente**
extremely	**extremadamente**	rarely	**raramente**
fast, rapidly	**rápidamente**	sadly	**tristemente**
finally	**finalmente**	slowly	**lentamente**
frequently	**frecuentemente**	usually	**usualmente**
happily	**felizmente**	well	**bien** (*irregular*)
naturally	**naturalmente**		

NOTA BUENA Note that one of the most common adverbs, **bien** (*well*), is formed irregularly.

EJERCICIO
26·2

¿Verdadero o falso?

1. _____ Un pájaro puede cantar naturalmente.

2. _____ Puedo hacer todas mis tareas perfectamente.

3. _____ Raramente, puedo comer algo cada día.

4. _____ Al fin de los cuentos de hadas, usualmente los caracteres principales viven felizmente.

5. _____ Albert Einstein es obviamente inteligente.

6. _____ Un conejo corre lentamente.

7. _____ Santa Claus entra en las casas frecuentemente: Él puede caminar fácilmente por la puerta principal.

8. _____ Finalmente, los médicos descubren una cura para el resfriado (*cold*) común.

9. _____ En las escuelas primarias, los estudiantes absolutamente no pueden tener las pistolas.

EJERCICIO
26·3

¿Qué pueden hacer estas personas muy bien? (What can these persons do very well?) *Imagine that each person is alive, and answer with a complete sentence.*

EJEMPLO   Babe Ruth   *Babe Ruth puede jugar al béisbol muy bien.*

1. William Shakespeare _____

2. Serena Williams _____

3. el ganador (*winner*) del maratón _____

4. Cristiano Ronaldo _____

5. Chance the Rapper _____

6. un pianista profesional _____

7. LeBron James y Kareem Abdul-Jabbar _____

EJERCICIO
26·4

Traducción: Repaso de adjetivos posesivos
(Translation: Review of possessive adjectives)

1. *my red house*   _____   *my red houses*   _____

2. *your white car*   _____   *your white cars*   _____

3. *his red shirt*   _____   *his red shirts*   _____

4. *our black shoe*   _____   *our black shoes*   _____

5. *our black shirt*   _____   *our black shirts*   _____

6. *your* [pl.] *red skirt*   _____   *your* [pl.] *red skirts*   _____

EJERCICIO
26·5

*Respond with a complete sentence to the following personal questions—either affirmatively (**Sí, yo puedo…**) or negatively (**No, no puedo…**).*

1. ¿Puedes tocar el piano? _____

2. ¿Puedes ver un león ahora? _____

3. ¿Puedes oír música ahora? _____

4. ¿Puedes oler pizza ahora? _____

5. ¿Puedes probar chocolate ahora? _____

6. ¿Puedes hablar italiano? _____

Two-verb constructions
Adverbs of time

Two-verb constructions

aprender a + *infinitive*	*to learn (how) to* _____
deber + *infinitive*	*ought to, should* _____
esperar + *infinitive*	*to hope to* _____
necesitar + *infinitive*	*to need to* _____
poder + *infinitive*	*to be able to* _____
querer + *infinitive*	*to want to* _____
tener que + *infinitive*	*to have to* _____
tratar de + *infinitive*	*to try to* _____

NOTA BUENA You have already learned to conjugate the verbs **poder**, **querer**, and **tener (que)**. The remaining verbs listed above are regular.

EJERCICIO
27·1

¿Verdadero o falso?

1. _____ En la clase de español, yo aprendo a hablar francés.

2. _____ Debo beber agua cada día.

3. _____ Espero tener trabajo (*work*) muy interesante un día.

4. _____ Cuando quiero recibir una "A" en una clase, necesito estudiar mucho.

5. _____ Puedo caminar encima del agua.

6. _____ Tengo que correr un maratón cada dos semanas.

7. _____ Trato de ser una persona honesta.

8. _____ Para (*In order to*) vender un carro, una persona tiene que tener un carro.

9. _____ Muchas personas quieren beber gasolina.

10. _____ En un concierto, el pianista trata de tocar bien el piano.

EJERCICIO
27·2

Traducción simple

1. *I should eat.* _____

2. *I need to drink the water.* _____

3. *You should study more.* _____

4. *She hopes to read the book tomorrow.* _____

5. *Kanye West shouldn't speak in public* (en público).

_____

6. *We try to dance every day.* _____

7. *We learn how to play the piano.* _____

8. *You all hope to buy a new shirt.* _____

9. *They [m.] don't need to read the magazine.*

_____

10. *They [m.] try to hide the money in the basement.*

_____

VOCABULARIO

Los adverbios del tiempo (*Adverbs of time*)

a few times	**unas cuantas veces**	from time to time	**de vez en cuando**
all day long	**todo el día**	many times, often	**muchas veces**
all his/her life	**toda la vida**	never	**nunca**
all the time	**todo el tiempo**	often	**a menudo**
all year long	**todo el año**	once	**una vez**
always	**siempre**	seldom, rarely	**raramente**
at times	**a veces**	several times	**varias veces**
every day	**cada día**	so many times	**tantas veces**
every week	**cada semana**	sometimes	**a veces**
every year	**cada año**	today	**hoy**
for a while	**por un rato**	twice	**dos veces**

EJERCICIO
27·3

¿A, B o C?

1. _____ Los adolescentes (*teenagers*) van al cine _____.

   a. siempre   b. nunca   c. de vez en cuando

2. _____ Debemos beber el agua _____.

   a. raramente   b. varias veces cada día   c. todo el día

3. _____ Normalmente, una persona hace la cama _____.

    a. cada día   b. todo el tiempo   c. todo el año

4. _____ Santa Claus "visita" la casa _____.

    a. de vez en cuando   b. una vez por año   c. a menudo

5. _____ En el hospital, la Sala de Emergencia está abierta (*open*) _____.

    a. a menudo   b. de vez en cuando   c. todo el tiempo

6. _____ El aeropuerto esta abierto _____.

    a. cinco días cada semana   b. todo el año   c. a veces

7. _____ Necesito estudiar el español _____.

    a. a menudo   b. unas cuantas veces   c. dos veces

8. _____ Puedo ver algo invisible _____.

    a. a veces   b. siempre   c. nunca

9. _____ Necesitamos respirar (*to breathe*) _____.

    a. muchas veces   b. toda la vida   c. dos veces cada día

10. _____ Las Olimpiadas ocurren _____.

    a. cada año   b. cada semana   c. cada cuatro años

EJERCICIO
27·4

Un párrafo para traducir (A paragraph to translate)

I am very busy, and I am very anxious! I have to do a lot every day. Each morning I have to make my bed and I have to prepare and eat a good breakfast. Then I have to go to school. When I'm in school, I need to read and I should study a lot. In the gymnasium I can run and I can play games, and one time each week I learn how to play a new game with my classmates (*los compañeros*). I don't want to play volleyball every day because I like to play basketball more. Every day I try to do something new and different. In the afternoon I have to study and in the evening I need to do homework. But sometimes I want to read a good book.

_____

_____

_____

_____

_____

_____

_____

_____

Two-verb questions
More food

Two-verb questions

| STATEMENT | Ella debe estudiar. | *She should study.* |
| QUESTION | ¿Debe ella estudiar? | *Should she study?* |

EJERCICIO
28·1

Traducción: Preguntas con dos verbos
(Translation: Questions with two verbs)

1. *Why should I study?* _____

2. *When can we eat?* _____

3. *Who wants to read?* _____

4. *What do I need to do?* _____

5. *Where do you want to live?* _____

6. *Who should work today?* _____

7. *What do you hope to receive?* _____

VOCABULARIO

Más comida (*More food*)

bacon	**el tocino**	meat	**la carne**
bean	**el frijol, la judía**	meatball	**la albóndiga**
broccoli	**el brócoli**	onion	**la cebolla**
carrot	**la zanahoria**	pea	**el guisante**
cauliflower	**la coliflor**	potato	**la papa, la patata**
celery	**el apio**	pumpkin	**la calabaza**
corn	**el maíz**	salmon	**el salmón**
fish (prepared)	**el pescado**	sausage	**la salchicha**
ham	**el jamón**	shrimp	**el camarón**
hot dog	**el perro caliente**	steak	**el filete**
lobster	**la langosta**	tuna	**el atún**

EJERCICIO 28·2

¿Verdadero o falso?

1. _____ Un vegetariano debe comer la carne cada día.

2. _____ Muchas personas comen los perros calientes cuando miran los juegos profesionales de béisbol.

3. _____ La langosta es considerada una fruta.

4. _____ Típicamente la calabaza es anaranjada y muy popular durante el otoño.

5. _____ El salmón y el atún son tipos del pescado.

6. _____ Un carnívoro nunca come el jamón.

7. _____ Muchos chicos y chicas quieren comer la coliflor, el brócoli, los guisantes y las cebollas durante una fiesta de cumpleaños.

8. _____ El pez vive en el agua, y el pescado está en el plato porque el pescado es para comer.

9. _____ El tocino y el jamón son carnes del cerdo.

10. _____ Muchos conejos quieren comer las zanahorias.

EJERCICIO 28·3

¿Qué tienen estas cosas en común? (What do these things have in common?) *Match each set of items with the appropriate description.*

1. _____ la zanahoria, la calabaza, el queso cheddar

2. _____ el guisante, la albóndiga, el voleibol

3. _____ el apio, el guisante, la bandera de Libia

4. _____ el filete, la hamburguesa, la leche

5. _____ el atún, la crema de cacahuete, el pollo, el queso

6. _____ el arroz, el helado de vainilla, la cebolla, la coliflor

7. _____ el cereal, el huevo, la tostada

8. _____ las albóndigas con los espaguetis, la pizza, el queso parmesano

A. Son verdes.

B. Son blancos.

C. Son productos de la vaca.

D. Son populares para un sándwich.

E. Son comidas italianas.

F. Son redondos.

G. Son anaranjados.

H. Son populares para el desayuno.

Un párrafo para traducir

Today is my birthday and tomorrow is your birthday. For my special day, I want to go to my favorite restaurant in the evening. We can eat pizza and we can celebrate (*celebrar*) with ice cream and gifts. I want to celebrate my birthday with my friends. In the afternoon, we can play soccer in the park. Do you want to celebrate with us? What do you want to do tomorrow for your birthday? Do you want to go to the movies or do you want to play baseball with your friends? Do you want to have a party? Should we go to a restaurant or do you have to spend (*pasar*) the evening at home with your family?

_____

_____

_____

_____

_____

_____

_____

_____

EJERCICIO

28·5

Repaso: ¿Qué hora es? (Review: What time is it?) *Write a complete sentence to tell what time it is, using words for all numbers.*

1. 7:00 A.M. _____

2. 1:00 P.M. _____

3. 3:30 P.M. _____

4. 8:15 P.M. _____

5. 2:20 A.M. _____

6. 10:45 P.M. _____

7. 9:55 A.M. _____

8. 12:35 P.M. _____

◆29◆ Comparative adjectives Comparisons

VOCABULARIO

Adjetivos comparativos (*Comparative adjectives*)

more	**más**
less	**menos**
better	**mejor**
worse	**peor**
older	**mayor**
younger	**menor**

Comparisons

Regular

más + *adjectivo* + que   *more* + adjective + *than*
menos + *adjectivo* + que   *fewer/less* + adjective + *than*

EJEMPLOS   Juan es más alto que María;   *John is taller than Mary. Mary is*
María es más baja que yo.   *shorter than I.*
Tengo más pan que ella;   *I have more bread than she; you*
tienes menos libros que Jorge.   *have fewer books than George.*

Irregular

mejor que	*better than*	mayor que	*older than*
peor que	*worse than*	menor que	*younger than*

EJERCICIO 29·1

Traducción simple: Comparaciones regulares
(Simple translation: Regular comparisons)

1. *John is taller (more tall) than Hilda.* _____

2. *Hilda is shorter than John.* _____

3. *Newt is fatter than William.* _____

4. *The book is longer than the magazine.* _____

5. *Oprah is richer than I (am).* _____

6. *Barbara has fewer tables than I.* _____

7. *I can eat more pizza than you.* _____

134

EJERCICIO
29·2

¿Verdadero o falso?

1. _____ La Estatua de la Libertad es más alta que una jirafa.

2. _____ La Torre Eiffel es más famosa que la tienda Bloomingdale's en Nueva York.

3. _____ El teléfono celular es menos popular que el juego Monopoly®.

4. _____ Un pájaro es menos inteligente que un perro.

5. _____ El sol es más grande que la luna.

6. _____ El planeta Júpiter es menos grande que Neptuno.

7. _____ Hace más calor en Mercurio que en Júpiter.

EJERCICIO
29·3

Traducción simple: Comparaciones irregulares
(Simple translation: Irregular comparisons)

1. *A book is better than a magazine.* _____

2. *A play is better than a movie.* _____

3. *Her dog is worse than my cat.* _____

4. *His motorcycle is worse than my bicycle.* _____

5. *Michael Douglas is older than Catherine Zeta Jones (by 25 years).*

_____

6. *The Parthenon is older than the Eiffel Tower.* _____

7. *His elephant is younger than my turkey.* _____

EJERCICIO
29·4

¡Tu opinión es importante! *Respond to the following questions according to your personal tastes.*

1. ¿Cuál (*Which*) es mejor—un perro o un gato? _____

2. ¿Cuál es mejor—un libro o una película? _____

3. ¿Cuál es peor—el fútbol o el fútbol americano? _____

4. ¿Cuál es peor—el ajedrez o la tarea? _____

5. ¿Cuál es mejor—una zanahoria o el apio? _____

6. ¿Cuál es peor—el jamón o la langosta? _____

7. ¿Cuál es peor—el brócoli o la coliflor? _____

Elvis Presley: Un cantante extraordinario
(*Elvis Presley: An extraordinary singer*)

Elvis Presley es un cantante americano que nace en Túpelo, Mississippi, el 8 de enero, 1935. (Él tiene un gemelo idéntico que se llama Jesse Garon Presley, pero Jesse no vive; Jesse es treinta y cinco minutos mayor que Elvis.) Elvis muere el dieciséis de agosto, 1977. Su madre se llama Gladys y su padre se llama Vernon. Cuando Elvis muere, él tiene cuarenta y dos años y es un hombre increíblemente rico y popular.

Cuando él nace, su familia es desesperadamente pobre y cuando Elvis tiene tres años, su padre tiene que ir a la prisión por escribir cheques falsos. Su primera exhibición pública es en 1945 cuando Elvis tiene solamente diez años: Es un concurso de talento. Elvis no gana—pero recibe el segundo lugar y cinco dólares. Cuando tiene once años, Elvis quiere una bicicleta, pero su mamá compra una guitarra para Elvis.

Cuando Elvis tiene trece años, él y sus padres se mudan a Memphis, Tennessee. Allí, Elvis estudia y, eventualmente, se gradúa de la escuela secundaria. Poco después de la graduación, Elvis va al estudio que hoy es Sun Records y prepara un disco de la canción "Mi Felicidad" y "Eso es Cuando Comienza la Angustia." El disco es un regalo de cumpleaños para su mamá y cuesta cuatro dólares.

el aficionado	*fan*
la angustia	*heartache*
el ataque de corazón	*heart attack*
aunque	*although*
comienza	*begins*
el concurso	*contest*
enterrado	*buried*
el éxito	*success*
la felicidad	*happiness*
el gemelo	*twin*
muere	*dies*
muerto	*dead*
nace	*is born*
se llama / se llaman	*is named / are named*
se mudan	*(they) move*
vivo	*alive*

La recepcionista del estudio, Marion Keisher, oye a Elvis y nota que él es muy bueno—mejor que los otros cantantes. Marion menciona esto a Sam Phillips, el dueño de Sun Records y, poco después, Elvis canta su primera canción para Sun Records: "That's All Right (Mama)." Es un éxito inmediato, y el resto es la historia: ¡Cuando Elvis tiene solamente veintiún años es millonario y famoso por todos los Estados Unidos!

En enero de 1957, Elvis compra su casa famosa en Memphis. La casa se llama Graceland, y Elvis vive allí con sus padres y su abuela y, más tarde, con su esposa Priscilla y su hija Lisa Marie.

Durante los años sesenta y setenta, Elvis Presley es un fenómeno por todo el mundo. Pero con todo su éxito, tiene muchos problemas personales. Es divorciado de Priscilla, y tiene una adicción a varias drogas narcóticas. El dieciséis de agosto, 1977, Elvis trabaja por toda la noche, y en la mañana tiene un gran ataque de corazón y muere.

Todo el mundo está triste y en shock. El Rey de Rock 'n' Roll está muerto. Muchas personas no pueden creer esto, y por muchos años los rumores persistan que Elvis está vivo. Pero la verdad es la verdad, y Elvis Presley está enterrado al lado de Graceland, con sus padres y su abuela. Casi dos mil personas visitan Graceland cada día del año. Aunque Elvis está muerto, es obvio que él vive en las memorias de millones de sus aficionados.

Answer the following questions.

1. ¿Dónde nace Elvis Presley, y en qué año?

   _____

2. ¿Cómo se llaman sus padres?

   _____

3. ¿Cuántos años tiene Elvis cuando su padre va a la prisión?

   _____

4. ¿Cuándo muere Elvis, y cuántos años tiene?

   _____

5. ¿Cómo se llama la casa de Elvis en Memphis, Tennessee?

   _____

6. ¿Cómo se llaman la esposa y la hija de Elvis?

   _____

7. ¿Cómo se llama el gemelo idéntico de Elvis, y quién es mayor?

   _____

8. ¿Tiene Elvis Presley un talento natural o recibe muchas lecciones privadas de niño?

   _____

9. ¿Qué instrumento toca Elvis principalmente?

   _____

10. ¿Cómo se llama el dueño de Sun Records?

    _____

11. ¿De qué muere Elvis?

    _____

12. Más o menos, ¿cuántas personas visitan la casa de Elvis cada día?

    _____

Preposition + verb
More things in the house

Preposition + verb

| CORRECT | después de comer | *after eating* |
| INCORRECT | ~~después de comiendo~~ | *after eating* |

NOTA BUENA When a verb directly follows a preposition, the verb *always* remains in the infinitive form.

EJERCICIO
30·1

Traducción simple

VOCABULARIO

antes de	*before*
después de	*after*
en vez de	*instead of*
para	*for, in order to*

1. *after eating* _____

2. *before speaking* _____

3. *in order to live* _____

4. *instead of writing* _____

5. *before reading* _____

6. *after listening* _____

7. *in order to hear* _____

8. *instead of working* _____

9. *for seeing* _____

10. *before receiving* _____

VOCABULARIO

Más cosas dentro de la casa (*More things in the house*)

air conditioner	**el aire acondicionador**	key	**la llave**
cord (electrical)	**el cordón (de la luz)**	lamp	**la lámpara**
doorknob	**el puño (de puerta),**	lightbulb	**la bombilla**
	el tirador (de puerta)	light switch	**el interruptor**
doormat	**el felpudo**	mailbox	**el buzón**
drain	**el desagüe**	mantle	**la repisa (de chimenea)**
fan	**el ventilador**	shelf	**el estante**
fireplace	**la chimenea**	trash/garbage can	**el basurero**
firewood, logs	**la leña**	wastebasket	**la papelera, la cesta**

Las partes de la casa (*Parts of the house*)

ceiling	**el techo**	hall, passageway	**el pasillo**
floor	**el suelo**	staircase	**la escalera**

EJERCICIO

30·2

¿Verdadero o falso?

1. _____ Antes de abrir la puerta principal, necesitas una llave.

2. _____ Para preparar un fuego (*fire*) en la chimenea, necesitas leña.

3. _____ En vez de instalar estantes, muchas bibliotecas tienen los libros en el suelo.

4. _____ Para comprar una casa, una persona necesita tener mucho dinero y buen crédito.

5. _____ En vez de cambiar (*change*) una bombilla, muchas personas simplemente compran otra lámpara.

6. _____ Para limpiar los zapatos o las botas, muchas personas tienen un felpudo inmediatamente enfrente de la puerta principal.

7. _____ Después de preparar un filete con las papas y el brócoli y el pan, el cocinero pone (*puts*) toda la comida en el basurero.

8. _____ Después de jugar al baloncesto por dos horas, el participante profesional tiene calor y tiene sed.

9. _____ Antes de ir a la fiesta en el palacio, Cinderella recibe un aire acondicionador nuevo para la casa.

10. _____ Casi todos los chicos y las chicas en el mundo quieren comer el brócoli o la coliflor o las zanahorias en vez del chocolate.

11. _____ Para recibir cartas, una persona necesita tener un buzón.

12. _____ En vez de usar la escalera, muchas personas simplemente saltan por la ventana.

¿Qué necesitas? (What do you need?) *From the vocabulary list given above, tell what you need in each of the following situations.*

1. Para tener fresco cuando hace mucho calor: _____

2. Para caminar de una sala de clase a otra en la escuela: _____

3. Para conectar la lámpara a la electricidad en la casa: _____

4. Para encender (*turn on*) la luz en el techo: _____

5. Para abrir la puerta de tu dormitorio: _____

6. Para mostrar (*to display*) tus trofeos (*trophies*): _____

7. Para vaciar el lavabo de agua (u otro líquido): _____

8. Para contener (*contain*) papeles que no quieres: _____

Traducción compleja

1. *Before speaking with my electrician, I need to look at the lamp, the cord, and the light switch.*

   _____

2. *After looking at all my trophies for bowling on the mantle, Pedro is very jealous.*

   _____

3. *Instead of painting* (pintar) *the ceiling, Michelangelo should paint the kitchen.*

   _____

4. *In order to receive an "A," you have to study every day.*

   _____

5. *What can we do instead of playing soccer?*

   _____

6. *After seeing the food in the garbage can, who can eat?*

   _____

7. *You shouldn't eat before swimming.*

   _____

8. *You have to eat in order to live (but you shouldn't live in order to eat).*

   _____

Lecciones 26–30

C6·1

Traducción simple

1. *I can sing.* _____

2. *I learn how to dance.* _____

3. *You should go to the party.* _____

4. *He needs to work more.* _____

5. *We want to play checkers.* _____

6. *We don't want to study now.* _____

7. *She hopes to win* (ganar) *the game.* _____

8. *We always try to win.* _____

9. *You don't always have to win.* _____

10. *They have to clean their garage.* _____

C6·2

¿A, B o C?

1. _____ ¿Qué carne no es del cerdo?

    a. el tocino   b. el jamón   c. la hamburguesa

2. _____ ¿Qué animal no vive debajo del agua?

    a. el atún   b. el pato   c. el salmón

3. _____ ¿Qué comida no es verde?

    a. la zanahoria   b. el apio   c. el guisante

4. _____ ¿Qué comida no es anaranjada?

    a. la zanahoria   b. la albóndiga   c. la calabaza

5. _____ ¿Qué comida no es popular encima de una pizza?

        a. la salchicha   b. el queso   c. el perro caliente

6. _____ ¿Qué comida no es popular con los vegetarianos?

        a. el apio   b. los guisantes   c. el filete

7. _____ ¿Qué comida nunca es popular encima de una hamburguesa?

        a. el helado   b. el queso   c. la cebolla

8. _____ ¿Qué comida es más popular durante un juego de béisbol?

        a. el camarón   b. el perro caliente   c. la papa

EJERCICIO C6·3

Conjugate the following verbs.

	yo	tú	él/ella/ usted	nosotros/ nosotras	vosotros/ vosotras	ellos/ellas/ ustedes
1. esperar						
2. deber						
3. sufrir						
4. tener						
5. querer						
6. poder						
7. oír						
8. tocar						
9. oler						
10. ver						
11. probar						
12. hacer						
13. jugar						
14. ser						
15. estar						
16. ir						

Answer the following questions with a complete sentence.

1. Marcos tiene veinte años. Jorge tiene diecisiete años. ¿Quién es mayor?

   _____

2. ¿Quién es menor—el actor Harrison Ford o el industrialista Henry Ford?

   _____

3. ¿De qué color es el centro de un huevo? _____

4. ¿Cuántos huevos hay en una docena? _____

5. ¿Cuál es mejor—un teléfono celular o el telégrafo?

   _____

6. ¿Cuál es más rápido—un avión o un nave? _____

7. ¿Cuál es peor—un accidente de coche o una fiesta con amigos?

   _____

8. ¿Cuál es más popular—el Internet o la *Enciclopedia Británica*?

   _____

9. ¿Dónde está Tokio? _____

10. ¿Cómo se llama el explorador español que "descubre" Norte América?

    _____

EJERCICIO

C6·5

¿Verdadero o falso?

1. _____ Antes de cantar y bailar en la televisión, una persona tiene que practicar mucho.

2. _____ Después de comer una comida grande, tengo mucha hambre.

3. _____ Cuando una persona tiene sed, típicamente bebe el agua o la leche o una gaseosa.

4. _____ Cuando yo tengo sed, en vez de beber agua, leo un libro.

5. _____ En vez de conducir (*drive*) un coche, unos policías montan en caballo o en motocicleta.

6. _____ Para escribir una carta elegante, necesitas papel bueno, una pluma (preferiblemente negra), y no debes escribir que el recipiente de la carta es un idiota.

7. _____ En un examen, una "A" es peor que una "F."

8. _____ Típicamente, el interruptor está cerca de la entrada de un cuarto.

¿Qué te gusta más? (What do you like more?) *Answer the following questions with a complete sentence. There are no correct answers; it's your choice.*

EJEMPLO   ¿el fútbol *o* el fútbol americano?

Me gusta el fútbol más que el fútbol americano.

Me gusta el fútbol americano más que el fútbol.

1. ¿una hamburguesa *o* un sándwich de queso?

   _____

2. ¿un restaurante elegante *o* una cafetería casual?

   _____

3. ¿un mono *o* un conejo? _____

4. ¿una pluma *o* un lápiz? _____

5. ¿la sala de clase *o* la oficina del principal?

   _____

6. ¿bailar *o* nadar? _____

7. ¿el brócoli *o* la coliflor? _____

8. ¿la limonada *o* la gaseosa? _____

9. ¿el morado *o* el anaranjado? _____

10. ¿ser inteligente *o* ser fuerte? _____

El filósofo Sócrates (470 a. C.–399 a. C.)
(*The philosopher Socrates* (470 B.C.–399 B.C.))

Sócrates es el primero de los tres filósofos más famosos de la Grecia anciana. Los otros dos, en orden, son Plato y Aristóteles. (Es fácil recordar su orden cronológico por el acrónimo SPA). Sócrates nace en Atenas en 469 a. C. Sócrates no es de una familia rica. Su padre probablemente es tallista de piedra y su madre es partera. Un hecho interesante es que no hay pinturas ni dibujos de Sócrates, pero todas las historias reportan que él es muy feo.

Similar a su padre, Sócrates trabaja con la piedra, pero cuando él tiene más o menos cuarenta años, él tiene muchas preguntas y trata de responder a las preguntas. Estas preguntas no son fáciles (¿Cuánto son dos y dos? por ejemplo), pero muy difíciles, complicadas, sofisticadas: preguntas de la vida. ¿Qué es la sabiduría? ¿Qué es la belleza? ¿Qué es la justicia? ¿Qué es la virtud? ¿Qué es moral? y ¿Qué es inmoral? Sócrates tiene una devoción a la verdad.

Es obvio a Sócrates que estas preguntas son muy difíciles y, por eso, él decide a tener varias conversaciones sobre estos tópicos. A veces las personas creen que Sócrates es un hombre loco o simplemente molestoso, y a veces las personas están enojadas y tratan de golpear a Sócrates. Pero a veces las personas responden a las preguntas, y ellos y Sócrates tienen una conversación filosófica. Esta forma de conversación—pregunta y respuesta filosófica—es la base del famoso "método Socrático" de instrucción. Posiblemente tus maestros o maestras usan este método en unas clases.

En tiempo, Sócrates tiene un grupo de hombres que escuchan las preguntas y consideran las respuestas. Ellos aprenden a pensar como filósofos. Plato es uno de sus estudiantes (más tarde, Aristóteles es uno de los estudiantes de Plato—¿recuerdas? SPA).

Todo está bien—por un rato—pero, poco a poco, muchas más personas creen que Sócrates está loco, y malo también por sus instrucciones a los hombres. Ellos creen que Sócrates es contra la democracia. En realidad, es correcto: Sócrates cree que solamente las personas más inteligentes deben tomar las decisiones para todos.

Sócrates tiene que ir a la corte tribunal y allí, ellos deciden que Sócrates necesita morir. Su método de morir es famoso: Sócrates tiene que beber un vaso que contiene el líquido de una planta venenosa, la cicuta, cuando está en la prisión.

Durante su vida, Sócrates nunca escribe sus ideas. Pero después de morir, su estudiante, Plato, escribe muchas de las ideas de Sócrates. Probablemente, la más famosa de estos es *La Apología* en que Plato reporta que Sócrates cree que siempre necesitamos hacer lo que creemos es correcto, y la oposición de los otros no es importante. Cree que la cosa más importante en la vida, como cree también William Shakespeare, es ser honesto a sus creencias. En realidad, Sócrates es mucho más un héroe que las celebridades de hoy, ¿no?

a. C.	*before Christ* (antes de Cristo)
B.C.	*before Christ*
la cicuta	*hemlock* (una planta venenosa)
como	*like*
contener	*to contain*
la creencia	*belief*
el dibujo	*drawing*
golpear	*to hit*
la justicia	*justice*
lo que	*what, that which*
molestoso	*annoying*
morir	*to die*
la partera	*midwife*
pensar	*to think*
la piedra	*stone*
la pintura	*painting*
por eso	*therefore*
por un rato	*for a while*
la sabiduría	*wisdom*
el tallista	*carver*
tomar las decisiones	*to make decisions*
el veneno	*poison*
la virtud	*virtud*

EJERCICIO C6·7

Answer the following questions with a complete sentence.

1. ¿Dónde nace Sócrates, y en qué año? _____

2. ¿Cómo se llama su estudiante más famoso?

   _____

3. ¿Es rico o pobre Sócrates? _____

4. ¿Cuáles son las profesiones de su padre y de su madre?

   _____

5. ¿Cuántos años tiene Sócrates cuando comienza a hacer las preguntas filosóficas?

   _____

6. ¿Qué tipo de pregunta hace Sócrates a sus estudiantes?

_____

7. ¿Verdadero o falso? Sócrates no tiene una devoción a la verdad.

_____

8. ¿Cómo se llama el estudiante más famoso de Plato?

_____

9. ¿Es Sócrates aficionado de la democracia?

_____

10. En la opinión de Sócrates, ¿quién debe tomar las decisiones para la sociedad?

_____

11. ¿Cómo muere Sócrates? _____

12. ¿Quién escribe las ideas de Sócrates? _____

EJERCICIO
C6·8

Traducción compleja

1. *Our new lamp doesn't work* (funcionar). *We have to buy a new lightbulb.*

_____

2. *Where is the light switch in your living room? I can't see the floor.*

_____

3. *Why is there an air conditioner in your house when you live in Alaska?*

_____

4. *Who has the keys? We can't open the door.*

_____

5. *You need to throw* (tirar) *the stones in the garbage can.*

_____

6. *They should eat in the hall if* (si) *they want to scream during breakfast.*

_____

7. *The drain doesn't work in our house. We can't use the sink.*

_____

8. *You all need to buy more firewood for your fireplace. It's cold and I like to watch the flames* (la llama).

_____

Grammar

Vocabulary

Fun facts

Reading

Demonstrative adjectives
Common stem-changing
-ar verbs

Demonstrative adjectives

	SINGULAR	PLURAL
this, these		
MASCULINE	este	estos
FEMININE	esta	estas
that, those		
MASCULINE	ese	esos
FEMININE	esa	esas

EJERCICIO
31·1

Traducción simple

1. *this hall* _____

2. *this key* _____

3. *these doormats* _____

4. *these lamps* _____

5. *that mailbox* _____

6. *that lightbulb* _____

7. *those garbage cans* _____

8. *those wastebaskets* _____

9. *this cord* _____

10. *that firewood* _____

11. *these mantles* _____

12. *those staircases* _____

EJERCICIO
31·2

¿Verdadero o falso?

1. _____ Antes de almorzar, unas personas quieren rogar.

2. _____ Después de soñar con un monstruo, muchas personas gritan.

3. _____ Una persona usualmente camina al garaje para tostar el pan para el desayuno.

4. _____ Para volar de una ciudad a otra ciudad, una persona necesita un avión.

5. _____ Después de hablar por teléfono, no es importante colgar el teléfono.

6. _____ En una democracia, los políticos nunca votan antes de aprobar una ley (*law*) nueva.

7. _____ Para contar, muchos chicos y chicas usan los dedos (*fingers*).

8. _____ Después de probar una comida nueva, una persona necesita masticar (*to chew*) lo que tiene en la boca (*mouth*).

EJERCICIO
31·3

Traducción

1. *I want to remember your name.* _____

2. *That boy wants to find my keys.* _____

3. *Those girls need to eat lunch.* _____

4. *This person learns how to pray.* _____

5. *That person has to taste the bread.* _____

6. *These teachers should show more paintings to the class.*

_____

7. *Do you have to eat every minute (el minuto) of every day?*

_____

EJERCICIO
31·4

¿**Qué quiere hacer esta persona?** (What does this person want to do?) *Match the situation with what the person wants to do.*

1. _____ Esta persona entra en la iglesia.

2. _____ Esta persona tiene hambre, y es el mediodía.

3. _____ Esta persona está en Paris y necesita estar en Tokio esta noche.

4. _____ Esta persona termina su conversación por su celular.

5. _____ Esta persona busca (*searches*) por el sofá.

6. _____ Esta persona tiene un montón de dólares y centavos.

7. _____ Esta persona tiene sentimientos (*feelings*) románticos por un chico en su clase.

8. _____ Esta persona (que tiene mucha hambre) está en un restaurante muy exclusivo y popular.

A. Quiere soñar con su novio.

B. Quiere volar.

C. Quiere contar su dinero.

D. Quiere rogar.

E. Quiere probar algo nuevo.

F. Quiere colgar el teléfono.

G. Quiere almorzar.

H. Quiere encontrar dinero.

EJERCICIO
31·5

¿**Qué cuesta más usualmente?** (Which usually costs more?) *Write **A** or **B** in the space provided to indicate the more expensive item.*

	A	B
1. _____	un coche	una bicicleta
2. _____	un par de zapatos	un par de calcetines
3. _____	una hamburguesa	un filete
4. _____	un aire acondicionador	un ventilador
5. _____	un avión	una nave
6. _____	una camiseta	un suéter
7. _____	una falda	un vestido
8. _____	un sándwich de pollo	un sándwich de crema de cacahuete
9. _____	un huevo	una docena de huevos
10. _____	un libro	un pedazo (*piece*) de papel

-Ar verbs with
o > ue stem change
Unwritten "it"

Conjugation of -ar verbs with o > ue stem change

contar *to count*

yo	**cue**nto	nosotros/nosotras	contamos
tú	**cue**ntas	vosotros/vosotras	contáis
él	**cue**nta	ellos	**cue**ntan
ella	**cue**nta	ellas	**cue**ntan
usted	**cue**nta	ustedes	**cue**ntan

NOTA BUENA Stem changes *do not* occur in the **nosotros** and **vosotros** forms.

EJERCICIO 32·1

Conjugación *Write the correct form for the indicated* **o** > **ue** *verbs.*

1. yo (volar) _____
2. tú (volar) _____
3. él (volar) _____
4. nosotros (volar) _____
5. vosotros (volar) _____
6. ellos (volar) _____
7. yo (almorzar) _____
8. tú (mostrar) _____
9. ella (recordar) _____
10. nosotros (soñar) _____
11. ellos (aprobar) _____
12. vosotros (contar) _____
13. yo (mostrar) _____
14. yo (tostar) _____
15. tú (rogar) _____
16. él (demostrar) _____
17. ellos (almorzar) _____
18. yo (encontrar) _____
19. él (encontrar) _____
20. ellos (rogar) _____

EJERCICIO 32·2

¿Verdadero o falso?

1. _____ Muchas personas almuerzan a las doce y media de la tarde.

2. _____ Yo recuerdo todo lo que ocurre durante el día.

152

3. _____ Cuando una persona no puede dormir, a veces cuenta las ovejas.

4. _____ Cinderella sueña con el Príncipe Charming.

5. _____ Típicamente, un cartón de leche cuesta cien dólares.

The unwritten subject pronoun "it"

Es un libro.   *It is a book.*
No es un libro.   *It is not (isn't) a book.*

NOTA BUENA   When "it" is the subject of a sentence (for example, "It is the truth."), the word "it" is not translated into Spanish—just begin the sentence with the verb.

Es la verdad.   *It is the truth.*

**EJERCICIO
32·3**

Traducción

1. *It costs.* _____

2. *It remembers.* _____

3. *It rings.* _____

4. *It toasts.* _____

5. *It eats with the other insects.* _____

**EJERCICIO
32·4**

¿Cómo se llama?

1. Es un autor americano, pero es famoso por todo el mundo. Escribe muchos libros durante su vida (¡más de cuarenta!), y vende más libros que las novelas por J.K. Rowling de Harry Potter. Sus libros son primariamente para los niños, pero muchos adultos leen los libros porque son muy cómicos y divertidos. Los tres libros más populares en su colección son #3—*Como el Grinch Robó La Navidad*; #2—*Los Huevos Verdes y el Jamón*; y #1—*El Gato Ensombrerado*. Probablemente tú lees uno (o varios) de los libros de este autor famoso.

   Este autor se llama _____.

2. No es una persona y no es un animal. Es un ogro. ¿Qué es un ogro? Pues (*Well*), un ogro típicamente es un gigante o un monstruo en los cuentos de hadas que come a los humanos. Un ogro también usualmente es absolutamente feo, bruto y cruel. Con frecuencia vive debajo de un puente (*bridge*). ¡No es exactamente el Príncipe Charming! Pues, este ogro no es similar al estereotipo—excepto es muy feo. Pero unas personas—por ejemplo la Princesa Fiona—creen que este ogro es guapo. Él es amable, popular y tiene dos buenos amigos: un burro y un gato. También este ogro es verde.

   Este ogro se llama _____.

Un hombre del pasado (*A man from the past*)

Es un hombre que vive muchos años en el pasado (17 enero 1706–17 abril 1790, para ser exacto). Vive principalmente en los Estados Unidos, pero vive en la Inglaterra de 1757 hasta 1775. Muchas personas recuerdan a este hombre por sus experimentos y el descubrimiento de la electricidad. Por sus estudios de la electricidad, este hombre es famoso por todo el mundo. Pero en realidad, la electricidad es una parte muy pequeña en su lista de talentos. Este hombre es escritor, inventor, político y mucho más. Aquí tienes una lista de sus varias realizaciones.

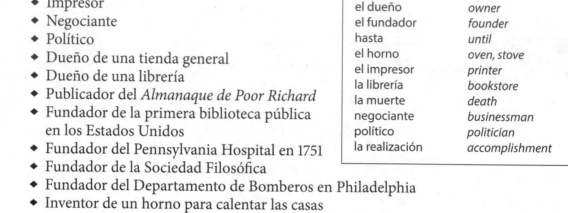

- ◆ Escritor
- ◆ Periodista
- ◆ Publicador del periódico *La Gaceta de Pennsylvania*
- ◆ Impresor
- ◆ Negociante
- ◆ Político
- ◆ Dueño de una tienda general
- ◆ Dueño de una librería
- ◆ Publicador del *Almanaque de Poor Richard*
- ◆ Fundador de la primera biblioteca pública en los Estados Unidos
- ◆ Fundador del Pennsylvania Hospital en 1751
- ◆ Fundador de la Sociedad Filosófica
- ◆ Fundador del Departamento de Bomberos en Philadelphia
- ◆ Inventor de un horno para calentar las casas
- ◆ Inventor de las aletas para nadar

la aleta	*fin*
el almanaque	*almanac*
el bombero	*fireman, firefighter*
calentar	*to heat*
el descubrimiento	*discovery*
el dueño	*owner*
el fundador	*founder*
hasta	*until*
el horno	*oven, stove*
el impresor	*printer*
la librería	*bookstore*
la muerte	*death*
negociante	*businessman*
político	*politician*
la realización	*accomplishment*

Obviamente este hombre contribuye mucho al mundo y es por esto que hoy, muchos años después de su muerte, millones de personas por todo el mundo recuerdan su nombre.

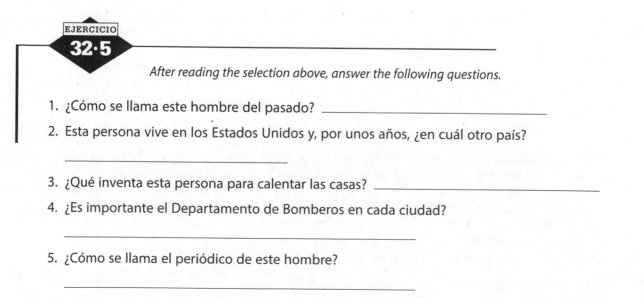

EJERCICIO 32·5

After reading the selection above, answer the following questions.

1. ¿Cómo se llama este hombre del pasado? _____

2. Esta persona vive en los Estados Unidos y, por unos años, ¿en cuál otro país?

   _____

3. ¿Qué inventa esta persona para calentar las casas? _____

4. ¿Es importante el Departamento de Bomberos en cada ciudad?

   _____

5. ¿Cómo se llama el periódico de este hombre?

   _____

-Er and -ir verbs with o > ue stem change

33

Conjugation of -er and -ir verbs with o > ue stem change

volver *to go back, return*

yo	vuelvo	nosotros/nosotras	volvemos
tú	vuelves	vosotros/vosotras	volvéis
él	vuelve	ellos	vuelven
ella	vuelve	ellas	vuelven
usted	vuelve	ustedes	vuelven

dormir *to sleep*

yo	duermo	nosotros/nosotras	dormimos
tú	duermes	vosotros/vosotras	dormís
él	duerme	ellos	duermen
ella	duerme	ellas	duermen
usted	duerme	ustedes	duermen

NOTA BUENA Stem changes *do not* occur in the **nosotros** and **vosotros** forms.

VOCABULARIO

Common **-er** and **-ir** verbs with **o** > **ue** stem change

Verbs ending in -er
devolver	to return (*an item*)
envolver	to wrap (up)
morder	to bite
mover	to move (*an item*)
poder	to be able to, can
resolver	to solve
volver	to return (*to a place*)

Verbs ending in -ir
| dormir | to sleep |
| morir | to die |

EJERCICIO
33·1

Traducción simple *Translate the following sentences, using stem-changing verbs from the vocabulary list above. Remember: The change is in the stem; the endings are regular.*

1. *I return* (volver) *to the house.* _____

2. *I return* (devolver) *the book to the library.* _____

3. *The dog bites the steak.* _____

4. *Sherlock Holmes solves the mystery.* _____

5. *We wrap many gifts in December.* _____

6. *They move the table.* _____

7. *We move the furniture* (los muebles). _____

8. *You all can sing well.* _____

9. *I sleep a lot.* _____

10. *Do you sleep during the day?* _____

11. *The fly* (la mosca) *dies on the pizza.* _____

12. *Many plants die each winter.* _____

EJERCICIO
33·2

¿Verdadero o falso?

1. _____ Cuando una persona devuelve tarde un libro a la biblioteca, la persona usualmente recibe una multa (*fine*).

2. _____ Duermo veinticuatro horas cada día.

3. _____ Un buen detective resuelve los misterios; un mal detective no resuelve nada.

4. _____ Muchas personas están felices cuando los mosquitos mueren en septiembre.

5. _____ Un estudiante que duerme con frecuencia durante una clase típicamente recibe una "A."

6. _____ Muchas tiendas elegantes envuelven los regalos que los clientes compran para sus amigos.

7. _____ Cuando un perro con la rabia (*rabies*) muerde a una persona no hay problema.

8. _____ Muevo los muebles en mi dormitorio cada día.

9. _____ Antes de ir a una fiesta de cumpleaños, envuelvo el regalo que tengo para el chico o la chica de cumpleaños.

10. _____ Cuando una mosca muere, las otras moscas tienen un funeral.

156 PRACTICE MAKES PERFECT Basic Spanish

Hechos divertidos (*Fun facts*)

¿Cuánto duerme el animal? (*How much does the animal sleep?*)

EL ANIMAL	HORAS AL DÍA (DE PROMEDIO*)	EL ANIMAL	HORAS AL DÍA (DE PROMEDIO*)
el murciélago café	veinte horas	el delfín	diez horas y media
el armadillo	dieciocho horas	el chimpancé	diez horas
el pitón	dieciocho horas	el humano (adulto)	ocho horas
el humano (bebé)	dieciséis horas	el cerdo	ocho horas
el tigre	dieciséis horas	el pez	siete horas
el león	trece horas y media	la vaca	cuatro horas
la rata	doce horas y media	el elefante asiático	cuatro horas
el gato	doce horas	la oveja	cuatro horas
el ratón	doce horas	el elefante africano	tres horas y media
el conejo	once horas	el burro	tres horas
el pato	once horas	el caballo	tres horas
el perro	diez horas y media	la jirafa	dos horas

*de promedio = *on average*

EJERCICIO 33·3

Answer the following questions with a complete sentence.

1. ¿Qué duerme más—un gato o un perro—y por cuántos minutos / cuánto tiempo?

   _____

2. ¿Qué tipo de elefante duerme menos?

   _____

3. ¿Qué animal tiene más sueño—un tigre o un león?

   _____

4. ¿Es un burro más similar a un cerdo o un caballo?

   _____

5. ¿Puede nadar un delfín?

   _____

6. ¿Puede caminar un pez?

   _____

7. ¿Puede volar el murciélago café?

   _____

8. ¿Puede subir a un árbol un gato?

   _____

Conjugación *Conjugate the following* **o** > **ue** *verbs.*

	yo	tú	él/ella/usted	nosotros/nosotras	vosotros/vosotras	ellos/ellas/ustedes
1. contar						
2. morder						
3. almorzar						
4. morir						
5. volar						
6. volver						
7. colgar						
8. dormir						

Verbs with e > ie stem change
Miscellaneous words

34

VOCABULARIO

Common verbs with **e** > **ie** stem change

Verbs ending in -ar		Verbs ending in -er	
cerrar	to close	encender	to light, kindle
comenzar	to begin	entender	to understand
confesar	to confess	perder	to lose
empezar	to begin		
fregar	to wash, scrub (*dishes, etc.*)	**Verbs ending in -ir**	
pensar (en)	to think (about)	hervir	to boil
		mentir	to lie, tell a lie
		preferir	to prefer

Conjugation of verbs with e > ie stem change

cerrar *to close*

yo	cierro	nosotros/nosotras	cerramos
tú	cierras	vosotros/vosotras	cerráis
él	cierra	ellos	cierran
ella	cierra	ellas	cierran
usted	cierra	ustedes	cierran

entender *to understand*

yo	entiendo	nosotros/nosotras	entendemos
tú	entiendes	vosotros/vosotras	entendéis
él	entiende	ellos	entienden
ella	entiende	ellas	entienden
usted	entiende	ustedes	entienden

preferir *to prefer*

yo	prefiero	nosotros/nosotras	preferimos
tú	prefieres	vosotros/vosotras	preferís
él	prefiere	ellos	prefieren
ella	prefiere	ellas	prefieren
usted	prefiere	ustedes	prefieren

NOTA BUENA Stem changes *do not* occur in the **nosotros** and **vosotros** forms.

VOCABULARIO

Palabras misceláneas (*Miscellaneous words*)

bell	**la campana**	hook	**el gancho**
candle	**la vela**	knife	**el cuchillo**
fire	**el fuego**	spoon	**la cuchara**
fork	**el tenedor**	tea	**el té**
head	**la cabeza**	telephone receiver	**el auricular**

EJERCICIO 34·1

Conjugación *Write the correct form for each of the* **e** > **ie** *verbs indicated below.*

1. yo (pensar) _____
2. tú (pensar) _____
3. él (pensar) _____
4. nosotros (pensar) _____
5. vosotros (pensar) _____
6. ellos (pensar) _____
7. yo (perder) _____
8. ella (perder) _____
9. vosotros (perder) _____
10. yo (mentir) _____
11. yo (comenzar) _____
12. tú (comenzar) _____
13. ella (mentir) _____
14. yo (hervir) _____
15. yo (entender) _____
16. ellos (fregar) _____
17. yo (preferir) _____
18. tú (preferir) _____
19. ella (preferir) _____
20. nosotros (preferir) _____

EJERCICIO 34·2

¿A, B o C?

1. _____ Friego los platos en _____.

   a. el lavabo   b. el inodoro   c. la tina

2. _____ Después de hablar por teléfono, _____ el auricular.

   a. tuesto   b. cuelgo   c. encuentro

3. _____ Pinocho _____ mucho.

   a. pierde   b. ruega   c. miente

4. _____ En el cuento de hadas de Goldilocks y los Tres Osos, Goldilocks _____ en la cama del oso pequeño.

    a. muere   b. almuerza   c. duerme

5. _____ Enciendo la leña en _____.

    a. el garaje   b. la chimenea   c. el pasillo

6. _____ Almorzamos típicamente _____.

    a. al mediodía   b. a la medianoche   c. a la una de la mañana

7. _____ Cuelgo mi abrigo en _____.

    a. la mesa   b. el suelo   c. un gancho

8. _____ Hiervo agua para preparar _____.

    a. el té   b. el helado   c. la limonada

EJERCICIO
34·3

Traducción

1. *I light the candles.* _____

2. *You ring the bell.* _____

3. *She thinks a lot because she has a big head.*

_____

4. *When I eat lunch, I need a knife, a fork, and a spoon.*

_____

5. *Why do you light the candles before eating lunch?*

_____

6. *When I make a fire, I light the firewood in the fireplace.*

_____

7. *She closes the door and the windows before eating lunch.*

_____

8. *My Spanish class begins at two o'clock in the afternoon.*

_____

¿Qué prefieres? (What do you prefer?) *Answer with a complete sentence.*

EJEMPLO   Tienes alergias a los felinos. ¿Qué prefieres—un gato *o* un perro?

Prefiero un perro.

1. Tú estás enfermo en la casa. Para notificar a tu mamá que necesitas agua, ¿qué prefieres—

    una campana *o* un gong? _____

2. Eres vegetariano. ¿Qué prefieres—un filete *o* una ensalada?

    _____

3. Eres el presidente de Starbucks. ¿Qué prefieres—un té *o* un café?

    _____

4. Quieres una atmósfera romántica en el comedor. ¿Qué prefieres—unas velas *o* una lámpara

    con una bombilla más brillante que el sol? _____

5. Después de almorzar, ¿qué prefieres—fregar los platos *o* pensar en más comida?

    _____

6. Pierdes todo tu dinero. ¿Qué prefieres—tener una fiesta *o* llorar?

    _____

7. No entiendes una palabra en tu lección de español. ¿Qué prefieres—un diccionario

    o un libro cómico? _____

8. Hace mucho frío. ¿Qué prefieres—abrir la puerta *o* cerrar la puerta?

    _____

Double negatives

Double negatives with **nada**

POSITIVE STATEMENT	Él sabe **algo**.	*He knows something.*
PATTERN	SUBJECT + VERB + **algo**	
NEGATIVE STATEMENT	Él **no** sabe **nada**.	*He doesn't know anything.*
PATTERN	SUBJECT + **no** + VERB + **nada**	

EJERCICIO
35·1

Traducción simple

1. *I don't close anything.* _____

2. *You don't confess anything.* _____

3. *He doesn't understand anything.* _____

4. *She doesn't lose anything.* _____

5. *We don't prefer anything.* _____

6. *You all don't close anything.* _____

7. *They don't scrub anything.* _____

8. *I don't think about anything.* _____

9. *You don't think about anything.* _____

10. *Why doesn't he think about anything?* _____

Double negatives with **nunca**

POSITIVE STATEMENT	Él **siempre** entiende.	*He always understands.*
PATTERN	SUBJECT + **siempre** + VERB	
NEGATIVE STATEMENT	Él **no** entiende **nunca**.	*He never understands.*
PATTERN	SUBJECT + **no** + VERB + **nunca**	
NEGATIVE STATEMENT	Él **nunca** entiende.	*He never understands.*
PATTERN	SUBJECT + **nunca** + VERB	

Traducción simple

1. *I never eat lunch.* _____

2. *You never eat lunch.* _____

3. *He never goes to school.* _____

4. *She never goes to the theater.* _____

5. *We never eat.* _____

6. *You all never pay.* _____

7. *They never count their money.* _____

8. *I never sleep.* _____

9. *In a video, the singers never sing.* _____

10. *That dog never barks* (ladrar). _____

¿Verdadero o falso?

1. _____ No tengo nada en mi clóset.

2. _____ No pienso nunca en mis amigos.

3. _____ No enciendo nunca una vela debajo del agua.

4. _____ No recuerdo nada de ayer (*yesterday*).

5. _____ No tuesto nada en el refrigerador.

6. _____ Un coche nuevo no cuesta nada.

7. _____ Una jirafa no vuela nunca.

8. _____ No como nunca un murciélago café.

9. _____ Los cerdos no vuelan nunca.

10. _____ No cuelgo nada en el gancho de mi ropero (*locker*).

EJERCICIO
35·4

*Answer the following questions with a double-negative response, using either **nada** or **nunca** as appropriate.*

1. ¿Qué comes en el establo? _____

2. ¿Qué tienes en el carro? _____

3. ¿Qué quieres para el desayuno? _____

4. ¿Qué encuentras en el horno? _____

5. ¿Qué pruebas en el restaurante horrible? _____

6. ¿Cuándo sueñas tú? _____

7. ¿Cuándo cuentas tu dinero? _____

8. ¿Cuándo almuerzas en el baño? _____

9. ¿Cuándo vuelas con los pájaros? _____

10. ¿Cuándo encuentras un millón de dólares en el sofá?

_____

EJERCICIO
35·5

¿Qué carácter es esto? ¿Qué animal es esto? ¿Qué es esto?
(What character is this? What animal is this? What is this?)
Answer the following questions by identifying the person, animal, or thing.

1. Un carácter en un cuento de hadas que duerme en una casa pequeña con siete enanos

(*dwarfs*): _____

2. El tipo de animal que casi nunca muere; según (*according to*) tradición, tiene nueve vidas:

_____

3. Un juguete de Australia que siempre vuelve al lanzador (*thrower*): _____

4. Según tradición, el animal que muerde al cartero (*mailman*): _____

5. El elefante que vuela en la película famosa de Walt Disney: _____

6. El chico en un cuento de hadas que puede volar; su amiga se llama Tinkerbell:

_____

7. La chica en un cuento de hadas que encuentra una casa de tres osos: _____

8. El "chico" en un cuento y en una película que miente mucho: _____

EJERCICIO

35·6

Traducción

VOCABULARIO

la cosa	*thing*
entonces	*then*
el indicio	*clue*
el misterio	*mystery*
nadie	*no one*
las personas	*people*
por ejemplo	*for example*
en realidad	*actually*
también	*also*
todo lo que	*everything that*
el veneno	*poison*

Hello. My name is Sherlock Holmes. I solve many mysteries. I can see many things that other people cannot see. I never sleep. Well, I lie a little. I sleep only five hours every night. Every day I eat lunch in my favorite restaurant and then I return to my house and I solve two or three mysteries. I find clues; other people don't find anything. I remember everything that I see and hear. Other people don't remember anything. I am smarter than my friends and my neighbors. When I taste poison, I don't die. When I fly, I don't need an airplane. I never lie. Actually, I lie a lot. No one can fly. No one remembers everything that he hears or sees. And no one lives after sampling poison. Also, my name is not Sherlock Holmes and I never solve mysteries.

_____

_____

_____

_____

_____

_____

_____

_____

_____

Lecciones 31–35

CUMULATIVO

7

EJERCICIO

C7·1

Traducción simple

1. *I fly.* _____

2. *You fly.* _____

3. *He prays.* _____

4. *She eats lunch.* _____

5. *We confess our sins* (el pecado) *to the priest* (el sacerdote).

_____

6. *We find money in the sofa.* _____

7. *You all count.* _____

8. *You all remember.* _____

9. *They [m.] don't remember anything.*

_____

10. *They [m.] dream about a cat.* _____

11. *They approve.* _____

12. *I eat lunch at noon.* _____

13. *You hang up that coat on the hook.*

_____

14. *She never counts her money.* _____

15. *He finds money under this sofa.* _____

16. *We don't remember her name.* _____

17. *Do you pray in the church?* _____

18. *Why does your telephone ring all the time?*

_____

19. *Do you toast bread every morning?*

_____

20. *Do you believe that Dumbo flies?*

_____

Conjugación *Conjugate the following verbs.*

	yo	tú	él/ella/ usted	nosotros/ nosotras	vosotros/ vosotras	ellos/ellas/ ustedes
1. volar						
2. mover						
3. dormir						
4. cerrar						
5. perder						
6. mentir						
7. hablar						
8. comer						
9. vivir						
10. ser						
11. estar						
12. tener						
13. querer						
14. hacer						
15. ir						

Traducción

1. *this bell* _____
2. *that spoon* _____
3. *this fire* _____
4. *that candle* _____
5. *these candles* _____
6. *this fork* _____
7. *that fork* _____
8. *this knife* _____

9. *these knives* _____
10. *those bedrooms* _____
11. *this kitchen* _____
12. *those halls* _____
13. *these living rooms* _____
14. *that basement* _____
15. *these garages* _____
16. *those hooks* _____

EJERCICIO
C7·4

¿Verdadero o falso?

1. _____ Siempre almuerzo a la medianoche.

2. _____ A veces hay dos sábados en una semana.

3. _____ Mi cumpleaños ocurre una vez cada año.

4. _____ A veces hago un fuego en mi clase de español.

5. _____ A veces el piloto abre las ventanas del avión cuando vuela.

6. _____ En Cuba, hace calor todo el año.

7. _____ Muchas personas miran la televisión por un rato cada día.

8. _____ Benjamín Franklin vive en los Estados Unidos toda la vida.

9. _____ Debo estudiar a menudo si (if) quiero aprender a hablar español.

10. _____ Nunca devuelvo mis libros a la biblioteca a la hora.

11. _____ Voy a la luna (moon) unas cuantas veces cada año.

12. _____ De vez en cuando mis amigos y yo vamos al cine o miramos una película en casa.

EJERCICIO
C7·5

Repaso de ser y estar (Review of **ser** and **estar**) *Complete each sentence with the correct form of* **ser** *or* **estar.**

1. Yo _____ feliz.

2. Tú _____ de Buenos Aires, Argentina.

3. Ella _____ cansada.

4. Nosotros _____ enfermos.

5. Vosotros _____ enfermeros.

6. Ellos _____ americanos.

7. Él _____ aburrido.

8. Yo _____ estudiante.

9. Tú _____ de buen humor.

10. Ellos _____ nerviosos.

11. Ella _____ abogada.

12. Yo _____ de mal humor.

Bob Dylan

Bob Dylan es el cantante americano que posiblemente representa más que nadie la idea de la independencia y la creatividad y el espíritu del artista. Es imposible calcular su influencia en la música de hoy.

Bob Dylan nace en Duluth, Minnesota el veinticuatro de mayo, 1941. Su nombre original es Robert Zimmerman, pero cambia su apellido a Dylan cuando es universitario. Cuando tiene seis años, Bob y su familia se mueven a Hibbing, Minnesota, un pueblo pequeño al norte de Duluth.

De niño, él aprende a tocar la guitarra y la armónica. Cuando es estudiante en la escuela secundaria, Bob forma una banda de Rock 'n' Roll que se llama los "Golden Chords." Después de la graduación en 1959, él comienza a estudiar el arte en la Universidad de Minnesota.

además	*besides, in addition to*
el aislamiento	*seclusion*
al mismo tiempo	*at the same time*
el apellido	*last name, surname*
calcular	*to calculate*
cambiar	*to change*
el compositor	*composer*
el corazón	*heart*
durar	*to last*
evocar	*to evoke*
fenómeno	*phenomenal*
galés	*Welsh*
el hombre	*man*
la letra	*lyrics*
nacer	*to be born*
nadie	*no one, anyone*
el poeta	*poet*
la portada	*cover*
el pueblo	*town*
el recluso	*recluse*
saber	*to know*
sin duda	*without a doubt*
el trabajo duro	*hard work*
único	*unique*
el universitario	*university student*
el valor	*value*

Durante sus estudios en la Universidad, él comienza a cantar canciones de "folk" en los cafés pequeños con el nombre nuevo Bob Dylan (por el poeta galés Dylan Thomas).

En enero de 1961, Bob Dylan va a Nueva York, e inmediatamente hace una gran impresión en los cafés en la comunidad de los cantantes de la música folk en Greenwich Village. En marzo de 1962, cuando Bob Dylan tiene solamente veintiún años, su primer álbum aparece en las tiendas. En 1963 su segundo álbum aparece y es un gran éxito. Este álbum contiene la canción "Blowin' in the Wind." Posiblemente tienes familiaridad con esta canción.

Todo el mundo sabe que Bob Dylan es un cantante y compositor extraordinario, pero también es poeta de talento magnífico. Él recibe gran inspiración de los escritores Arthur Rimbaud (poeta francés, 1854–1891) y John Keats (poeta del romanticismo inglés, 1795–1821). Si tú lees la letra de las canciones de Bob Dylan, tú sabes que no es un escritor ordinario.

Además de "Blowin' in the Wind," otra canción de Bob Dylan muy famosa y popular es "Like a Rolling Stone" (1965). Esta canción es fenómena por varias razones: (1) Es extremadamente popular en 1965 y es extremadamente popular hoy; (2) la canción típica dura tres minutos, pero "Like a Rolling Stone" dura seis minutos; (3) las palabras forman un poema significante; (4) es Rock 'n' Roll y folk y absolutamente hermosa al mismo tiempo; (5) es muy difícil encontrar a una persona que no cree que la canción tiene valor inestimable.

En 1966 Bob Dylan tiene un accidente terrible en su motocicleta cerca de su casa en Woodstock, Nueva York. Recibe una concusión, está en condición crítica por una semana y tiene amnesia. Después del accidente, Dylan es un recluso y no hace nada en público: Está en casa con su esposa, Sara, y los hijos. Después de unos meses de aislamiento, Dylan comienza a volver al mundo de la música, poco a poco. Él no canta públicamente en los Estados Unidos hasta el primero de agosto de 1971 por "El Concierto para Bangladesh," en Madison Square Garden en Nueva York.

En 1974 Dylan vuelve a la vida de los conciertos, y en el otoño de 1975 Dylan comienza un tour del mundo con varios músicos: Joan Baez, Joni Mitchell, Arlo Guthrie, Ramblin' Jack Elliot, el poeta Allen Ginsburg y otros. En 1988 Dylan embarca en el "Never-Ending Tour," que continúa por más de diez años.

En 1998 Bob Dylan recibe tres Grammy Awards por su álbum "Time Out of Mind." También aparece en la portada de la revista *Newsweek,* y sus conciertos son muy populares.

Bob Dylan continúa a cantar, tocar la armónica y la guitarra, escribir poemas, inspirar a millones y millones de individuos y, probablemente más importante, ser un hombre individual. Bob Dylan—si te gusta su música o no—es un hombre único, un hombre que tiene gran inteligencia y también que vive por el corazón. Bob Dylan es un hombre que entiende la importancia del trabajo duro y el valor de la independencia.

Hay mucho más para aprender de este hombre fascinante. Puedes ir a la biblioteca; puedes ir a la tienda de discos compactos; puedes ir a la tienda de vídeos (unos de sus conciertos son películas). O, simplemente puedes hablar con tus padres. Sin duda ellos saben mucho de Bob Dylan; sin duda ellos recuerdan su música; sin duda ellos tienen un lugar especial en el corazón por las memorias que sus canciones evocan. Y probablemente, ellos tienen uno o dos (o más) discos de Bob Dylan.

EJERCICIO
C7·6

Answer the following questions.

1. ¿Cómo se llama originalmente Bob Dylan? _____

2. ¿Dónde nace Bob Dylan? _____

3. ¿De seis años hasta dieciocho años, dónde vive Bob Dylan? _____

4. Bob Dylan aprende a tocar dos instrumentos musicales de niño. ¿Cuáles son?

   _____

5. ¿Cómo se llama la banda que Bob Dylan forma en la escuela secundaria?

   _____

6. ¿Por quién es el apellido de Bob Dylan? _____

7. ¿En qué año llega Bob Dylan en Nueva York? _____

8. ¿Cuántos años tiene Bob Dylan cuando hace su primer álbum? _____

9. En 1963 Bob Dylan hace su segundo álbum con una canción que hasta hoy es muy

   popular. ¿Cómo se llama esta canción? _____

10. Bob Dylan recibe gran inspiración de dos poetas en particular. ¿Cómo se llaman?

    _____

11. ¿Cuánto tiempo dura "Like a Rolling Stone"? ¿Cuánto tiempo dura una canción típica?

    _____

12. Bob Dylan tiene un accidente terrible en 1966. ¿En qué tipo de transportación?

    _____

13. ¿En qué año ocurre "El Concierto para Bangladesh"? ¿Dónde?

    _____

14. ¿Cómo se llaman unos músicos que están en el tour con Bob Dylan que comienza

    en 1975? _____

15. En 1998, ¿cuántos Grammy Awards gana Bob Dylan por un álbum?

    _____

16. ¿Cómo se llama el álbum? _____

Direct object pronouns
More professions

Direct object pronouns

me	nos
te	os
lo	los
la	las

NOTA BUENA The direct object is a person or thing and is the direct recipient of the verb's action. The direct object pronoun precedes the verb.

EJEMPLOS   Yo tengo el sombrero. Yo lo tengo.   *I have the hat. I have it.*

Ella compro la mesa. Ella la compra.   *She buys the table. She buys it.*

EJERCICIO
36·1

Traducción *Translate the following sentences; each direct object pronoun is singular.*

1. *I have the book.* _____

   I have it. _____

2. *I have a house.* _____

   I have it. _____

3. *You read the book.* _____

   You read it. _____

4. *You read the magazine.* _____

   You read it. _____

5. *He eats the bread.* _____

   He eats it. _____

6. *He eats the pizza.* _____

   He eats it. _____

7. *She toasts the bread.* _____

   She toasts it. _____

8. *She buys the shirt.* _____

   She buys it. _____

9. *We buy the dress.* _____

   We buy it. _____

EJERCICIO
36·2

¿Verdadero o falso?

1. _____ Cuando tengo sed y recibo agua, la bebo.

2. _____ Beethoven tiene un piano y lo toca.

3. _____ Tengo un ratón y lo como.

4. _____ Mi mejor amigo/amiga tiene una televisión en la casa y la mira.

5. _____ Muchas personas tienen la leche en el refrigerador y la beben.

6. _____ Después de leer los libros de la biblioteca no los devuelvo nunca.

EJERCICIO
36·3

Traducción *Translate the following sentences; each direct object pronoun is plural.*

1. *I have the books.* _____   *I have them.* _____

2. *I have some houses.* _____   *I have them.* _____

3. *I remember the names.* _____   *I remember them.* _____

4. *You eat the eggs.* _____   *You eat them.* _____

5. *She closes the doors.* _____   *She closes them.* _____

6. *We begin the classes.* _____   *We begin them.* _____

VOCABULARIO

Más profesiones (*More professions*)

	MASCULINE	FEMININE
accountant	**el contador**	**la contadora**
actor	**el actor**	**la actriz**
architect	**el arquitecto**	**la arquitecta**
bus driver	**el conductor**	**la conductora**
butcher	**el carnicero**	**la carnicera**
carpenter	**el carpintero**	**la carpintera**
cook	**el cocinero**	**la cocinera**
chemist	**el químico**	**la química**
dancer	**el bailante**	**la bailante**
firefighter	**el bombero**	**la bombera**
gardener	**el jardinero**	**la jardinera**
jeweler	**el joyero**	**la joyera**
journalist	**el periodista**	**la periodista**
judge	**el juez**	**la juez**

	MASCULINE	FEMININE
librarian	**el bibliotecario**	**la bibliotecaria**
mail carrier	**el cartero**	**la cartera**
mechanic	**el mecánico**	**la mecánica**
movie star	**la estrella de cine**	**la estrella de cine**
pharmacist	**el farmacéutico**	**la farmacéutica**
reporter	**el reportero**	**la reportera**
scientist	**el científico**	**la científica**
spy	**el espía**	**la espía**
taxi driver	**el taxista**	**la taxista**
veterinarian	**el veterinario**	**la veterinaria**
waiter	**el mesero**	**la mesera**

EJERCICIO 36·4

¿Qué profesión? (What profession?) *Write the name of the profession after each description or name.*

1. Un médico que trabaja solamente con los animales: _____

2. La mujer (*woman*) que sirve la comida en un restaurante: _____

3. James Bond: _____

4. El hombre que prepara la comida en un restaurante: _____

5. El hombre que recibe instrucciones de médico, cuenta las drogas y las dispensa:

   _____

6. Frank Lloyd Wright: _____

EJERCICIO 36·5

Traducción compleja *The gender to be used for each profession is made clear by context.*

1. *The accountant sees the money, and she counts it.*

   _____

2. *The mailman has the letters and delivers* (entregar) *them to our house.*

   _____

3. *The butcher has the meat, and she cuts* (cortar) *it.*

   _____

4. *The librarian has the books, and he reads them.*

   _____

Saber

·37·

Conjugation of **saber**

saber *to know information*

yo	sé	nosotros/nosotras	sabemos
tú	sabes	vosotros/vosotras	sabéis
él	sabe	ellos	saben
ella	sabe	ellas	saben
usted	sabe	ustedes	saben

EJERCICIO 37·1

Traducción simple

1. *I know your name.* _____

2. *I know a lot.* _____

3. *I don't know anything.* _____

4. *You know the answer* (la respuesta). _____

5. *She knows all the answers.* _____

6. *Do you know the answer?* _____

7. *We don't know a lot.* _____

8. *You all know the name of the book.* _____

EJERCICIO 37·2

¿Verdadero o falso?

1. _____ El médico sabe mucho de la anatomía y los órganos internos.

2. _____ La actriz no sabe nada de los dramas de William Shakespeare.

3. _____ El principal no sabe nada de la escuela.

4. _____ El dentista sabe mucho de la boca.

5. _____ La joyera sabe mucho de los rubís y las esmeraldas.

6. _____ El granjero no sabe nada de las plantas y los animales.

7. _____ La escritora sabe mucho de la gramática.

8. _____ El químico sabe mucho de los elementos y la ciencia.

9. _____ El carpintero no sabe nada de los muebles.

EJERCICIO 37·3

¿Estas personas saben mucho de qué? (What do these persons know a lot about?) *Match each person with the appropriate area of expertise.*

1. _____ El electricista sabe mucho de _____.

2. _____ El bombero sabe mucho de _____.

3. _____ La bailante sabe mucho de _____.

4. _____ La conductora sabe mucho de _____.

5. _____ El taxista sabe mucho de _____.

6. _____ La científica sabe mucho de _____.

7. _____ El espía sabe mucho de _____.

8. _____ La dependiente sabe mucho de _____.

9. _____ El plomero sabe mucho de _____.

10. _____ La política sabe mucho de _____.

A. las elecciones

B. los laboratorios y experimentos

C. los fuegos y incendios

D. las pipas y el agua

E. las intrigas y James Bond

F. las calles y las avenidas de una ciudad grande

G. los productos en la tienda

H. los autobuses

I. los experimentos de Benjamín Franklin

J. el disco, el waltz, el foxtrot

EJERCICIO 37·4

Traducción compleja

1. *I'm sad because I have a gift for Jorge and I know that he doesn't want it.*

_____

2. *He doesn't know that we go to Canada every winter and summer.*

_____

3. *Do you know why the squirrels* (las ardillas) *prefer to live in those trees?*

_____

4. *Do you know who has the money and where he hides it?*

_____

Traducción: Saber + infinitive (Translation: *To know how + to do something*)

1. *I know how to speak Spanish.* _____

2. *You know how to read.* _____

3. *He knows how to dance.* _____

4. *She knows how to sing.* _____

5. *We know how to count to* (hasta) *one million.* _____

6. *You all know how to fly.* _____

7. *They don't know how to hang up the telephone.* _____

8. *I don't know how to close this door.* _____

9. *Do you know how to close that window?* _____

¿A, B o C? *Pretend that each person is alive, and choose the correct response.*

1. _____ El espía sabe _____.

   a. escuchar por las paredes   b. ladrar como un perro   c. volar

2. _____ La contadora sabe _____.

   a. robar un banco   b. contar dinero   c. pintar las paredes

3. _____ Bugs Bunny sabe _____.

   a. jugar al ajedrez   b. bailar la salsa   c. comer una zanahoria

4. _____ Pinocho sabe _____.

   a. hacer un fuego   b. mentir   c. comer una ballena

5. _____ Una persona que vive en Tokio probablemente sabe _____.

   a. hablar francés   b. montar en caballo   c. hablar japonés

6. _____ Lance Armstrong no sabe _____.

   a. montar en bicicleta   b. ver por las paredes   c. hablar inglés

7. _____ Sócrates sabe _____.

   a. hablar inglés   b. pensar   c. subir a un árbol

8. _____ Un idiota no sabe _____.

   a. existir   b. respirar   c. nada

Conocer
Personal a
Schools of thought

Conjugation of conocer

conocer *to know / be familiar with a person, place, thing, or idea; to meet*

yo	conozco	nosotros/nosotras	conocemos
tú	conoces	vosotros/vosotras	conocéis
él	conoce	ellos	conocen
ella	conoce	ellas	conocen
usted	conoce	ustedes	conocen

EJERCICIO
38·1

¿Verdadero o falso?

1. _____ Conozco a mis amigos.

2. _____ Conozco personalmente a Vladimir Putin.

3. _____ Conan O'Brian conoce a muchas celebridades.

4. _____ Tom Sawyer conoce a Huck Finn.

5. _____ La duquesa Meghan Markle conoce a la duquesa Kate Middleton.

6. _____ Romeo Montague no conoce a Juliet Capulet.

7. _____ Un estudiante de la física conoce las teorías de Albert Einstein.

8. _____ Una persona en Papua, Nueva Guinea, probablemente no conoce bien la política de Guatemala.

Personal a

PERSON	Veo **a** mi abuelo.	*I see my grandfather.*
PET	Veo **a** mi perro.	*I see my dog.*
THING	Veo la silla.	*I see the chair.*
PLACE	Veo Nueva York.	*I see New York.*

NOTA BUENA The personal **a** goes before the direct object when it is the name or mention of a person or pet, but not before the direct object when it is a thing or place.

EJERCICIO
38·2

¿**Necesitas el personal a o no?** (Do you need the personal **a** or not?)
*Place the personal **a** where it is needed. If it is not needed, mark an **X** in the space.*

1. Amo _____ mi familia.

2. Conozco _____ mi mejor amigo/amiga.

3. Conozco _____ las películas de Martin Scorsese.

4. Veo _____ mi gata.

5. Oigo _____ un gato en el garaje.

6. Nadie _____ me conoce aquí.

7. No conozco _____ nadie aquí.

8. Conozco _____ Minneapolis, Minnesota.

EJERCICIO
38·3

Traducción simple *Each sentence contains a personal **a**.*

1. *I know three people here.* _____

2. *I know that girl and you know the boy.* _____

3. *You always know many people when we go to a restaurant.*

   _____

4. *My dentist knows many people in China.* _____

5. *We don't know anybody here.* _____

6. *Do you all know those boys?* _____

7. *They see ten taxi drivers.* _____

8. *I hear my dog.* _____

VOCABULARIO

Schools of thought

capitalism	**el capitalismo**	Marxism	**el marxismo**
communism	**el comunismo**	nationalism	**el nacionalismo**
conservatism	**el conservatismo**	patriotism	**el patriotismo**
fascism	**el fascismo**	radicalism	**el radicalismo**
imperialism	**el imperialismo**	republicanism	**el republicanismo**
liberalism	**el liberalismo**	socialism	**el socialismo**

EJERCICIO 38·4

¿Verdadero o falso?

1. _____ Karl Marx conoce bien el socialismo y el comunismo.

2. _____ En la doctrina del capitalismo, el dinero es muy importante.

3. _____ Una persona que tiene muchísimo respeto por su país no cree en el nacionalismo.

4. _____ Hay muchos aspectos similares entre el socialismo y el comunismo.

5. _____ Groucho Marx es el "padre" del marxismo.

6. _____ Benito Mussolini es el "padre" del fascismo.

7. _____ El conservatismo y el liberalismo son muy similares.

8. _____ La monarquía de la Inglaterra es una forma del imperialismo.

9. _____ Una persona que conoce bien el patriotismo probablemente tiene una bandera de su país.

10. _____ El radicalismo y el republicanismo son iguales.

EJERCICIO 38·5

¿Quiénes conocen bien este instrumento musical? (Who knows this musical instrument well?) *Match each instrument with the appropriate set of musicians.*

1. _____ el violín

2. _____ el piano

3. _____ la guitarra

4. _____ los tambores

5. _____ el saxofón

6. _____ el clarinete

7. _____ el arpa

8. _____ el chelo

9. _____ la trompeta

10. _____ la armónica

A. Ringo Starr, Max Weinberg, Buddy Rich

B. Louis Armstrong, Al Hirt, Doc Severinsen

C. Bob Dylan, Bruce Springsteen, Woody Guthrie

D. Harpo Marx, Marcel Grandjany, Henriette Renié

E. Keith Richards, Sheryl Crow, Jimi Hendrix

F. Charlie Parker, Clarence Clemons, Kenny G

G. Joshua Bell, Isaac Stern, Itzhak Perlman

H. Benny Goodman, Butch Thompson, Artie Shaw

I. Liberace, Vladimir Horowitz, Ray Charles

J. Yo-Yo Ma, Pablo Casals, Mstislav Rostropovich

Saber and conocer

Using **saber** and **conocer** (*to know*)

INFORMATION	Él sabe tu nombre.	*He knows your name.*
HOW TO DO SOMETHING	Sé nadar.	*I know how to swim.*
PEOPLE	Conoces a Jaime.	*You know Jaime.*
PLACES	Conocemos Nueva York.	*We know New York.*
(TO MEET) PEOPLE	Voy a conocer a Lisa hoy.	*I am going to meet Lisa today.*

EJERCICIO
39·1

¿Saber o conocer? *Write the correct form of* **saber** *or* **conocer** *in the space provided.*

1. Yo _____ que dos y dos son cuatro.

2. Yo _____ a tu primo.

3. Yo no _____ hablar portugués.

4. Tú _____ bailar bien.

5. Ella _____ a mis primos.

6. Él me _____.

7. Nosotros no _____ por qué él come tanto (*so much*).

8. ¿_____ vosotros al presidente?

9. ¿_____ ellos tu número de teléfono?

10. ¿_____ tú quién escribe esta novela?

11. Tú no _____ a nadie aquí.

12. ¿_____ ella las teorías del capitalismo de la escritora y filósofa americana Ayn Rand?

EJERCICIO
39·2

Conjugación *Conjugate the following verbs.*

	yo	tú	él/ella/ usted	nosotros/ nosotras	vosotros/ vosotras	ellos/ellas/ ustedes
1. saber						
2. conocer						
3. ser						
4. estar						
5. ir						
6. tener						
7. ver						
8. oír						
9. contar						
10. perder						

EJERCICIO
39·3

¿Sí o no? *Answer in the affirmative (**Sí**) or in the negative (**No**), using a complete sentence.*

1. ¿Sabes nadar? _____

2. ¿Sabes hablar ingles? _____

3. ¿Sabes hablar japonés? _____

4. ¿Sabes bailar el flamenco? _____

5. ¿Sabes montar en bicicleta? _____

6. ¿Sabes colgar el auricular? _____

7. ¿Sabes tostar el pan? _____

8. ¿Sabes volar? _____

9. ¿Sabes fregar los platos? _____

10. ¿Sabes envolver un regalo? _____

¿Verdadero o falso?

1. _____ Una persona que conoce las teorías de Sigmund Freud, Carl Jung y M. Scott Peck probablemente sabe mucho acerca de la psicología.

2. _____ Una persona que conoce bien a los Beatles no sabe nada de la música.

3. _____ Hillary Clinton no conoce a un hombre que se llama Bill.

4. _____ Una estrella de cine debe saber mucho de la historia de Hollywood para tener éxito.

5. _____ Una persona que sabe mucho de la teoría de la relatividad conoce bien las ideas de Albert Einstein.

6. _____ La bibliotecaria de una escuela usualmente sabe dónde está un libro en particular y puede encontrar este libro.

7. _____ Un cartero típicamente conoce personalmente los habitantes de las casas en su área designada.

8. _____ Una farmacéutica no conoce muchas drogas.

9. _____ Un contador necesita conocer bien las matemáticas y tiene que saber mucho acerca del dinero y de los impuestos (*taxes*).

10. _____ Un taxista necesita saber llegar a todas las direcciones y calles en su ciudad para ganar buenas propinas (*tips*).

11. _____ Un actor que conoce a varios directores y productores probablemente recibe mejores oportunidades que los actores que no conocen a nadie.

12. _____ Una persona que no sabe nada de las plantas y las flores es un buen jardinero.

39.Traducción compleja

1. *I don't know how she knows so much. She never studies.*

   _____

2. *I don't know how she knows so many* (tantos) *teachers here.*

   _____

3. *Do you know that lawyer? She knows a lot about the lawyer Clarence Darrow.*

   _____

4. *Do you know that girl? She knows how to dance well.*

   _____

5. *No one knows that I know how to swim faster than a fish.*

   _____

Possession with de

·40·

Possession with de

PATTERN	OWNED OBJECT + **de** + OWNER	OWNER + 's + OWNED OBJECT
EJEMPLOS	el libro **de** María	*Mary's book*
	la mesa **de** María	*Mary's table*
	el libro **del** hijo	*the boy's book*
	la mesa **del** hijo	*the boy's table*
	el libro **de** la hija	*the girl's book*
	la mesa **de** la hija	*the girl's table*

NOTA BUENA Remember that **de** + **el** is **del**.

EJERCICIO
40·1

Traducción simple

EJEMPLO   John's house   *la casa de Juan*

1. *Laura's book* _____

2. *Marco's door* _____

3. *Ricardo's kitchen* _____

4. *Linda's dress* _____

5. *Daisy's red shoes* _____

6. *Lily's elegant dress* _____

EJERCICIO
40·2

Traducción simple

EJEMPLO   *the girl's belt*   *el cinturón de la chica*

1. *the girl's skirt* _____

2. *the house's windows* _____

3. *the lawyer's [f.] cat* _____

4. *the teacher's* [f.] *salad* _____

5. *the table's lamp* _____

6. *the living room's coffee table* _____

_____

Traducción simple

EJEMPLO   *the boy's belt*   _el cinturón del chico_____

1. *the boy's shoes* _____

2. *the dog's* [m.] *water* _____

3. *the cat's* [m.] *pajamas* _____

4. *the electrician's* [m.] *airplane* _____

5. *the mechanic's* [m.] *limousine* _____

6. *the plumber's* [m.] *belt* _____

Traducción simple

1. *Wanda's window* _____

2. *the school's office* _____

3. *the actor's movie* _____

4. *Paco's living room* _____

5. *the dentist's* [f.] *telephone* _____

6. *the taxi driver's* [m.] *taxi* _____

La escritora Ayn Rand (*The writer Ayn Rand*)

Ayn Rand es una novelista y filósofa del siglo veinte. Ella escribe varias novelas y desarrolla la filosofía del "objetivismo." Si tú eres joven (tienes menos de dieciocho años), probablemente tú no la conoces, pero ella es una escritora muy popular e importante a las personas en todas partes que piensan mucho. Posiblemente tus padres o abuelos o tíos o tías leen sus novelas o conocen sus ideas.

casados	*married*
el ciudadano	*citizen*
el conocimiento	*knowledge*
desarrollar	*to develop*
en todas partes	*everywhere*
el éxito	*success*
el foco	*focus*
la muerte	*death*
lo contrario	*the opposite*
lo que	*that which*
llegar	*to arrive*
nacer	*to be born*
odiar	*to hate*
propio	*own*
se hace	*becomes*
se muda	*moves* (changes residence)
el siglo	*century*
tomar decisiones	*to make decisions*
único	*only, unique*

Muchas personas comienzan a leer las novelas de Ayn Rand cuando son estudiantes en la escuela secundaria o en la universidad. Estas novelas son especialmente magníficas para las personas que tienen entre dieciocho y veinticinco años, porque durante estos años una persona usualmente desarrolla la independencia de sus padres y comienza a tomar decisiones importantes de la vida por primera vez.

Ayn Rand nace en St. Petersburg, Rusia, el dos de febrero, 1905. Ella sale de Rusia y se muda a los Estados Unidos en 1926, y en 1931 se hace una ciudadana naturalizada de los Estados Unidos. Ayn Rand nunca vuelve a Rusia. Ella muere de problemas con el corazón el seis de marzo, 1982 en la ciudad de Nueva York.

Ayn Rand odia la vida de Rusia. Ella cree que la cultura dominante de Rusia es la glorificación de todo trágico y malevolente (exactamente lo contrario de lo que ella quiere en su propia vida).

Al llegar en los Estados Unidos, Ayn Rand casi inmediatamente comienza a escribir sus novelas. Ella comienza su primera novela importante en 1930 y la termina al fin de 1933. Esta novela se llama *We the Living*. Su segunda novela, *The Fountainhead*, es publicada en 1943. ¡Es un éxito instante y enorme!

La filosofía de Ayn Rand se llama el "objetivismo," y tiene un gran foco en el individualismo. Ella cree con todo su corazón que las cosas más importantes en la vida son las ideas, el conocimiento, la verdad y la mente del individuo. La independencia es de importancia suprema.

Ayn Rand escribe varias novelas, historias, dramas y no ficción. Sus novelas más famosas (posiblemente tus padres las leen) son:

We the Living (1936)
Anthem (1938)
The Fountainhead (1943)
Atlas Shrugged (1957) (Ésta es la novela más larga y más popular.)

Ayn Rand se casa con el actor Frank O'Connor en 1929, y están casados hasta el muerte de él en 1979. Ellos no tienen hijos. Los únicos "hijos" que Ayn Rand quiere son sus libros.

Answer the following questions with a complete sentence.

1. ¿Cuándo y dónde nace Ayn Rand?

   _____

2. ¿Cómo se llama su esposo?

   _____

3. ¿Cómo se llama la filosofía de Ayn Rand?

   _____

4. ¿Está Ayn Rand feliz en Rusia?

   _____

5. ¿Cuándo se muda a los Estados Unidos?

   _____

6. ¿Cómo se llaman sus cuatro novelas?

   _____

7. ¿Cómo se llama la novela más popular?

   _____

8. ¿Por qué odia Ayn Rand la vida en Rusia?

   _____

9. Típicamente, ¿cuántos años tienen los grandes aficionados de los libros de Ayn Rand?

   _____

10. ¿Cuáles son cuatro cosas muy importantes a Ayn Rand—aspectos que una persona encuentra en cada una de sus novelas?

    _____

    _____

Lecciones 36–40

EJERCICIO
C8·1

Traducción

1. *I have it. I taste it. I see it. I hear it.* ["it" is feminine]

   _____

2. *I know it. I understand it. I touch it. I study it.* ["it" is masculine]

   _____

3. *I know her, but I don't know him.*

   _____

4. *The mailman is angry because the dog bites him every day.*

   _____

5. *I know the poetry of T.S. Eliot because I read it every evening. My favorite poems are "Morning at the Window" and "Aunt Helen."*

   _____

   _____

6. *The gardener knows more about the plants than I.*

   _____

7. *No one here knows me. No one here understands me. I am miserable.*

   _____

8. *We don't know anything about the new stadium.*

   _____

9. *Instead of reading a book, he listens to it in the car.*

   _____

10. *You should go to the party. You know lots of people.*

    _____

Conjugación *Conjugate the following verbs.*

	yo	tú	él/ella/ usted	nosotros/ nosotras	vosotros/ vosotras	ellos/ellas/ ustedes
1. saber						
2. conocer						
3. recordar						
4. pensar						
5. morder						
6. comenzar						
7. entender						
8. ser						
9. estar						
10. hacer						
11. ir						
12. ver						

¿Quién sabe mucho acerca de estas cosas? (Who knows a lot about these things?) *Match the topic with the person who knows a lot about it.*

1. _____ la arquitectura

2. _____ el fascismo

3. _____ la nave

4. _____ la motocicleta

5. _____ las zanahorias

6. _____ el teléfono

7. _____ la bombilla

8. _____ el buzón

9. _____ el desagüe

10. _____ los naipes

11. _____ el tranvía

12. _____ la poesía

A. Thomas Edison

B. Bugs Bunny

C. Mr. Rogers

D. el cartero

E. Robert Frost

F. un jugador profesional de póker

G. Benito Mussolini

H. Evel Knievel

I. el astronauta

J. Frank Lloyd Wright

K. el plomero

L. Alexander Graham Bell

¿Verdadero o falso?

1. _____ El presidente de los Estados Unidos debe llevar ropa casual cuando conoce a los otros presidentes de otros países.

2. _____ Muchas personas tienen una mesa de billar en el sótano de su casa, y ellos y sus amigos juegan al billar allí con frecuencia.

3. _____ Bob Dylan vive durante el tiempo de Ludwig van Beethoven, y ellos tocan en una banda con Lenny Kravitz.

4. _____ Es popular jugar al voleibol en un gimnasio y también cerca del océano cuando hace buen tiempo.

5. _____ Una persona que juega a las damas necesita correr rápidamente.

6. _____ Batman típicamente viaja por metro.

7. _____ Cuesta más viajar por limusina que por autobús.

8. _____ Según (*According to*) muchas personas, las personas que viven en Júpiter o en Plutón o en Mercurio o en Neptuno viajan por nave.

9. _____ En el sistema solar, la luna está en el centro.

10. _____ Tradicionalmente, hay nueve planetas en el sistema solar, y orbitan el sol en este orden: Mercurio, Venus, Tierra, Marte, Júpiter, Saturno, Urano, Neptuno y Plutón.

Los Hermanos Marx (*The Marx Brothers*)

En la historia de la comedia y de las películas, probablemente no hay otro grupo de hermanos más populares o bien conocidos que los Hermanos Marx. Tus padres probablemente los conocen—no personalmente—pero casi ciertamente tus padres los miran en sus varias películas (de los años 1921–1949) y en varias presentaciones en la televisión durante los años cincuenta y sesenta.

En total hay seis hermanos pero, tristemente, el mayor—que se llama Manfred—nace en enero de 1886 y muere en julio del mismo año cuando tiene solamente seis meses. Sus padres se llaman Minnie (originalmente Meine) y Simon Marx. La familia Marx vive en Nueva York.

La familia Marx es muy pobre. Los hermanos no reciben una buena educación formal, pero son muy inteligentes. Ellos leen mucho y tienen muchos intereses y, de adulto, cada hermano puede tener una conversación inteligente con cualquier persona. Hay dinero para lecciones musicales (el piano) solamente

el agente	*agent*
la apariencia	*appearance*
el apodo	*nickname*
el arpa	*harp*
así que	*so that*
el bigote	*moustache*
el cigarro	*cigar*
cualquier	*any*
de niño	*as a child*
distinto	*distinct, different*
elocuente	*eloquent*
el esmoquin	*tuxedo*
fumar	*to smoke*
las gafas	*(eye)glasses*
la mano	*hand*
mimo	*mime*
los negocios	*business*
pobre	*poor*
por un rato	*for a while*
se enseña	*teaches himself*
se presentan en	*appear in, perform in*
seco	*dry*

para Chico. Harpo (su nombre verdadero es Adolph) se enseña el arpa. De adulto, Harpo es uno de los mejores y más famosos arpistas en el mundo.

Los otros cinco Hermanos Marx tienen apodos en las películas. Casi nadie sabe sus nombres verdaderos. Sus nombres—los verdaderos y los apodos—son, del mayor al menor:

1. Leonard Marx (1887–1961): Chico
2. Adolph Marx (1888–1964): Harpo
3. Julius Henry Marx (1890–1977): Groucho
4. Milton Marx (1893–1977): Gummo
5. Herbert Marx (1901–1979): Zeppo

Cada hermano tiene un talento específico. Chico toca el piano y habla con un acento italiano; Harpo no habla nunca, pero es un mimo excelente y toca el arpa magníficamente; Groucho es el más elocuente y cómico, y también canta muy bien; Zeppo es el más guapo, y tiene un sentido de humor muy "seco"; Gummo no aparece en las películas, porque el talento de Gummo está en el mundo de los negocios. Por un rato es el agente para los Hermanos Marx.

Hay una mujer que se presenta en siete de las películas: Margaret Dumont típicamente es la antagonista femenina, usualmente directamente contra Groucho. Unas personas creen que Groucho y Margaret son casados, pero no es la verdad. Porque ella se presenta en tantas películas, muchas personas la consideran "un Hermano Marx" honorario.

De todos los Hermanos Marx, Groucho es el más famoso—por su elocuencia y por su apariencia física: Groucho usualmente lleva un esmoquin, lleva gafas negras y grandes, tiene un bigote enorme y siempre tiene un cigarro en la mano, pero raramente lo fuma.

En total, los Hermanos Marx (en grupo) se presentan en catorce películas. (Hay veinte películas más en que un Hermano Marx se presenta solo.)

Aquí tienes una lista, con el año de producción, de las películas de los Hermanos Marx.

El Riesgo del Humor	*Humor Risk*	1921
Los Cocos	*The Cocoanuts*	1929
*Las Galletas de los Animales**	*Animal Crackers*	1930
*Los Negocios del Mono**	*Monkey Business*	1931
Las Plumas del Caballo	*Horse Feathers*	1932
*La Sopa del Pato**	*Duck Soup*	1933
*Una Noche a la Ópera**	*A Night at the Opera*	1935
*Un Día a las Carreras**	*A Day at the Races*	1937
El Servicio de la Habitación	*Room Service*	1938
En el Circo	*At the Circus*	1939
Vaya al Oeste	*Go West*	1940
La Gran Tienda	*The Big Store*	1941
Una Noche en Casablanca	*A Night in Casablanca*	1946
Feliz en el Amor	*Love Happy*	1949

*Éstas son las películas más famosas y populares.

EJERCICIO

C8·5

Answer the following questions with a complete sentence.

1. En total, ¿cuántos Hermanos Marx hay? _____

2. ¿Cuál hermano muere de niño—cuando tiene solamente seis meses?

   _____

3. ¿Cómo se llama la primera película de los Hermanos Marx?

   _____

4. ¿Cuántas películas hay de los Hermanos Marx (en grupo)?

   _____

5. ¿Cuál hermano es el más elocuente? _____

6. ¿Cuál instrumento toca Harpo (principalmente)? _____

7. ¿Cuál instrumento toca Chico? _____

8. ¿Cuál hermano nunca se presenta en las películas?

   _____

9. ¿Cómo se llaman los padres de los Hermanos Marx?

   _____

10. ¿Dónde viven los hermanos de niño? _____

11. ¿Cómo se llama el hermano mayor (después de Manfred)?

    _____

12. ¿Cómo se llama el hermano menor?

    _____

13. ¿Cuál hermano lleva gafas y tiene un bigote grande?

    _____

14. Harpo Marx es distinto de los otros hermanos en las películas. ¿Por qué?

    _____

15. ¿Cuál hermano canta muy bien?

    _____

16. La familia Marx, ¿es rica o pobre?

    _____

17. ¿Cómo se llama el maestro del arpa para Harpo?

    _____

18. ¿Cómo se llama la mujer que se presenta en siete películas con los Hermanos Marx?

    _____

EJERCICIO
C8·6

¿Verdadero o falso?

1. _____ Gummo Marx no se presenta nunca en las películas de los Hermanos Marx.

2. _____ Chico usualmente tiene un cigarro en la mano y Harpo toca el piano.

3. _____ Groucho tiene tres manos.

4. _____ Gummo es el agente de los hermanos por un rato.

5. _____ Harpo es un mimo terrible porque a veces habla en las películas.

6. _____ Cuando una persona no puede ver bien, necesita gafas.

7. _____ Varios actores llevan un esmoquin a los Óscars en Hollywood.

8. _____ En la mayoría (*majority*) de las oficinas y los hospitales en los Estados Unidos, es ilegal fumar.

9. _____ La madre de los Hermanos Marx se llama Margaret Dumont.

10. _____ Los Hermanos Marx son muy ricos de niño.

11. _____ Los Hermanos Marx reciben una educación tradicional y asisten a una escuela preparatoria antes de estudiar en la universidad.

12. _____ El mejor maestro de Harpo Marx se llama Harpo Marx.

Grammar

Vocabulary

Reflexive pronouns
Reflexive verbs

Reflexive pronouns

me	nos
te	os
se	se

Conjugation of reflexive verbs

verse *to see oneself*

yo	me veo	nosotros/nosotras	nos vemos
tú	te ves	vosotros/vosotras	os véis
él	se ve	ellos	se ven
ella	se ve	ellas	se ven
usted	se ve	ustedes	se ven

NOTA BUENA Reflexive verbs indicate that the actor and the recipient of the action are the same person.

VOCABULARIO

Los verbos reflexivos comunes (*Common reflexive verbs*)

acostarse (o > ue)	to go to bed
afeitarse	to shave oneself
aplicarse	to apply to oneself
bañarse	to bathe, take a bath
casarse (con alguien)	to marry (someone), get married
cepillarse	to brush (*one's hair, teeth, etc.*)
despertarse (e > ie)	to wake up
dormirse (o > ue)	to fall asleep
ducharse	to take a shower
lavarse	to wash oneself
levantarse	to get out of bed, stand up
llamarse	to call oneself, be named
maquillarse	to apply makeup to oneself
mirarse	to look at oneself
peinarse	to comb one's hair
secarse	to dry oneself
sentarse (e > ie)	to sit down, be seated
sentirse (e > ie)	to feel
verse	to see oneself

Conjugate the following verbs in their reflexive forms.

	yo	tú	él/ella/ usted	nosotros/ nosotras	vosotros/ vosotras	ellos/ellas/ ustedes
1. lavarse						
2. secarse						
3. llamarse						
4. ducharse						
5. acostarse						
6. despertarse						
7. sentarse						
8. sentirse						
9. dormirse						
10. bañarse						

Traducción simple *Translate the following sentences, which use only the* **yo** *form of the verb.*

1. *I take a shower.* _____
2. *I go to bed.* _____
3. *I take a bath.* _____
4. *I dry myself.* _____
5. *I fall asleep.* _____
6. *I wash myself.* _____

7. *I stand up.* _____
8. *I call myself* ____. _____
9. *I see myself.* _____
10. *I sit down.* _____
11. *I wake up.* _____
12. *I feel sick.* _____

Traducción compleja

VOCABULARIO

la cara	*face*
los dientes	*teeth*
las manos	*hands*
el pelo	*hair*
la toalla	*towel*

Every day I wake up at seven o'clock. At seven fifteen I get up, and I walk to the bathroom.
I always take a shower. I never take a bath. I wash my face and I wash my hair and I wash my
hands. I dry myself with a towel. I brush my teeth. I comb my hair. In the evening I go to bed
at ten thirty. I fall asleep quickly.

_____

_____

_____

_____

_____

EJERCICIO
41·4

¿Qué hace una persona razonable? (What does a reasonable person do?)
Answer each question with a complete sentence, according to the example.

EJEMPLO   ¿Qué hace una persona después de lavarse las manos?

La persona se seca las manos.

1. ¿Qué hace una persona antes de comer algo?

_____

2. ¿Qué hace una persona cuando tiene sueño en la noche?

_____

3. ¿Qué hace una persona antes de visitar al dentista?

_____

4. ¿Qué hace una persona cuando una mujer vieja entra en un cuarto?

_____

5. ¿Qué hace una persona cuando mira una película?

_____

6. ¿Qué hace una persona después de acostarse?

_____

7. ¿Qué hace una persona que ama profundamente a otra persona y quiere pasar el resto
de la vida con esa persona?

_____

8. ¿Qué hace una persona cuando está sucia (*dirty*)?

_____

Reflexive -ar verbs
Articles in the bathroom

Conjugation of reflexive -ar verbs

afeitarse *to shave oneself*

yo	me afeito	nosotros/nosotras	nos afeitamos
tú	te afeitas	vosotros/vosotras	os afeitáis
él	se afeita	ellos	se afeitan
ella	se afeita	ellas	se afeitan
usted	se afeita	ustedes	se afeitan

VOCABULARIO

En el baño (*In the bathroom*)

beard	**la barba**	make-up	**el maquillaje**
body	**el cuerpo**	mascara	**el rímel**
brush (*hair*)	**el cepillo** (*pelo*)	mirror	**el espejo**
comb	**el peine**	razor	**la afeitadora**
conditioner	**el acondicionador**	shampoo	**el champú**
dental floss	**la seda dental**	soap	**el jabón**
hair	**el pelo**	toothbrush	**el cepillo de dientes**
lipstick	**el lápiz labial**	toothpaste	**la pasta de dientes**
lotion	**la loción**	towel	**la toalla**

EJERCICIO
42·1

¿Verdadero o falso?

1. _____ Santa Claus se afeita cada día con una afeitadora eléctrica.

2. _____ Típicamente una persona se cepilla los dientes dos veces (por lo mínimo) cada día.

3. _____ Me veo en el espejo.

4. _____ Me levanto antes de despertarme.

5. _____ Me cepillo el pelo con un cepillo.

6. _____ Me lavo el pelo con la pasta de dientes.

7. _____ Una modelo se maquilla con frecuencia.

8. _____ Para cepillarme los dientes, necesito la pasta de dientes y un cepillo de dientes.

9. _____ Un narcisista se mira en el espejo varias veces al día.

10. _____ El lápiz labial y el rímel son formas de maquillaje, y muchas personas se aplican estos antes de una fiesta.

11. _____ Estoy feliz cuando me siento enojado/enojada.

12. _____ A veces cuando una persona se siente muy enferma, la persona vomita.

EJERCICIO
42·2

Traducción

1. *Jorge shaves (himself) every morning.* _____

2. *Martha applies makeup (to herself) in the evening.*

_____

3. *I brush my teeth three times a day* (al día).

_____

4. *She takes a shower twice (two times) a day.*

_____

5. *He shaves once (one time) a day.* _____

6. *I sit down when I am tired.* _____

7. *She goes to bed when she is tired.* _____

8. *They wake up at six o'clock in the morning.*

_____

9. *(At) what time do you* [pl.] *wake up?* _____

EJERCICIO
42·3

¿Qué hace la persona con estas cosas? (What does the person do with these things?)

EJEMPLO   Orlando tiene el champú. *Orlando se lava el pelo.*

1. Margarita tiene la toalla. _____

2. Paco tiene la afeitadora. _____

3. Valeria tiene el cepillo. _____

4. Manuel tiene el cepillo de dientes. _____

5. Roberto tiene el nombre "Roberto." _____

6. Charo tiene una silla. _____

7. Zanye tiene un espejo. _____

8. Arturo tiene una cama. _____

9. Marco tiene una tina de baño. _____

10. Jorge tiene jabón y sus manos están sucias. _____

Un párrafo para traducir

VOCABULARIO

hasta	until
por ejemplo	for example
la sección	section
la tele	TV
el vago	slob

Good morning, boys and girls. Do you remember the children's magazine that is named *Highlights*? There is a section about two boys, and their names are Goofus and Gallant. Gallant is good and Goofus is bad. For example, Gallant always goes to bed at nine o'clock. Goofus watches TV until three in the morning. Gallant brushes his teeth three times a day. Goofus brushes his teeth three times a year. Gallant wakes up and gets up at seven o'clock in the morning. Goofus wakes up at ten o'clock and gets up at noon. Gallant takes a shower and washes his hair every day. Goofus never takes a shower and he never washes his hair. Gallant is perfect. Goofus is a slob.

_____

_____

_____

_____

_____

_____

_____

_____

_____

_____

E > i stem-changing verbs Measurements

Conjugation of -ir verbs with e > i stem change

pedir *to ask for, request (a thing)*

yo	pido	nosotros/nosotras	pedimos
tú	pides	vosotros/vosotras	pedís
él	pide	ellos	piden
ella	pide	ellas	piden
usted	pide	ustedes	piden

NOTA BUENA Stem changes *do not* occur in the **nosotros** and **vosotros** forms.

VOCABULARIO

Common -ir verbs with e > i stem change

competir	to compete	**medir**	to measure, be long
despedir	to fire (*from a job*)	**pedir**	to request, ask for
freír	to fry	**reír(se)**	to laugh
gemir	to groan	**repetir**	to repeat
impedir	to impede, prevent	**servir**	to serve

EJERCICIO

43·1

¿Verdadero o falso?

1. _____ En un restaurante elegante, el mesero nos sirve; pero en un restaurante casual (por ejemplo, McDonald's), nos servimos.

2. _____ Solamente veinte países compiten contra otros países en las Olimpiadas.

3. _____ Muchas personas fríen los huevos para el desayuno.

4. _____ Cuando un cómico habla, nadie se ríe.

5. _____ Un gato enfermo gime mucho.

6. _____ El carpintero no mide nada porque no es importante.

7. _____ En Halloween, los niños piden zanahorias y otros vegetales.

8. _____ Cuando el jefe (*boss*) despide al empleado, el empleado está triste.

9. _____ A veces la crueldad (*cruelty*) de otras personas impide nuestro progreso personal.

10. _____ Yo repito el alfabeto cinco veces cada mañana en mi clase de español.

EJERCICIO 43·2

Conjugate the following verbs.

	yo	tú	él/ella/usted	nosotros/nosotras	vosotros/vosotras	ellos/ellas/ustedes
1. competir						
2. despedir						
3. freír						
4. gemir						
5. impedir						
6. medir						
7. reír(se)						
8. servir						

VOCABULARIO

Las medidas (*Measurements*)

millimeter	**el milímetro**	inch	**la pulgada**
centimeter	**el centímetro**	foot	**el pie**
meter	**el metro**	yard	**la yarda**
kilometer	**el kilómetro**	mile	**la milla**

EJERCICIO 43·3

¿Cuánto mide? (How long is it? How tall is it?) *Answer each question with a complete sentence. You will need a ruler for this exercise. Use either the imperial or metric system of measurement.*

EJEMPLO ¿Cuánto mides tú? *Yo mido cinco pies siete pulgadas.* (sistema imperial) / *Yo mido ciento setenta centímetros.* (sistema métrico)

1. ¿Cuánto mide tu libro de español? _____

2. ¿Cuánto mide tu pluma? _____

3. ¿Cuánto mide tu lápiz? _____

4. ¿Cuánto mide tu zapato? _____

5. ¿Cuánto mide tu pulgar (*thumb*)? _____

6. ¿Cuánto mide tu portátil? _____

7. ¿Cuánto mide tu regla? _____

8. ¿Cuánto mides tú? _____

EJERCICIO 43·4

Answer each question with a complete sentence. You may need a math book or the Internet for this exercise.

1. ¿Cuántas pulgadas hay en un pie? _____

2. ¿Cuántos metros hay en un kilómetro? _____

3. ¿Cuántos pies hay en una milla? _____

4. ¿Cuántos centímetros hay en un metro? _____

5. ¿Cuántos pies hay en una yarda? _____

6. ¿Cuántas pulgadas hay en una yarda? _____

EJERCICIO 43·5

Traducción compleja

1. *I have some eggs and I fry them.* _____

2. *I cook* (cocinar) *the food and then* (entonces) *I serve it.*

_____

3. *The teacher reads the words and we repeat them.*

_____

4. *I request more money from my boss* (el jefe). _____

5. *He requests more money from his parents.* _____

6. *The children groan when they feel sick.* _____

7. *The boys compete against the girls in mathematics class.*

_____

8. *Our boss* [m.] *feels very angry when we don't work.*

_____

Irregular **yo** forms
Ponerse and **quitarse**
More clothing

Irregular **yo** forms of verbs with the **e** > **i** stem change

INFINITIVE	ENGLISH TRANSLATION	**yo** FORM
bendecir	to bless	**bendigo**
conseguir	to get, obtain	**consigo**
corregir	to correct	**corrijo**
decir	to say, tell	**digo**
elegir	to elect, choose	**elijo**
maldecir	to swear, speak badly	**maldigo**
seguir	to follow	**sigo**

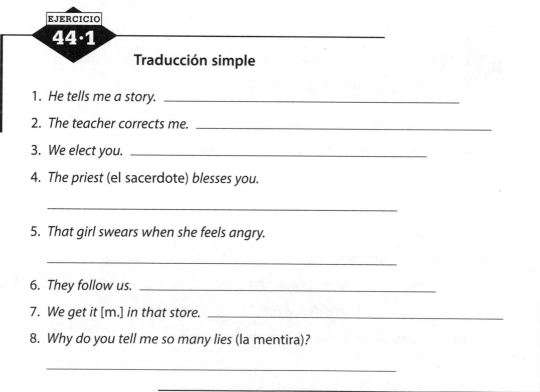

EJERCICIO
44·1

Traducción simple

1. *He tells me a story.* _____

2. *The teacher corrects me.* _____

3. *We elect you.* _____

4. *The priest* (el sacerdote) *blesses you.*

_____

5. *That girl swears when she feels angry.*

_____

6. *They follow us.* _____

7. *We get it* [m.] *in that store.* _____

8. *Why do you tell me so many lies* (la mentira)?

_____

Conjugate the following verbs.

	yo	tú	él/ella/ usted	nosotros/ nosotras	vosotros/ vosotras	ellos/ellas/ ustedes
1. bendecir						
2. conseguir						
3. corregir						
4. elegir						
5. maldecir						

Conjugation of **ponerse** and **quitarse**

ponerse *to put on* (clothing)

yo	me pongo	nosotros/nosotras	nos ponemos
tú	te pones	vosotros/vosotras	os ponéis
él	se pone	ellos	se ponen
ella	se pone	ellas	se ponen
usted	se pone	ustedes	se ponen

quitarse *to remove* (clothing)

yo	me quito	nosotros/nosotras	nos quitamos
tú	te quitas	vosotros/vosotras	os quitáis
él	se quita	ellos	se quitan
ella	se quita	ellas	se quitan
usted	se quita	ustedes	se quitan

VOCABULARIO

Más ropa (*More clothing*)

bathing suit	**el traje de baño**	cap	**la gorra**
belt	**el cinturón**	coat	**el abrigo**
blazer	**el saco, la chaqueta**	sneakers	**los zapatos deportivos**
blouse	**la blusa**	socks	**los calcetines**
blue jeans	**los vaqueros, los blue jeans**	sweater	**el suéter**

¿Verdadero o falso?

1. _____ Me pongo un traje de baño antes de nadar.

2. _____ El sacerdote típicamente lleva los zapatos deportivos en la iglesia.

3. _____ Después de bañarse, muchas personas llevan una bata por un rato.

4. _____ Un traje con chaleco y corbata es más formal que los blue jeans con camiseta y zapatos deportivos.

5. _____ Cuando hace frío, nos quitamos las manoplas.

6. _____ En la primavera, muchas personas se ponen una chaqueta o un suéter o una sudadera, porque un abrigo es demasiado pesado cuando solamente hace fresco.

7. _____ La gorra de los equipos profesionales de béisbol típicamente tiene el símbolo de Batman o Spiderman.

8. _____ Si tú investigas el interior de la bolsa de una mujer, probablemente vas a encontrar dinero, un lápiz labial, el maquillaje, las llaves, una pluma, la licencia de coche, las tarjetas de crédito, un teléfono celular, unas fotos y una forma de chocolate.

9. _____ En vez de una camisa con corbata, unos hombres llevan un suéter de tortuga con el saco.

10. _____ Los calcetines de Superman son amarillos, su cinturón es morado y su ropa interior es verde. Él se pone y se quita la ropa en la biblioteca pública.

¿Normal o anormal? (Normal or abnormal?) *Mark each sentence with* **N** *if the situation described is normal or* **A** *if it is abnormal.*

1. _____ No digo nada cuando estoy en la biblioteca o la iglesia o un lugar solemne.

2. _____ Cuando una persona compra algo electrónico, lee y sigue las instrucciones.

3. _____ Los maestros no corrigen nunca los papeles ni los exámenes de sus estudiantes.

4. _____ Una chica de dieciséis años se siente ridícula cuando tiene que llevar una camiseta o blusa decorada con pinturas de Winnie the Pooh y Tigger.

5. _____ En los Estados Unidos, los republicanos eligen el candidato más liberal.

6. _____ Cuando vamos a la tienda en agosto, conseguimos varias cosas para el año escolar que comienza en septiembre.

7. _____ Los países que compiten contra otros países en las Olimpiadas no quieren ganar nada.

8. _____ Antes de ir a la escuela, muchas madres fríen cereal para sus hijos.

Indirect object pronouns
Dar

Indirect object pronouns

me	*to/for me*	nos	*to/for us*
te	*to/for you*	os	*to/for you (pl.)*
le	*to/for him/her*	les	*to/for them; you (pl., formal)*

NOTA BUENA Direct and indirect object pronouns differ only in the third person.

EJERCICIO
45·1

For each sentence below, identify the direct and indirect objects and write them in the appropriate column. The direct and indirect objects can be either nouns or pronouns.

	DIRECT OBJECT	INDIRECT OBJECT
1. *I give the book to him.*	_____	_____
2. *You give him the book.*	_____	_____
3. *She tells it to me.*	_____	_____
4. *We send you a letter.*	_____	_____
5. *They don't tell us the truth.*	_____	_____
6. *I give Lisa a gift for her birthday.*	_____	_____
7. *He writes a song for me.*	_____	_____
8. *You read us a poem.*	_____	_____

Conjugation of dar

dar *to give*

yo	doy	nosotros/nosotras	damos
tú	das	vosotros/vosotras	dais
él	da	ellos	dan
ella	da	ellas	dan
usted	da	ustedes	dan

Traducción *In each of the following sentences, the direct object is a noun and the indirect object is a pronoun. (Remember: The object pronoun goes before the verb.)*

1. *I give him a book.* _____

2. *You give me a car.* _____

3. *He gives me a turtleneck sweater.* _____

4. *She gives him the suit.* _____

5. *We give you the socks.* _____

6. *We give them the mittens.* _____

7. *You all give me the tie.* _____

8. *You all give us the sweatshirts.* _____

9. *They [m.] give us a new purse.* _____

10. *They [m.] give me the sneakers.* _____

¿Verdadero o falso?

1. _____ Usualmente, cuando una persona me da un regalo para mi cumpleaños, me siento feliz.

2. _____ Le doy a mi maestro de español un millón de dólares para su cumpleaños.

3. _____ Cuando un hombre se casa con una mujer, es tradicional que sus amigos y su familia les dan regalos.

4. _____ Cuando los abuelos le dan a su nieto los calcetines y la ropa interior para el cumpleaños, el chico se siente súper feliz.

5. _____ Nadie le da a nadie nada en diciembre porque no hay celebraciones en ese mes.

6. _____ Mis amigos usualmente me dicen la verdad.

7. _____ La madre le da comida al bebé cuando (el bebé) tiene hambre.

8. _____ Les digo la verdad a todas las personas en el mundo todo el tiempo.

9. _____ En la iglesia católica, el sacerdote les bendice a las personas durante cada servicio.

10. _____ Pinocho le miente a Gipetto, y una consecuencia es que Pinocho y su amigo Jiminy Cricket pasan un rato en el estómago de una ballena (*whale*).

¿Qué personaje es?

VOCABULARIO

la almohada	*pillow*
cenar	*to dine, eat dinner*
los cielos	*sky*
el corazón	*heart*
enviar	*to send*
la galletita	*cookie*
el hada	*fairy*
la joya	*jewel*
el santo	*saint*

1. Soy un hombre gordo con traje rojo y barba blanca. El cinturón de mi traje es negro. Tradicionalmente, cada veinticuatro de diciembre viajo por los cielos y les doy regalos a todos los chicos y las chicas. Los chicos y las chicas me dan las galletitas y la leche con frecuencia. Entro en la casa por la chimenea.

   Yo soy _____.

2. Soy un conejo y un domingo en marzo o abril les doy a los chicos y las chicas unos chocolates y los dulces de todo tipo. Los chicos y las chicas me dan las zanahorias y el agua con frecuencia. Usualmente entro en la casa por una ventana.

   Yo soy _____.

3. Soy una hada. Voy a las casas de los chicos y las chicas cuando pierden un diente. Ellos esconden el diente debajo de la almohada antes de acostarse. Cuando el chico o la chica duerme, tomo el diente y le doy al chico o la chica dinero u otro regalito.

   Yo soy _____.

4. Soy un santo. En memoria mía, muchas personas celebran el amor, especialmente el amor romántico. Los hombres les dan a las mujeres los chocolates o las joyas o un regalo personal. Con frecuencia ellos cenan en un restaurante. Muchas personas que celebran mi día le envían a una persona especial una tarjeta en la forma de un corazón.

   Yo soy _____.

Lecciones 41–45

Answer the following personal questions with a complete sentence.

1. ¿Cómo te llamas? _____

2. ¿Cómo se llama tu madre? _____

3. ¿Cómo se llama tu maestro/maestra de español?

   _____

4. Usualmente, ¿a qué hora te acuestas? _____

5. Usualmente, ¿a qué hora te despiertas? _____

6. Típicamente, ¿te duchas o te bañas? _____

7. Usualmente, ¿cuántas veces te cepillas los dientes cada día?

   _____

8. Usualmente, ¿te duermes fácilmente o con dificultad?

   _____

9. ¿Cómo te sientes antes de un examen grande?

   _____

10. ¿Cómo te sientes cuando recibes una "A" en un examen?

    _____

Conjugate the following verbs.

	yo	tú	él/ella/ usted	nosotros/ nosotras	vosotros/ vosotras	ellos/ellas/ ustedes
1. lavarse						
2. llamarse						
3. acostarse						
4. sentarse						
5. sentirse						
6. pedir						
7. medir						
8. repetir						
9. decir						
10. seguir						
11. ser						
12. estar						

¿Por qué usas estos artículos? (Why do you use these things?) *Write a complete sentence to tell how you use each item; attach the object pronoun* **me** *to the infinitive, as shown in the example.*

EJEMPLO   el peine   *Uso el peine para peinarme el pelo.*

1. la toalla _____

2. la afeitadora _____

3. el champú _____

4. el jabón _____

5. la pasta de dientes _____

6. el espejo _____

7. el cepillo _____

8. la tina de baño _____

9. la ducha _____

10. la cama _____

EJERCICIO C9·4

¿Cuánto mide? (How long is it?) *Match the measurement to the appropriate term. Some terms will be used more than once.*

1. _____ doce pulgadas
2. _____ cien centímetros
3. _____ 39.37 pulgadas
4. _____ tres pies
5. _____ mil metros
6. _____ treinta y seis pulgadas
7. _____ diez milímetros
8. _____ mil setecientas sesenta yardas

A. una milla
B. un kilómetro
C. una yarda
D. un metro
E. un pie
F. un centímetro

EJERCICIO C9·5

Traducción

1. *Keith Urban is five feet ten inches (tall), and Nicole Kidman is five feet eleven inches (tall).*

_____

2. *Nicole is one inch taller than Keith; Keith is one inch shorter than Nicole.*

_____

3. *Their daughters are named Sunday Rose and Faith Margaret.*

_____

4. *Nicole's parents' names are Janelle and Antony Kidman.*

_____

5. *Keith's parents' names are Marienne and Bob Urban.*

_____

6. *Usually a door in a house measures more or less two meters.*

_____

7. *A baby usually measures more or less fifty centimeters.*

_____

8. *A broom (la escoba) usually is between (entre) forty-six and fifty inches long.*

_____

EJERCICIO
C9·6

¿Verdadero o falso? El tópico: El maratón
(True or false? Topic: The marathon)

1. _____ Antes de correr un maratón, una persona necesita acostarse temprano y duerme bien por varias horas.

2. _____ El maratón mide un poco más de veintiséis millas (o un poco más de cuarenta y dos kilómetros en el sistema métrico).

3. _____ Después de correr un maratón, las personas no necesitan ducharse.

4. _____ Solamente los hombres compiten en los maratones.

5. _____ La policía típicamente cierra las calles durante un maratón porque los coches impiden a los participantes.

6. _____ Cuando los participantes de un maratón piden agua o jugo, la respuesta siempre es "No."

7. _____ Con frecuencia, las familias y los amigos les sirven una comida con muchos carbohidratos la noche antes del maratón.

8. _____ Es muy fácil correr un maratón, y por eso muchos participantes repiten la experiencia el próximo (*next*) día.

9. _____ El maratón es un fenómeno griego, y comienza en 490 a. C. cuando un soldado ateniense (*Athenian*) corre de la ciudad de Maratón, Grecia, a Atenas para anunciar un ataque.

10. _____ Este soldado (que corre el "primer" maratón) muere poco después de llegar en Atenas.

EJERCICIO
C9·7

¿Qué pides? (What do you ask for?) *Match each situation with an appropriate request.*

1. _____ Tienes sed.

2. _____ Tienes frío.

3. _____ Quieres secarte.

4. _____ Quieres lavarte.

5. _____ Tienes hambre.

6. _____ Necesitas comida para tu conejo.

7. _____ Quieres un vegetal verde.

8. _____ Quieres celebrar Halloween.

9. _____ Quieres carne con tus espaguetis.

10. _____ Quieres carne tradicional con tus huevos.

A. Pido zanahorias.

B. Pido jabón.

C. Pido comida.

D. Pido calabazas.

E. Pido un suéter.

F. Pido albóndigas.

G. Pido agua.

H. Pido una toalla.

I. Pido tocino.

J. Pido brócoli.

CUMULATIVO 9 Lecciones 41–45 **217**

¿Quién soy? ¿Quiénes somos? (Who am I? Who are we?)

VOCABULARIO

baterista	*drummer*
enseñar	*to teach*
la mayoría	*majority*
nacer	*to be born*
peligroso	*dangerous*
la sugerencia	*suggestion*

1. Soy la "reina" de todas las cosas domésticas en los Estados Unidos. Escribo varios libros; tengo un programa en la televisión; tengo una línea de muebles; tengo una línea de artículos para la casa (KMart los vende); tengo una revista que se llama *Living*; y paso tiempo en la prisión (porque les miento a los agentes del FBI acerca de mi dinero). También tengo varias casas y soy muy rica. Si tú no me conoces, seguramente tu madre me conoce o tus tías me conocen. Casi todas las mujeres me conocen. Y unas siguen mis sugerencias.

   Me llamo _____.

2. Soy un carácter de uno de los libros de J.M. Barrie. En realidad, tengo muchos años, pero todo el mundo cree que soy chico porque no quiero ser adulto. Una noche entro en la casa de la familia Darling. Los tres hijos se llaman John, Michael y Wendy. Esa noche es una aventura magnífica para los hijos Darling. Yo puedo volar, y les enseño este talento. Después de conocernos, volamos a "Nunca Nunca Land." Allí conocemos al mal Capitán Hook. A veces está peligroso, y los niños Darling tienen mucho miedo, pero con talento y suerte, podemos volver a la casa Darling donde los tres hijos se acuestan y sueñan con las cosas más venturosas en la vida.

   Me llamo _____.

3. Somos un grupo de cuatro personas. Somos súper populares durante los años sesenta por todo el mundo. Nacemos en Liverpool, Inglaterra, pero vivimos de adulto principalmente en los Estados Unidos. Tenemos muchísimo talento: Tocamos varios instrumentos (guitarra, piano, tambores), cantamos muy bien y escribimos la mayoría de nuestras canciones. El baterista de nuestro grupo se llama Ringo Starr, y los otros tocan la guitarra. Ellos se llaman Paul McCartney, George Harrison y John Lennon. Todos nosotros podemos tocar el piano. Muchas personas creen que somos los "padres" de la música contemporánea.

   Nos llamamos _____.

Traducción

1. *I give him a towel.* _____

2. *He sends a letter to me.* _____

3. *We read them a book.* _____

4. *She gives us the money.* _____

5. *They [m.] tell me the truth.* _____

6. *I tell you a secret.* _____

7. *I don't give anything to him.* _____

8. *You all give the soap to us.* _____

9. *She sings a song to him.* _____

10. *I ask her for money.* _____

Traducción

1. *I put on the hat.* _____

2. *You put on the bathing suit.* _____

3. *He puts on the suit, the tie, and the vest.*

   _____

4. *She puts on the dress.* _____

5. *We put on the shoes.* _____

6. *You all put on the shirts.* _____

7. *They put on the blue jeans.* _____

8. *I take off the coat.* _____

9. *You take off the jacket.* _____

10. *She takes off the sweatshirt.* _____

11. *We take off the caps.* _____

12. *You all take off the sneakers.* _____

13. *They [m.] take off the turtleneck sweaters.*

    _____

14. *I take off the belt.* _____

EJERCICIO C9·11

Preguntas personales: ¿Cómo te sientes? (How do you feel?) *Place an* **X** *in the column that indicates how you feel in each situation listed below:* **Me siento feliz** (I feel happy), **Me siento triste** (I feel sad), **Me siento enojado** (I feel angry), *or* **Me siento asustado** (I feel scared). *You may have more than one feeling or answer.*

	feliz	triste	enojado	asustado
1. Recibes una "A+" en un examen.	____	____	____	____
2. Un criminal te roba de todo tu dinero.	____	____	____	____
3. Tu perro o gato está enfermo.	____	____	____	____
4. Pierdes un dólar.	____	____	____	____
5. Te despiertas muy tarde.	____	____	____	____
6. Te casas con una persona fabulosa.	____	____	____	____
7. Te acuestas cuando tienes mucho sueño.	____	____	____	____
8. Tu equipo de béisbol favorito pierde la Serie Mundial.	____	____	____	____
9. Ganas la lotería.	____	____	____	____
10. Hay un fantasma flotanto sobre mi cama.	____	____	____	____

Para
Pronouns after
prepositions

Using **para** *(for)*

DESTINATION	El regalo es para ti.	*The gift is for you.*
TIME LIMIT	Salimos para las dos.	*We are leaving by two o'clock.*
PURPOSE BEFORE INFINITIVE	Comemos para vivir.	*We eat in order to live.*
PERSONAL STANDARD	Para mí, es temprano.	*For me, it's early.*
EXPRESS A REASON	Leo para aprender.	*I read to learn.*
COMPARISON TO STANDARD	Para agosto, hace frío.	*For August, it's cold.*

Pronouns after prepositions

mí	nosotros/nosotras
ti	vosotros/vosotras
él	ellos
ella	ellas
usted	ustedes

NOTA BUENA The pronoun **mí** with the accent mark follows a preposition and means "me." Without the accent mark (**mi**) it means "my."

EJERCICIO
46·1

Traducción *Translate each of the following sentences, which use* **para** *to indicate destination.*

1. *I have a gift for him.* _____

2. *I have something for you.* _____

3. *You have something for me.* _____

4. *These flowers* (las flores) *are for her.* _____

5. *What do you do for us?* _____

6. *These books are for us.* _____

7. *This coat is for me.* _____

8. *They* [m.] *have gifts for you* [pl.]. _____

EJERCICIO 46·2

Traducción *The following sentences use* **para** *to indicate "by a certain time." Translate each sentence according to the example.*

EJEMPLO   You should be here by 2:00 P.M.   *Debes estar aquí para las dos de la tarde.*

1. We have to eat lunch by 12:30 P.M. _____

2. You need to leave (salir) by 10:00 A.M. _____

3. I go to bed every night by 11:15. _____

4. He should be here by now. _____

5. She wakes up every morning by five. _____

6. We can't be there by noon. _____

EJERCICIO 46·3

¿Verdadero o falso? *Indicate whether each of the following sentences, which use* **para** *to indicate purpose before an infinitive, is true (**V**) or false (**F**).*

1. _____ Una persona debe comer para vivir.

2. _____ El tren es para volar.

3. _____ Vamos a la escuela para aprender mucho.

4. _____ Tomo la clase de español para hablar portugués.

5. _____ La cama es para acostarse y la ducha es para lavarse.

6. _____ La pasta de dientes es para cepillarse los dientes.

7. _____ El champú es para lavarse el pelo.

8. _____ El café con cafeína es para dormirse.

EJERCICIO 46·4

Each of the following sentences uses **para** *to indicate a personal opinion or standard. Complete the sentence with either* **es importante** *(is important) or* **no es importante** *(is unimportant), according to the example.*

EJEMPLOS   Para un gato, un ratón *es importante* .

Para un niño, tener un empleo *no es importante* .

1. Para mí, un maestro inteligente _____.

2. Para un vegetariano, la carne _____.

3. Para el dentista, la pasta de dientes _____.

4. Para el pez, el agua _____.

5. Para el carnicero, la zanahoria _____.

6. Para el espía, la intriga _____.

7. Para el meteorólogo, el clima _____.

8. Para la pacifista, la pistola _____.

Each of the following sentences uses **para** *to express a reason for doing something, to tell "why." Complete each sentence with one of the possibilities below, according to the example.*

EJEMPLO   Él nos miente para *sentirse importante*.

POSIBILIDADES

aprender la lección	tener una cocina limpia
dormir	terminar una conversación telefónica
preparar el té	ver a mis amigos
tener luz y una atmósfera romántica	vivir

1. Me acuesto para _____.

2. Estudiamos para _____.

3. Como para _____.

4. Friego los platos para _____.

5. Hiervo el agua para _____.

6. Enciendo las velas para _____.

7. Cuelgo el auricular para _____.

8. Voy a la fiesta para _____.

Traducción *The following sentences use* **para** *to express a comparison to a certain standard. Translate each sentence according to the example.*

EJEMPLO   For a bear, Yogi is friendly. *Para un oso, Yogi es amistoso.*

1. *For a bull, Ferdinand is thin.* _____

2. *For a rabbit, Bugs is funny.* _____

3. *For a dog, Lassie is rich.* _____

4. *For a rat, Templeton is intelligent.* _____

5. *For a pig, Wilbur is small.* _____

6. *For a rooster, Foghorn Leghorn is big.* _____

Por

47

Using **por** *(for)*

DURATION OF TIME	Estudia por una hora. *He studies for one hour.*
PERIODS OF TIME IN A DAY	Salimos por la tarde. *We are leaving in the afternoon.*
TRANSPORTATION	Viajamos por tren. *We travel by train.*
MOVEMENT	Andan por el parque. *They walk through the park.*
EXCHANGE OR SUBSTITUTION	Él habla por Ana. *He speaks on behalf of Ana.*
THANKS, EMOTIONS, ETC.	Gracias por el regalo. *Thank you for the gift.*
MOTIVATION OR REASON	Por dormir, él llega tarde. *Because of sleeping, he is late.*

EJERCICIO 47·1

Traducción *Translate each of the following sentences, which use* **por** *to express an amount or duration of time.*

1. *Every night I sleep for nine hours.*

   _____

2. *A person should sleep for eight hours or more every night.*

   _____

3. *He runs for an hour every morning.*

   _____

4. *We play soccer for three hours every Saturday.*

   _____

5. *Every summer we travel* (viajar) *for two weeks.*

   _____

EJERCICIO
47·2

Típicamente, ¿cuándo hace esto una persona? (When does a person typically do this?) *For each of the following sentences, which use* **por** *to express periods of time in a day, indicate whether the activity is typically done* (**A**) **por la mañana** (in the morning), (**B**) **por la tarde** (in the afternoon), *or* (**C**) **por la noche** (in the evening, at night).

1. _____ Jorge toma un café.

2. _____ Magnolia duerme y sueña con varias cosas.

3. _____ Carlos juega al fútbol con sus amigos en el parque.

4. _____ Marco y Rita van al cine.

5. _____ Comemos huevos fritos y pan tostado, y bebemos jugo de naranja.

EJERCICIO
47·3

Complete each sentence with a phrase—introduced by **por**—*that indicates a means of transportation, according to the example.*

EJEMPLO   El Capitán Stubing (*El Crucero del Amor*) viaja _por barco_____.

1. Una persona que participa en el Tour de Francia viaja _____.

2. El piloto viaja _____.

3. El astronauta viaja _____.

4. La estrella de cine en Hollywood viaja _____.

5. El estudiante viaja a la escuela _____.

EJERCICIO
47·4

Traducción *Translate each of the following sentences, which use* **por** *to express movement of many kinds. Each underlined term translates as* **por** *in its sentence.*

1. *We walk <u>through</u> the park.* _____

2. *She drives (conducir) her car <u>along</u> the avenue.*

_____

3. *I ride my bike <u>down</u> the street.* _____

4. *You travel to Washington, D.C. <u>by way of</u> Baltimore.*

_____

5. *You all go to Paris <u>via</u> the English Channel.* _____

¿Verdadero o falso? *Indicate whether each of the following sentences, which use* **por** *to express exchange, substitution, or payment amount, is true (**V**) or false (**F**).*

1. _____ Cuando yo le doy al banquero cien centavos por un dólar, es justo (*fair*).

2. _____ Cuando el presidente está enfermo (o muere), el vice-presidente trabaja por él.

3. _____ Cien dólares por una hamburguesa es justo.

4. _____ Con frecuencia, pago más de dieciocho dólares por un periódico o una revista.

5. _____ Cuando una persona paga muy poco por algo fabuloso, la persona típicamente se siente feliz.

6. _____ Cuando la médica está cansada, el enfermero trabaja por ella y termina la apendicectomía.

7. _____ A veces los niños cambian (*trade*) un juguete por otro.

Traducción *Translate each of the following sentences, which use* **por** *to express gratitude, respect, thanks, etc., for someone or something.*

1. *Thank you for the gift.* _____

2. *I have respect* (el respeto) *for my teacher.* _____

3. *I admire* (admirar) *you for your kindness* (la amabilidad).

_____

4. *Many people have respect for me.* _____

5. *She has love for her family.* _____

6. *Thanks for the memories* (las memorias). _____

¿Verdadero o falso? *Indicate whether each of the following sentences, which use* **por** *to indicate motivation or the reason for doing something, is true (**V**) or false (**F**).*

1. _____ Por el huracán Dorian, en agosto de 2019, muchísimas personas en las Bahamas sufren.

2. _____ Cada año pocas personas van a la prisión por sus crímenes.

3. _____ En 1971, el poeta chileno Pablo Neruda gana el Premio Nóbel por sus fotos.

4. _____ F. Scott Fitzgerald es un novelista famoso, especialmente por su novela clásica *El Gran Gatsby*.

5. _____ En una elección democrática, decidimos el ganador por la lotería.

6. _____ El futbolero David Beckham es famoso también por sus tatuajes.

Para and por
Emotions
Idioms with por

48

Translating para and por

para   *for, to, about, by, considering, in order to, in view of*

por   *for, in exchange for, along, because, because of, by, by way of, down,*
           on behalf of, through, throughout, via

VOCABULARIO

Las emociones (*Emotions*)

anger	**el enojo**	jealousy, envy	**la envidia**
disappointment	**la desilusión**	love	**el amor**
fear	**el miedo**	pride	**el orgullo**
gratitude	**la gratitud, el agradecimiento**	respect	**el respeto**
happiness	**la felicidad**	sadness	**la tristeza**
hatred	**el odio**		

EJERCICIO
48·1

¿Para o por? *Complete each sentence with* **para** *or* **por.**

1. Tengo tres libros y un gato _____ mis amigos.

2. Tengo mucho amor _____ mis amigos.

3. Hay mucha tristeza _____ las guerras (*wars*) del mundo.

4. Ella tiene mucho enojo _____ las personas que no trabajan bien.

5. Estas hamburguesas y papas fritas son _____ los estudiantes.

6. Hay mucha desilusión _____ las condiciones malas en este país.

7. Tu envidia _____ la felicidad de otros es muy destructivo.

8. Cuando una persona tiene un regalo _____ mí, tengo mucha gratitud

    _____ él o ella.

Traducción *In each of the following sentences, the underlined word(s) will be translated as either* **para** *or* **por**.

1. *Every night I go to bed <u>by</u> eleven o'clock.*

_____

2. *I sleep <u>for</u> eight hours every night.*

_____

3. *What do you have <u>for</u> us?*

_____

4. *I have love <u>for</u> you and money <u>for</u> your parents.*

_____

5. *<u>In order to</u> do well in school, you need to study a lot.*

_____

6. *We go to Australia every year <u>by</u> airplane.*

_____

7. *Fido is very smart <u>for</u> a dog.*

_____

8. *I can't pay ninety dollars <u>for</u> a belt. It's too much (demasiado) money!*

_____

VOCABULARIO

Idioms with **por**

all over, everywhere, on all sides	**por todos lados**
around here, this way	**por aquí**
as a rule, generally speaking	**por (lo) general**
at least	**por lo menos**
by means of	**por medio de**
everywhere, all over the place	**por todas partes**
finally	**por fin**
for example	**por ejemplo**
for the first time	**por primera vez**
of course	**por supuesto**
over there, that way	**por allí**
please, as a favor	**por favor**
separately, "on the side"	**por separado**
therefore	**por eso (esto)**
for a while	**por un rato**

EJERCICIO 48·3

¿Verdadero o falso?

1. _____ Un buen estudiante estudia mucho cada noche y por eso recibe buenas notas de sus maestros.

2. _____ Por lo general, un buen detective (por ejemplo, Sherlock Holmes) busca por todas partes para encontrar respuestas.

3. _____ Hay varios dinosaurios por aquí.

4. _____ Cuando tú quieres algo de tus padres o de tus amigos, es importante decir "por favor" antes de pedir algo y "gracias" después.

5. _____ Cuando yo pido la pizza en una pizzería, siempre pido los ingredientes (el pan, el queso, la salsa de tomate, la carne, etc.) por separado.

6. _____ Siempre cuando le pido a mi madre el dinero y los chocolates, ella me dice, "Por supuesto."

7. _____ Cuando no puedo encontrar algo importante, yo lo busco por todos lados.

8. _____ Una persona típicamente mira, por lo menos, noventa o cien películas cada año.

9. _____ Cuando una persona habla en frente de un grupo grande por primera vez, probablemente se siente nerviosa.

10. _____ ¡Por fin! Esta frase es la última de este ejercicio.

EJERCICIO 48·4

Traducción

1. *In order to travel quickly, you need to go by airplane.*

_____

2. *In order to arrive on time* (a la hora), *you have to go by taxi.*

_____

3. *In order to receive good grades, all of you need to study for two hours (at least) every night.*

_____

4. *There are at least twenty dogs around here and several horses over there.*

_____

5. *As a rule, I don't go to bed until three or four in the morning.*

_____

6. *He's crazy! He showers at least ten times every day. He uses too much water, too.*

_____

Gustar
Verbs like gustar
Parts of the body

Conjugation of **gustar**

gustar *to like, be pleasing*

SINGULAR NOUN (SUBJECT)

(a mí) me gusta	*I like it*
(a ti) te gusta	*you* [sing., fam.] *like it*
(a él/ella/usted) le gusta	*he/she/you* [sing., form.] *like it*
(a nosotros/nosotras) nos gusta	*we like it*
(a vosotros/vosotras) os gusta	*you* [pl., fam.] *like it*
(a ellos/ellas/ustedes) les gusta	*they/you* [pl., form.] like it

PLURAL NOUN (SUBJECT)

(a mí) me gustan	*I like them*
(a ti) te gustan	*you* [sing., fam.] *like them*
(a él/ella/usted) le gustan	*he/she/you* [sing., form.] *like them*
(a nosotros/nosotras) nos gustan	*we like them*
(a vosotros/vosotras) os gustan	*you* [pl., fam.] *like them*
(a ellos/ellas/ustedes) les gustan	*they/you* [pl., form.] *like them*

NOTA BUENA With **gustar** and similar verbs, "it" is not translated.

Me gusta.	*I like it.*
No te gusta.	*You don't like it.*

EJERCICIO
49·1

Traducción simple *Translate each of the following sentences, using the verb* **gustar**.

1. *I like the house.* _____

2. *I like the houses.* _____

3. *You like the book.* _____

4. *You like the books.* _____

5. *I don't like this dress.* _____

6. *I don't like these shoes.* _____

7. *You don't like that table.* _____

8. *You don't like those dishes.* _____

232

¿Verdadero o falso?

1. _____ Me gustan todas las películas en el mundo.

2. _____ Cuando tengo mucha hambre, me gusta comer una comida buena.

3. _____ Cuando me gusta un libro muchísimo, a veces lo leo dos veces (o más).

4. _____ No me gusta tener un examen, especialmente cuando no estudio.

5. _____ Me gustan nadar, bailar, estudiar, jugar al fútbol, trabajar por cinco horas, practicar la tuba y hablar en frente de un grupo enorme en el mismo (*same*) día.

6. _____ Cuando tengo sueño, me gustan acostarme y dormir por un rato.

EJERCICIO
49·3

Match the following English and Spanish sentences.

1. _____ I like the towel.

2. _____ He likes the mirrors.

3. _____ We don't like the toothpaste.

4. _____ She doesn't like his beard.

5. _____ They like the lipstick.

6. _____ You don't like the soap.

7. _____ He likes the combs.

8. _____ You all don't like the soap.

9. _____ She likes this shampoo.

10. _____ I don't like these towels.

A. A él le gustan los peines.

B. No me gustan estas toallas.

C. A ellos les gusta el lápiz labial.

D. A ella le gusta este champú.

E. No nos gusta la pasta de dientes.

F. Me gusta la toalla.

G. No os gusta el jabón.

H. A ella no le gusta su barba.

I. A él le gustan los espejos.

J. No te gusta el jabón.

EJERCICIO
49·4

A esta persona, ¿qué le gusta más? (What does this person like more?)
*Answer with a complete sentence, using an option given in column **A** or **B**.*

EJEMPLO	A	B
A Babe Ruth, ¿qué le gusta?	el fútbol	el béisbol

B: A Babe Ruth le gusta el béisbol.

	A	B
1. A William Shakespeare, ¿qué le gusta más?	el drama	la película
2. A Tiffany Haddish, ¿qué le gusta más?	la comedia	la tragedia

	A	B
3. A John Steinbeck, ¿qué le gusta más?	la novela	la canción
4. A Popeye, ¿qué le gusta más?	la pizza	la espinaca
5. A Vladimir Putin, ¿qué le gusta más?	la intriga	la película
6. A Khloé Kardashian, ¿que le gusta más?	la ropa	la intelectualidad

Traducción compleja

1. *We like these eggs, but we don't like the bread.*

_____

2. *Do you like the rice? I don't like (it).* _____

3. *They [m.] don't like the salad because there are carrots everywhere.*

_____

4. *Why don't they [m.] like peanut butter?* _____

5. *Do you all like eggs and toast for breakfast?*

_____

6. *I don't understand why he doesn't like ice cream. Everyone* (Todo el mundo) *likes ice cream.*

_____

7. *I don't like this cheese. It smells bad!* _____

VOCABULARIO

Los verbos como **gustar** (*Verbs like* **gustar**)

bastar	to be enough (to/for someone), "to have plenty"
disgustar	to be disgusting (to/for someone), "to be grossed out"
doler (o > ue)	to be painful (to/for someone), "to hurt"
encantar	to be enchanting (to/for someone), "to love"
faltar	to be lacking (to/for someone), "to be missing"
importar	to be important (to/for someone), "to matter"
interesar	to be interesting (to/for someone), "to care"
molestar	to be bothersome (to/for someone), "to bug"
parecer	to seem, appear (to/for someone), "to be like"
sobrar	to be extra (to/for someone), "to be left over"

Traducción en reverso (Translation in reverse) *Translate the following sentences into English, using idiomatic expressions wherever possible.*

1. Me disgustan estos mosquitos. _____

2. Me falta un zapato. _____

3. No me importa. _____

4. ¡Me basta su mala actitud! _____

5. Me duele el estómago. _____

6. Nos sobra mucha comida. _____

7. Me encanta la música de Van Morrison. _____

8. ¡Me parece ridículo! _____

9. Me molesta ese perro. _____

VOCABULARIO

Las partes del cuerpo (*Parts of the body*)

ankle	**el tobillo**	head	**la cabeza**
arm	**el brazo**	hip	**la cadera**
back	**la espalda**	knee	**la rodilla**
chest	**el pecho**	leg	**la pierna**
chin	**el mentón**	mouth	**la boca**
ear	**el oído** (*interior*),	neck	**el cuello**
	la oreja (*exterior, lobe*)	nose	**la nariz**
elbow	**el codo**	shoulder	**el hombro**
eye	**el ojo**	stomach	**el estómago**
face	**la cara**	thumb	**el pulgar**
finger	**el dedo**	toe	**el dedo de pie**
foot	**el pie**	waist	**la cintura**
hand	**la mano**	wrist	**la muñeca**

¿Verdadero o falso?

1. _____ Cuando le falta un dedo, una persona no puede caminar.

2. _____ Cuando les duele la cabeza, muchas personas toman una aspirina.

3. _____ Me disgusta la idea de un dedo de pie en mi chile.

4. _____ Al dentista no le interesa la boca ni el mentón.

5. _____ A muchos jugadores de fútbol americano les duelen las rodillas, las piernas, las espaldas, los pechos, las cabezas, los brazos, los tobillos, los pies, las caderas, el cuello y los hombros. ¡A muchas personas este juego les parece loco!

6. _____ Me molesta muchísimo cuando una persona se toca la nariz, el oído, el ojo, la boca y todas las otras partes de la cara, y entonces me toca. ¡Me disgusta!

7. _____ A una modelo no le importa la condición de su cintura.

8. _____ Si una persona tiene dos pulgares en una mano, le sobra uno.

9. _____ Me encanta la idea de llevar mi reloj en mi codo (en vez de mi muñeca).

10. _____ A veces una persona vomita cuando le duele el estómago.

11. _____ A una persona que necesita un tanque de oxígeno no le basta el aire fresco.

12. _____ Desgraciadamente, a muchas personas en el mundo les falta suficiente comida.

EJERCICIO
49·8

Traducción *Translate the following paragraph. The underlined phrases employ verbs that can be found in the vocabulary list preceding Exercise 49-6. Many are idiomatic.*

Hi! Today is my birthday. Every year my mother prepares for me the worst party in the world. It seems to me that she wants to be famous for having horrible parties. I've had it with her "celebrations." First, instead of serving pizza and cake, she serves us carrots and celery. This disgusts everyone, and therefore we always have lots of leftovers. After the meal that no one likes and no one eats (if nutrition is so important to her, why is she in the kitchen with a gallon of ice cream and a big spoon?), we watch a video about the history of soap (my mother loves soap and believes that everyone is interested in it, too). Well, she's wrong. It bothers me a lot, because I want a normal party and it seems to me that she loves only abnormal things. I think that she's missing something "upstairs." Doesn't this seem crazy to you? I have a headache. I should go to bed. I want to sleep through the party. You can wake me up tomorrow. Good-bye.

_____

_____

_____

_____

_____

_____

_____

_____

_____

_____

_____

Ir + a + *infinitive*
Expressions of future time

·50·

Ir + a + *infinitive*

ir + a + *infinitive*	*to go + to do something*
voy + a + nadar	*I am going + to swim*
Voy a nadar mañana.	*I am going to swim tomorrow.*

EJERCICIO
50·1

Traducción simple

1. *I'm going to speak.* _____

2. *You're going to eat.* _____

3. *He's going to live in a barn* (el establo). _____

4. *She's going to dance the tango.* _____

5. *We're going to have a party.* _____

6. *You all are going to play checkers.* _____

7. *They're [m.] going to know the answer.* _____

8. *I'm not going to know anyone there.* _____

9. *What are you going to do tomorrow?* _____

10. *I'm not going to do anything.* _____

VOCABULARIO

Common expressions of future time

later	**más tarde**	tomorrow	**mañana por**
next month	**el mes que viene**	afternoon	**la tarde**
next week	**la semana que viene**	tomorrow	**mañana por**
next year	**el año que viene**	morning	**la mañana**
the next day	**el próximo día**	tomorrow	**mañana por**
this afternoon	**esta tarde**	night	**la noche**
tomorrow	**mañana**	tonight	**esta noche**

¡Pobre Cinderella! (*Poor Cinderella!*)

¡Pobrecita Cinderella! Ella tiene que trabajar todo el tiempo. Nunca puede jugar a las damas ni al tenis. Por ejemplo, esta tarde va a limpiar la casa y más tarde va a preparar la comida para su madrastra horrible y sus hermanastras feas. Entonces ella va a lavar los platos. Esta noche ella va a lavar el pelo de Prunella (¡qué repugnante!) y va a dormir por solamente cuatro horas, porque mañana Cinderella va a montar a caballo para ir al supermercado para comprar comida para las tres criaturas horribles con quienes ella vive.

Mañana por la mañana Cinderella va a lavar la ropa interior de su otra hermanastra, Esmeralda (¡más repugnante!). Mañana por la tarde ella va a hacer todas las camas en la casa.

Mañana por la noche las "vacas" (sus hermanastras) y la "osa" (su madrastra) van a ir a la gran fiesta. Cinderella no sabe esto, pero también mañana por la noche su Madre Especial va a visitarla y va a darle muchos regalos (coche, caballos, sirvientes, y un vestido súper glamoroso). Cinderella va a bailar toda la noche con el Príncipe. A la medianoche Cinderella va a estar muy triste porque tiene que salir del palacio del Príncipe, pero la semana que viene el Príncipe va a entrar en su casa con el zapato de cristal.

Entonces, la "rata" (su madrastra) y las "cerdas" (sus hermanastras) van a estar súper celosas porque el mes que viene Cinderella y el Príncipe van a casarse y el año que viene ellos van a tener un bebé. ¡Boo hoo! Pobrecitas Prunella y Esmeralda.

EJERCICIO 50·2

Answer with a complete sentence.

1. ¿Qué va a hacer Cinderella esta noche?

   _____

2. ¿Qué va a hacer mañana por la mañana?

   _____

3. ¿Qué va a hacer mañana por la tarde?

   _____

4. ¿Cuántas horas va a dormir esta noche?

   _____

5. ¿Quién va a visitar a Cinderella mañana por la noche?

   _____

6. ¿Va a tener buen tiempo en el palacio del Príncipe?

   _____

7. ¿Qué artículo de ropa va a tener el Príncipe para Cinderella la semana que viene?

   _____

Traducción *Translate the following sentences, in which all the verbs are reflexive. The pronoun will be attached directly to the infinitive.*

1. *I'm going to go to bed tonight at ten thirty.*

_____

2. *You're going to brush your teeth tomorrow morning.*

_____

3. *When are you going to take a shower? You smell bad!*

_____

4. *Why is she going to comb her hair again?*

_____

5. *With this medicine* (la medicina), *you're going to fall asleep in two minutes.*

_____

6. *Tomorrow night we're going to get married.*

_____

7. *Who is going to take a bath in this tub? It disgusts me!*

_____

8. *You all are going to sit here and you're not going to speak. Do you understand me?*

_____

¿Cuál es verdadero o falso para ti?

1. _____ Voy a continuar a estudiar el español.

2. _____ Voy a hablar español en cada oportunidad posible.

3. _____ Voy a hacer todos los ejercicios en la parte siguiente: Cumulativo 10.

4. _____ Voy a visitar un país donde se habla español.

5. _____ Voy a ser buen/buena estudiante en todas mis clases.

6. _____ No voy a ser criminal.

7. _____ No voy a robar un banco hoy, mañana, el próximo día, la semana que viene, el mes que viene, el año que viene, ¡nunca!

8. _____ Voy a estudiar los tiempos de los verbos: el pretérito, el imperfecto, el futuro, el condicional, etc., en otro libro después de terminar este libro.

Lecciones 46–50

Traducción

1. *I have something for you from the train station.*

   _____

2. *What do you have for me from the restaurant?*

   _____

3. *This towel from the hotel is for her.*

   _____

4. *These hubcaps* (los tapacubos) *from the gas station are for him.*

   _____

5. *The popcorn* (las palomitas de maíz) *from the movie theater is for us.*

   _____

6. *The airplane from the airport is for all of you.*

   _____

¿Para o por? *Complete each sentence with either* **para** *or* **por**.

1. Estos tapacubos (*hubcaps*) son _____ el coche.

2. Tengo palomitas de maíz _____ mis amigos y también respeto _____ ellos.

3. Olive Oyl tiene espinaca _____ Popeye y amor _____ él.

4. _____ preparar el té, necesitas hervir el agua.

5. Ella recibe solamente "F"s porque estudia _____ no más de un minuto cada día.

6. Estoy en mi casa. Quiero caminar _____ el parque.

EJERCICIO
C10·3

Conjugate the following verbs.

	yo	tú	él/ella/ usted	nosotros/ nosotras	vosotros/ vosotras	ellos/ellas/ ustedes
1. comprar						
2. leer						
3. abrir						
4. hacer						
5. tener						
6. querer						
7. ser						
8. estar						
9. jugar						
10. ir						

EJERCICIO
C10·4

Conjugate the following verbs.

	yo	tú	él/ella/ usted	nosotros/ nosotras	vosotros/ vosotras	ellos/ellas/ ustedes
1. oír						
2. tocar						
3. oler						
4. probar						
5. ver						
6. saber						
7. conocer						
8. dar						
9. salir						
10. poder						

EJERCICIO C10·5

What emotion is most appropriate in each situation? Choose the emotion from the lettered list that best completes each of the following sentences.

1. _____ Tengo mucho _____ por las personas más importantes en mi vida.

2. _____ Tengo _____ por las personas que me dan regalos en mi cumpleaños.

3. _____ Tengo mucho _____ por las personas de honor.

4. _____ Tengo mucha _____ por las personas que sufren en este mundo.

5. _____ Tengo _____ por los criminales que me roban.

6. _____ Tengo _____ por una persona que estudia y trabaja mucho y recibe una "A" en la clase.

7. _____ Tengo _____ por una persona que me promete (*promises*) algo pero no lo hace.

8. _____ Tengo _____ por una persona que estudia y trabaja menos que yo, pero recibe mejores notas y más honores.

A. tristeza
B. orgullo, respeto, felicidad
C. amor
D. celos, enojo
E. respeto
F. enojo, odio
G. gratitud
H. desilusión, enojo

EJERCICIO C10·6

¿Verdadero o falso?

1. _____ Cuando yo pierdo algo que me importa mucho, busco por todas partes de mi casa para encontrarlo.

2. _____ Me bastan las personas que no me dicen la verdad. Por ejemplo, una persona que me miente mucho no va a ser mi amiga por mucho tiempo.

3. _____ Cuando me duele la cabeza tomo quince aspirinas y cinco inyecciones de penicilina, e inmediatamente voy al hospital.

4. _____ Me disgustan las personas que no se lavan las manos después de usar el baño.

5. _____ Me falta la nariz, y cada día la busco por todos lados, pero nunca la encuentro.

6. _____ Me interesan varias cosas. Es importante. A una persona que le falta, por lo menos, un interés especial, probablemente está muy aburrida.

7. _____ Me molesta mucho el teléfono. Por eso, no tengo uno y mis amigos no tienen teléfonos—ni en la casa ni celular.

8. _____ Me importa tener personas buenas y amables en mi vida.

EJERCICIO C·10·7

Conjugate the following verbs.

	yo	tú	él/ella/ usted	nosotros/ nosotras	vosotros/ vosotras	ellos/ellas/ ustedes
1. contar						
2. mover						
3. dormir						
4. entender						
5. servir						
6. acostarse						
7. despertarse						
8. decir						
9. llamarse						
10. sentirse						

EJERCICIO C·10·8

Traducción *Translate each of the following sentences, using the construction* **"Si…, entonces…."** *("If …, then….").*

1. *If I go to bed late tonight, then I'm going to be tired tomorrow.*

   _____

2. *If you eat a gallon of ice cream tomorrow night, then the next day you're going to be sick.*

   _____

3. *If someone* (alguien) *practices the piano for an hour every day, then the next year that person is going to know a lot about music.*

   _____

   _____

4. *If you read one page every day, then next month you're going to read page thirty-two.*

   _____

5. *If you don't brush your teeth at least two times every day, then you're going to have a disgusting* (repugnante) *mouth.*

   _____

   _____

¿Qué va a hacer mañana? *Think of what each of these persons (assume they're all living) is most famous for, and write a sentence telling what each of them will do tomorrow, using the possibilities given below.*

POSIBILIDADES

abrir una caja de problemas   escribir una novela
cantar una canción   inventar algo
dormir   ladrar
escribir un poema   visitar a su abuela

1. ¿Qué va a hacer Mark Twain mañana? _____

2. ¿Qué va a hacer Adele mañana? _____

3. ¿Qué va a hacer Lassie (la perra) mañana? _____

4. ¿Qué va a hacer Thomas Edison mañana? _____

5. ¿Qué va a hacer Robert Frost mañana? _____

6. ¿Qué va a hacer Rip Van Winkle mañana? _____

7. ¿Qué va a hacer La Caperucita Roja mañana? _____

8. ¿Qué va a hacer Pandora mañana? _____

Write the following sentences using an expression of future time. Begin each answer with the word **Mañana** *(Tomorrow).*

EJEMPLO   Hoy estudio español.   *Mañana voy a estudiar español.*

1. Hoy practico el arpa. _____

2. Hoy cuento mi dinero. _____

3. Hoy almuerzo en un café. _____

4. Hoy sé la respuesta. _____

5. Hoy no vuelo. _____

6. Hoy no recuerdo nada. _____

7. Hoy me acuesto a las diez. _____

8. Hoy me siento en la silla. _____

9. Hoy me siento bien. _____

10. Hoy me lavo las manos veinte veces. _____

11. Hoy hablo español. _____

12. Hoy termino este libro. _____

Cumulative paragraphs

The following paragraphs synthesize the material covered in each of the book's ten parts. As you translate these paragraphs, you will pull together all that you have studied and learned through the end of that particular part. The Spanish translation for each paragraph is included in the Answer key.

I · La Vida de Humberto, un estudiante

Hello. I am a student in a school in Miami, Florida. My name is Umberto. There are ten classrooms in the school. My teacher is from Havana, Cuba. My aunt is a teacher and she prepares assignments for the students every day. My uncle is from Havana, Cuba. I study a lot. My friends study a lot. Every Saturday and Sunday I work in a restaurant with my mother and my father and my brothers. There are many tables and chairs in the restaurant. My two brothers wash the dishes. We speak English and Spanish in the restaurant, in the school, and at home. My mother plays the piano in the restaurant and my father sings. The restaurant is very popular.

II · ¡A comer!

Every Friday my family and I eat in a restaurant. My favorite food is rice with chicken. My sister doesn't eat meat. She eats a big salad and she drinks lemonade. My brother eats a hamburger with French fries. My father eats eggs with toast in the morning, in the afternoon, and in the evening. My mother eats a sandwich of chicken or cheese or peanut butter. At home we always eat ice cream. I like chocolate ice cream. In the morning my brother and I eat cereal with milk. Sometimes we eat eggs and toast (with my father) and sometimes we drink orange juice. Sometimes we eat in the kitchen and sometimes we eat in the dining room.

III · ¡Autor! ¡Autor!

Good morning. My name is David. I am a writer. I am from the United States, but I live in France with my wife. Her name is Hulga (a very ugly name, but she is the love of my life). We have three cats. Their names are Cat, Mouse, and Cheese. Cat believes that Mouse is the love of his life, but Mouse believes that Cheese is the love of her life. We have two children. Their names are Boy and Girl. I don't like regular names. Our daughter is a physician. We are happy because we are often sick. Our son is a plumber. We are happy also because our house has many problems with water. Our house has seven bedrooms and eight bathrooms. Our son the plumber is here often. He works with sinks and toilets and showers every day. Some people believe that our house is ugly, but I believe that it is marvelous.

IV · Gato Gruñón

Good morning. Actually (*En realidad*), it's a bad morning. My name is Grumpy Cat and I'm always in a bad mood. I don't like my house. I don't like my food. I don't like my bed. When I'm in the park, I'm bored. When I'm in a hotel, I'm anxious. When I'm in a barn I'm nervous and angry because the cows and the other animals are big, and I'm scared. You understand my problem, no? What do I want? I want a bed bigger than the bed that I have. I want food more delicious than the food that I have. I want mittens and a bathing suit. Why? Because I want mittens and a bathing suit. I want a theater with my name on the marquee (*la marquesina*). What do you want? You want coffee? Ewwww. I am seasick when I drink coffee. You want chicken? I am miserable when I eat chicken. You want pizza? I am sick when I eat pizza. What do I like? I like my name: Grumpy Cat.

V · La vida en una gran ciudad

Good evening. My name is Richard Nightly. I am in Chicago, Illinois. Because it's April and because it's the spring(time), you probably believe that it is warm and sunny and nice out. You are wrong! It's cold, and there is snow and there is frost and I believe that I see ice on the water of Lake Michigan. And it's windy! Because I live in a big city, I don't have to have a car. I am a student at the University of Chicago, and normally I ride my bike to the university. Some students go by bus and other students go by taxi or the train, but I like the bicycle. I study English at the University. When I don't have to study, I play tennis and basketball with my friends. Sometimes we eat pizza and we play cards or pool. I swim a lot, but not in Lake Michigan. Every Saturday my friends and I go to the Field Museum at ten o'clock in the morning. Today there is a program about George Washington Carver, the inventor of peanut butter. I'm hungry. I want a peanut butter sandwich.

VI · ¿Qué tengo que hacer hoy?

Today is Thursday. What should I do? What do I have to do? What do I want to do? The answers to these questions are very different. I should work and I should study and I should call my mother. I have to prepare my breakfast (this morning I want to eat bacon with beans and rice). I have to pay some bills. I have to go to the gas station because there's no gas in my car. I want to read a good book. I want to visit with my friends. I want to swim in the lake near my house. I try to be more honest than many people. I hope to be smarter tomorrow than I am today. I need to go to the library. I should clean my house a few times each week, especially after having a party. But instead of cleaning my house, I usually change (*cambiar*) a light bulb or two and I put books on the shelf. I should sweep (*borrar*) the floor and the hall, but I don't want to sweep anything. What do you believe that I should do today?

VII · El almuerzo

It's one in the afternoon and I'm hungry and I want to eat lunch. Usually I eat lunch at noon or at 12:15, but today I have to do lots of things and I can't eat when I want to eat. At times my friends and I eat lunch in the park, but today it's too cold and we don't want to do anything in the park. We're going to a new restaurant on Adams Street, near our school. My best friend thinks that this restaurant is better than all the other restaurants in our city, but my best friend lies all the time. I hear from other people that the chicken here is better than the hamburger, but it costs more, too. When I go to a restaurant I sample lots of new foods. Some people are afraid to sample new foods, but when I try something and it's horrible or smells bad, or if I bite something and learn that it is a mouse or a rat, I never return to the restaurant. Also, if I find a mosquito in my food, I return the plate to the kitchen where the waiters and the cook solve the problem. Sometimes when a person doesn't have enough money, he or she washes the restaurant's dishes.

VIII · El Rompeboda (*The Wedding Crasher*)

Do you want to know something? I have a secret. I don't know anybody here, and nobody knows me. Every Saturday I read the newspaper in order (*para*) to learn where there is an elegant wedding reception. I never attend the wedding because I don't want to be bored, especially because I don't know the bride or the groom. Before I go to the reception I take a shower (*me ducho*), wash my hair (*me lavo el pelo*), and put on (*me pongo*) my best suit. I arrive at the reception a little late, when people are relaxed and happy. I go to the reception with a "gift," but there isn't anything in the box. I speak with lots of people, but first I need to know if they are friends of the bride or the groom. If a person is a friend of the bride, I'm a friend of the groom. And vice-versa. Do you want to know why I go to these parties? It's simple. There's always lots of delicious food, I can drink champagne, I like to dance, and I like to meet people. But I don't like to pay for anything. If you see me at one of these parties, you can't reveal my secret to anybody. But you can dance with me. Do you know how to dance samba?

IX · El baño: El corazón de la casa

If you read a book about life during the 1800s, you learn a lot about people and their bathrooms. I have a book that describes a typical family and how they live in 1880. They have a big house, but they have only one bathroom. The people in the house take a bath once each week. They don't take showers because they don't have a shower. They wash their hair and they dry their hair with a towel. They don't have a hair dryer. They brush their teeth once or twice each day. They don't have dental floss. Some men shave, but many men have a beard. They make their soap and shampoo and they don't apply conditioner to their hair. Today it's completely different! Many houses have two or three bathrooms or more. People usually take a bath or they shower every day—when they wake up or before going to bed. They wash their hair with elegant shampoos and conditioners. They dry their hair with a hair dryer. They apply makeup in front of large mirrors and they always use dental floss after brushing their teeth. My grandfather tells me that he takes a bath once each week—if he needs it or not! My grandfather is very funny. Some people today use the bathroom for an "office." They sit in the tub and speak on the telephone or watch television or study or read a book. Some people eat in the tub. The typical bathtub measures sixty inches (five feet). The typical refrigerator measures sixty inches (five feet) also. But no one takes a bath in the refrigerator.

X · La sala desesperada de esperanza

Hi. I'm in the waiting room of the hospital. I know that I shouldn't be here, but my mother tells me that I have to speak to the doctor. She thinks that I'm sick but I feel fine. My mother *loves* drama. I don't like it. I have a headache. It doesn't matter to me. It seems to me that when I have a headache, I should be able to take an aspirin and live my life. But for my mother, when she has a headache, it gives her a reason for going to every hospital and speaking with every doctor in the country. Usually we have to sit for two or three hours in the waiting room. It's miserable. I don't like it. It bugs me. After ten minutes I want to return home. But nothing is more interesting to my mother than a hospital. She should be a doctor. But in order to be a doctor, she needs to go to the university for eight years (at least). And if she's always in the university, she can't sit in these ugly chairs in this horrible waiting room. Here we are. I am bored; she watches the fish. I'm going to read another magazine.

Answer key

I

1·1 1. el padre / el papá   2. la madre / la mamá   3. los padres / los papás   4. las madres / las mamás   5. el chico   6. la chica   7. el hermano   8. la hermana   9. el tío   10. las tías   11. la abuela   12. la nieta   13. las primas   14. los padres   15. el nieto   16. las nietas   17. los hijos   18. la familia

1·2 1. H   2. G   3. I   4. A   5. E   6. D   7. B   8. C   9. J   10. F

1·3 1. Mi tío es el hermano de mi madre.   2. Tu madre es mi prima.   3. Mi abuelo es tu tío.   4. Tu abuela es de China.   5. Mi familia es de Boston.   6. Tu hermana es mi tía.   7. Mi papá es el primo de tu tío.   8. Tu mamá es la tía de mi hija.

2·1 1. un dormitorio   2. una casa   3. unos dormitorios   4. unas casas   5. un sótano   6. unos baños   7. una cocina   8. un desván   9. una entrada   10. un clóset   11. un pasillo   12. un jardín   13. un comedor   14. una sala   15. unos despachos   16. un despacho   17. unas cocinas   18. unas salas   19. un porche   20. unos jardines

2·2 1. D   2. E   3. A   4. G   5. B   6. H   7. C   8. F

2·3 1. Mi cocina tiene dos ventanas.   2. Tu dormitorio no tiene un clóset.   3. Mi casa tiene cuatro dormitorios.   4. Tu sala tiene unas ventanas.   5. Mi baño tiene una puerta.   6. Tu casa no tiene una puerta.   7. Mi sótano tiene cinco cuartos.   8. Unas puertas son de Francia.   9. Angelina Jolie tiene tres hijos y tres hijas.   10. Lois tiene cinco hijos.

3·1 1. Yo tengo un oso.   2. Yo no tengo un elefante.   3. Yo tengo dos patos.   4. Yo no tengo tres gatos.   5. Yo quiero un perro.   6. Yo no quiero un ratón.   7. Yo quiero unos gatos.   8. Yo no quiero una rata.   9. Yo tengo unos monos.   10. Yo quiero unos pavos.   11. Yo tengo el cordero.   12. Yo no tengo el león.   13. Yo quiero el tigre.   14. Yo no quiero el cerdo.   15. Yo quiero un conejo.

3·2 1. en la granja   2. en el zoológico   3. en la granja   4. en la casa   5. en el zoológico   6. en la casa, en la granja   7. en el zoológico   8. en la granja   9. en la casa, en el zoológico   10. en el zoológico   11. en la granja   12. en la granja   13. en la granja

3·3 1. Yo no quiero un toro en mi cocina.   2. Yo tengo dos patos en mi sala.   3. Yo no tengo un carro/coche en mi garaje.   4. Yo tengo un mono para Jorge.   5. Yo no quiero un pájaro de China.   6. Hermione tiene un gato en Hogwarts.   7. Mi primo no tiene un tigre en el carro/coche.   8. Yo quiero unas ratas para mi ratón.   9. Scooby-Doo es un perro y Velma es una chica.   10. Shrek tiene un burro.

4·1 1. Hay un libro en el escritorio.   2. Hay dos reglas en mi escritorio.   3. Hay un mapa en la pared.   4. Hay un maestro / una maestra en la sala de clase.   5. No hay una pluma en mi escritorio.   6. No hay un cuaderno para el maestro / la maestra.   7. No hay luces en la sala de clase.   8. ¿Hay tiza para la pizarra?   9. ¿Hay un reloj para la pared?   10. ¿Hay una tarea para los estudiantes?   11. Hay tres mapas para los maestros.   12. Hay una mochila en el escritorio.

4·2 1. en el escritorio   2. en la pared   3. en el escritorio   4. en el escritorio   5. no   6. en la pared   7. en el escritorio   8. en el escritorio   9. no   10. en la pared   11. en el escritorio   12. no   13. en el escritorio   14. no

4·3 1. Mi sala de clase tiene un reloj en cada pared.   2. Yo tengo seis plumas y siete reglas en mi mochila.   3. Yo quiero ocho cuadernos para mi escritorio.   4. Yo no tengo la regla para mi tarea.   5. Mi maestro tiene papel y una pluma para cada estudiante.   6. Yo quiero tiza y un borrador para cada pizarra.   7. Hay un pato en cada escritorio.   8. ¿Hay un pez en la sala de clase?

5·1 1. hablo, hablas, habla, hablamos, habláis, hablan   2. canto, cantas, canta, cantamos, cantáis, cantan   3. compro, compras, compra, compramos, compráis, compran   4. estudio, estudias, estudia, estudiamos, estudiáis, estudian   5. miro, miras, mira, miramos, miráis, miran   6. pago, pagas, paga, pagamos, pagáis, pagan   7. toco, tocas, toca, tocamos, tocáis, tocan   8. camino, caminas, camina, caminamos, camináis, caminan   9. trabajo, trabajas, trabaja, trabajamos, trabajáis, trabajan   10. tomo, tomas, toma, tomamos, tomáis, toman

5·2 1. V   2. V   3. F   4. V   5. F   6. F   7. V   8. V   9. V   10. F

5·3 1. Yo hablo.   2. Tú hablas.   3. Él habla.   4. Nosotros hablamos.   5. Ellos hablan.   6. Yo estudio.   7. Tú estudias.   8. Nosotros estudiamos.   9. Ella baila.   10. Tú miras.   11. Nosotros tomamos.   12. Nosotros trabajamos.   13. Yo canto.   14. Tú cantas.   15. Beyoncé canta.   16. Ellos bailan.

5·4 1. F   2. F   3. V   4. V   5. F   6. V   7. V   8. V   9. F   10. V   11. V   12. V

5·5 1. Yo practico el piano cada día.   2. Nosotros estudiamos mucho en la sala de clase.   3. Yo camino mucho porque yo tengo tres perros.   4. Nosotros caminamos a mi casa.   5. Yo pago porque yo tengo el dinero.   6. Tú tomas el dinero de la chica.   7. Yo trabajo mucho porque yo compro mucho.

5·6 1. el sábado, el domingo   2. el lunes   3. el viernes   4. el sábado OR el domingo   5. el domingo   6. el martes   7. el domingo   8. el viernes, el sábado, el domingo

C1·1 1. los chicos   2. unas abuelas   3. un mono   4. unos lobos   5. la casa   6. los dormitorios   7. unas cocinas   8. un sótano   9. unas mochilas   10. un caballo   11. una lección   12. unas ventanas   13. el cuarto   14. una ducha   15. el baño

C1·2 1. C   2. J   3. I   4. K   5. P   6. A   7. G   8. O   9. M   10. B   11. D   12. N   13. H   14. L   15. F   16. E

C1·3 1. Hay   2. No hay   3. Hay   4. No hay   5. No hay   6. Hay   7. Hay   8. Hay

C1·4 1. V   2. F   3. V   4. V   5. V   6. F   7. V   8. F

C1·5 1. camino, caminas, camina, caminamos, camináis, caminan 2. canto, cantas, canta, cantamos, cantáis, cantan
3. compro, compras, compra, compramos, compráis, compran 4. llevo, llevas, lleva, llevamos, lleváis, llevan
5. limpio, limpias, limpia, limpiamos, limpiáis, limpian 6. miro, miras, mira, miramos, miráis, miran
7. pago, pagas, paga, pagamos, pagáis, pagan 8. toco, tocas, toca, tocamos, tocáis, tocan
9. tomo, tomas, toma, tomamos, tomáis, toman 10. trabajo, trabajas, trabaja, trabajamos, trabajáis, trabajan

C1·6 1. Beyoncé 2. Doc 3. Jimmy Fallon

C1·7 1. el/la estudiante 2. la escuela 3. el/la estudiante 4. la escuela 5. la escuela 6. el/la estudiante 7. el/la estudiante 8. la escuela 9. la escuela
10. la escuela 11. el/la estudiante 12. la escuela

C1·8 1. Yo estudio español en mi escuela cada lunes y viernes. 2. Mi maestro/maestra tiene un escritorio y cinco ventanas en su sala de clase.
3. Mi madre/mamá compra la pluma, el lápiz y el cuaderno porque yo no tengo dinero. 4. Nosotros miramos *Barrio Sésamo* cada día. 5. Fred compra los
libros para Velma, y Shaggy compra una hamburguesa para Scooby-Doo. 6. Hay cuatro caballos en la casa de mi primo/prima. 7. Él trabaja cada martes,
miércoles y jueves. 8. Hay una fiesta cada sábado y domingo en mi casa.

II

6·1 1. Yo compro la ropa. 2. Tú llevas la camisa. 3. Ella lleva la falda con la blusa. 4. Nosotros tomamos los zapatos de la chica. 5. Ella baila en
un vestido. 6. Ellos compran los vestidos para unas chicas. 7. Nosotros no llevamos pijamas en la sala de clase. 8. Tú llevas zapatos y tú bailas mucho.
9. Nosotros tomamos la camiseta de la silla. 10. Yo llevo zapatos y calcetines cada día. 11. A veces Daniel Radcliffe no lleva una camisa cuando él
trabaja. 12. Yo no llevo zapatos cuando yo practico el piano.

6·2 1. el sombrero 2. los zapatos 3. la camiseta 4. los pijamas 5. los pantalones 6. el cinturón 7. el vestido 8. la falda 9. los calcetines
10. la camisa 11. la gorra 12. el suéter 13. la blusa 14. el abrigo 15. la ropa

6·3 1. Lady Gaga canta y a veces toca el piano. 2. A veces él canta cuando él compra algo. 3. Nosotros llevamos pantalones y una camiseta
cuando nosotros trabajamos. 4. A veces ellos/ellas cantan cuando nosotros tocamos la guitarra. 5. Las chicas miran algo y ellas escuchan algo más.
6. Ellos/Ellas hablan cada día con mi maestro. 7. Tengo mucho dinero porque tú siempre pagas. 8. Él siempre mira los perros en la casa.

6·4 1. gano, ganas, gana, ganamos, ganáis, ganan 2. grito, gritas, grita, gritamos, gritáis, gritan 3. llego, llegas, llega, llegamos, llegáis, llegan
4. lloro, lloras, llora, lloramos, lloráis, lloran 5. necesito, necesitas, necesita, necesitamos, necesitáis, necesitan
6. preparo, preparas, prepara, preparamos, preparáis, preparan 7. tiro, tiras, tira, tiramos, tiráis, tiran 8. uso, usas, usa, usamos, usáis, usan

7·1 1. Yo como la pizza. 2. Tú comes el cereal con leche. 3. Ella come el pan. 4. Nosotros comemos la ensalada. 5. Vosotros coméis el arroz
con pollo. 6. Ben y Jerry comen el helado. 7. Yo bebo la leche. 8. Tú bebes el jugo. 9. Ella bebe el café con leche. 10. Vosotros bebéis el agua.
11. Ellos/Ellas beben la limonada. 12. Yo bebo la leche chocolate cuando yo como una hamburguesa y papas fritas. 13. Él no come el queso en la pizza.

7·2 1. el desayuno 2. el postre 3. el almuerzo, la cena 4. el almuerzo, la cena 5. el almuerzo, la cena 6. el desayuno 7. el almuerzo, la cena
8. el desayuno 9. la cena 10. el almuerzo, la cena

7·3 1. A veces nosotros comemos en la cafetería y a veces nosotros comemos en la sala de clase. 2. Yo bebo el agua en el vaso, y tú comes la
hamburguesa en el plato. 3. Hay mucho helado para los hijos de Kate en los platos. 4. Nosotros comemos el cereal cada mañana para el desayuno.
5. A veces en la mañana ellos comen hamburguesas y pizza y ellos beben un refresco. 6. Yo quiero tres huevos para el almuerzo, pero yo no quiero el pan
tostado. 7. En China ellos comen mucho arroz, y en México ellos comen mucho arroz con pollo.

8·1 1. Yo aprendo. 2. Tú aprendes. 3. Él aprende. 4. Nosotros comemos. 5. Vosotros coméis. / Ustedes comen. 6. Ellos corren. 7. Yo comprendo.
8. Tú crees. 9. Yo creo. 10. Ella debe. 11. Ellos esconden. 12. Nosotros leemos. 13. Tú lees. 14. Yo respondo. 15. Él rompe. 16. Nosotros vendemos.

8·2 1. Yo leo. 2. Yo bebo. 3. Yo como. 4. Yo estudio. / Yo aprendo. 5. Yo vendo algo. / Yo trabajo. 6. Yo corro. 7. Yo como. 8. Yo bebo.
9. Yo rompo. 10. Yo aprendo español. / Yo comprendo español.

8·3 1. Yo como el pan tostado encima de la mesa. 2. Ella corre a su madre cuando ella rompe algo. 3. Él esconde su mochila debajo de la silla.
4. Nosotros debemos mucho dinero a mi primo. 5. Ella lee un poco cada día. 6. Yo rompo el plato encima de la mesa. 7. Vosotros no comprendéis /
Ustedes no comprenden los libros. 8. Su hermana aprende mucho en la escuela porque ella estudia mucho.

8·4 1. F 2. F 3. V 4. F 5. V (probablemente) 6. V 7. V 8. F

9·1 1. la ensalada verde 2. el arroz blanco 3. el arroz café 4. el helado azul 5. el queso amarillo 6. una papa frita amarilla 7. la torta roja
8. la torta anaranjada 9. la leche blanca 10. la gaseosa morada 11. el helado anaranjado 12. una hamburguesa café 13. un huevo verde 14. la limonada
amarilla 15. una torta azul 16. un huevo blanco 17. la tostada negra 18. el jugo anaranjado 19. el jugo rojo 20. unos suéteres grises

9·2 1. Una ensalada es verde. 2. La leche chocolate es café. 3. La crema de cacahuete es café. 4. La sopa de tomate es roja. 5. La pizza de queso
es amarilla. 6. El huevo en el centro es amarillo. 7. El pan tostado es café. 8. Un sándwich de pollo es blanco. 9. La salsa de tomate es roja.
10. El helado de vainilla es blanco.

9·3 1. Me gusta el arroz café. 2. No me gusta la hamburguesa verde. 3. Me gusta la limonada amarilla cuando nosotros estudiamos. 4. Ella bebe
la leche blanca cuando ella come una ensalada verde. 5. No me gusta la sopa azul. 6. Me gusta el jugo rojo, pero no me gusta el refresco 7. Yo bebo
el agua cuando yo como las papas fritas 8. No me gusta un sándwich con mi cereal. 9. Me gusta el helado de vainilla, pero no me gusta el helado
de chocolate. 10. Me gusta un huevo con mi tostada, pero no me gusta el huevo encima de mi pan tostado.

10·1 1. las casas bonitas, *the pretty houses* 2. los perros gordos, *the fat dogs* 3. unas salas grandes, *some big living rooms* 4. unos abuelos amables,
some nice grandfathers 5. unos tíos bajos, *some short uncles* 6. las tías ricas, *the rich aunts* 7. unos gatos fuertes, *some strong cats* 8. los baños feos,
the ugly bathrooms 9. unos garajes pequeños, *some small/little garages* 10. unos abuelos valientes, *some brave grandfathers* 11. los maestros buenos,
the good teachers 12. unas ensaladas bonitas, *some pretty salads* 13. las pizzas pequeñas, *the small pizzas* 14. los primos pobres, *the poor cousins*
15. las puertas feas, *the ugly doors* 16. unas ventanas grandes, *some big windows* 17. los libros largos, *the long books* 18. las vacas malas, *the bad cows*
19. las bufandas largas, *the long scarves* 20. unas faldas cortas, *some short skirts*

10·2 1. V 2. V 3. F 4. F 5. V 6. V 7. F 8. V 9. F 10. F

10·3 1. Nosotros comemos arriba en la cocina grande, o nosotros comemos en el comedor abajo. 2. Ellos estudian en el sótano feo, y nosotros bailamos
en el baño arriba. 3. Yo bebo la leche abajo y tú bebes el agua arriba. 4. Su madre rica no es amable. 5. Su primo guapo es alto y cómico.

10·4 1. V 2. V 3. F 4. V 5. V 6. F 7. F 8. V

C2·1 1. hablar 2. estudiar 3. comer 4. trabajar 5. beber 6. creer 7. bailar 8. comprender 9. aprender 10. cantar 11. correr 12. vender
13. tomar 14. pagar 15. mirar 16. comprar 17. leer 18. necesitar 19. esconder 20. romper

C2·2 1. B 2. A 3. B 4. A 5. A 6. A 7. B 8. B 9. A 10. A 11. B 12. A 13. A 14. B 15. B

C2·3 *No hay respuestas incorrectas.*

C2·4 1. Me gusta más la fiesta con buenos amigos. 2. Me gusta más el sábado. 3. Me gusta más mi dormitorio. 4. Me gusta más diez dólares.
5. Me gusta más una camiseta confortable. 6. Me gusta más la música de iTunes y Pandora. 7. Me gusta más el sándwich de crema de cacahuete.
8. Me gusta más el refresco. 9. Me gusta más un sándwich de pollo. 10. Me gusta más el helado con chocolate.

C2·5 1. Yo aprendo mucho en mi clase de español. 2. Nosotros escondemos el dinero debajo de la silla. 3. Ella canta en la sala de clase, pero nosotros
no escuchamos. 4. Él rompe las plumas con su regla. 5. Ellos creen que ellos necesitan el Internet. 6. Daisy lee los libros a su hermana. 7. Yo compro
un carro cada martes. 8. Nosotros no bailamos cuando nosotros estudiamos.

C2·6 1. F 2. V 3. F 4. F 5. V 6. V 7. V 8. V 9. F 10. V

C2·7 1. c 2. b 3. c 4. a 5. c 6. b 7. b 8. a 9. c 10. a

III

11·1 1. Yo abro. 2. Tú abres. 3. Él abre. 4. Nosotros abrimos. 5. Vosotros abrís. 6. Ellos abren. 7. Yo cubro. 8. Tú decides. 9. Ella descubre.
10. Él describe. 11. Nosotros recibimos. 12. Vosotros subís. 13. Ellos cubren. 14. Vosotros vivís. 15. Tú escribes. 16. Él sufre.

11·2 1. F 2. C 3. A 4. E 5. G 6. D 7. B

11·3 1. F 2. V 3. V 4. F 5. V 6. V 7. V

11·4 1. Yo recibo regalos para mi cumpleaños cada año. 2. A veces yo sufro cuando yo estudio demasiado. 3. Ellos creen que Ricky Gervais vive
al lado de los marcianos. 4. Él sufre porque él come demasiado en su cumpleaños. 5. Ella decide que nosotros comemos en el comedor cada año en
su cumpleaños. 6. Yo quiero pizza, leche y helado también. 7. Tú escribes diez cartas cada año.

12·1 1. Sí 2. No 3. Sí 4. No 5. Sí 6. No 7. No 8. Sí

12·2 1. ¿Estudias tú mucho? 2. ¿Comes tú pizza? 3. ¿Bebes tú el agua? 4. ¿Vives tú en una casa? 5. ¿Tienes tú un carro/coche? 6. ¿Estudia Juan en
su dormitorio? 7. ¿Come Juana el arroz? 8. ¿Vive Hansel con Gretel? 9. ¿Corren las chicas en la escuela?

12·3 1. H 2. A 3. L 4. D 5. E 6. C 7. K 8. B 9. I 10. F 11. G 12. J

12·4 1. ¿Cuándo estudias tú? Yo estudio antes de la fiesta. 2. ¿Cuándo comes tú? Yo como después de la clase. 3. ¿Cuándo lees tú? Yo leo durante la
tarde. 4. ¿Por qué vives con Fido? Yo vivo con Fido porque me gusta el perro. 5. ¿Por qué hablas tú español? Yo hablo español porque ellos no comprenden
inglés. 6. ¿Por qué recibes tú diez regalos? Yo recibo los regalos porque mañana es mi cumpleaños.

13·1 1. V 2. V 3. F 4. V 5. F 6. V 7. F 8. F

13·2 1. Yo soy mesero. / Yo soy mesera. 2. Tú eres militar. 3. Él es electricista. 4. Ella es abogada. 5. Nosotros somos cantantes. 6. Vosotros sois
dentistas. 7. Mateo y Jaime son peluqueros. 8. Ellas son camioneras.

13·3 1. Yo soy alto. Yo soy alta. 2. Yo soy bajo. Yo soy baja. 3. Yo soy amistoso. Yo soy amistosa. 4. Yo soy inteligente. Yo soy inteligente.
5. Yo soy valiente. Yo soy valiente. 6. Tú eres fuerte. Tú eres fuerte. 7. Tú eres guapo. Tú eres guapa. 8. Tú eres bonito. Tú eres bonita. 9. Tú eres
mi amigo bueno. Tú eres mi amiga buena. 10. Tú eres maravilloso. Tú eres maravillosa.

13·4 1. Yo soy más inteligente que un gato. 2. Tú eres más alto/alta que yo. 3. Madre Teresa es más amistosa que él. 4. Will Farrell es más cómico que
tú. 5. Nosotros somos más valientes que Rambo. 6. Ellos son más pequeños que un paquete de papas fritas.

13·5 1. Barney (the Dinosaur) 2. Wilbur (the pig, from *Charlotte's Web*)

14·1 1. mi libro, mis libros 2. tu casa, tus casas 3. su perro, sus perros 4. su primo, sus primos 5. nuestro amigo, nuestros amigos 6. nuestra maestra,
nuestras maestras 7. su zapato, sus zapatos 8. su ventana, sus ventanas 9. mi puerta, mis puertas 10. tu camisa, tus camisas

14·2 1. F (probablemente) 2. V 3. F 4. V 5. V 6. F 7. V 8. V

14·3 1. soy 2. eres 3. es 4. es 5. es 6. somos 7. sois 8. son 9. son 10. son

14·4 1. ¿Qué estudias? 2. ¿Qué bebes con el desayuno? 3. ¿Quién es tu maestro/maestra? 4. ¿Quién es su amiga? 5. ¿Cuándo es nuestra clase?
6. ¿Cuándo es su fiesta? 7. ¿Es tu ciudad grande o pequeña? 8. ¿Es tu falda larga o corta? 9. ¿Por qué es tu país tan pequeño? 10. ¿Por qué es tu cuidad
tan grande?

14·5 1. Italia (*Italy*) 2. Rusia (*Russia*) 3. Canadá (*Canada*)

15·1 1. (Yo) tengo la cortina. 2. (Tú) tienes el sillón. 3. Él tiene el sofá. 4. Ella tiene la mecedora. 5. (Nosotros) tenemos la mesa de centro.
6. (Vosotros) tenéis la chimenea. 7. Ellos tienen el estante. 8. (Yo) tengo una bañera. 9. (Tú) tienes un gabinete/armario. 10. Ella tiene una cómoda.
11. Él tiene una lámpara. 12. (Nosotros) tenemos un espejo. 13. (Vosotros) tenéis una carpeta. 14. Ellos tienen un lavabo. 15. Ellas tienen un fregadero.

15·2 1. el dormitorio 2. el baño 3. la sala 4. el dormitorio 5. el baño 6. la cocina 7. la sala 8. el baño 9. la sala 10. la cocina 11. la cocina
12. el garaje

15·3 1. V 2. V 3. F 4. F 5. F 6. V 7. V 8. F

15·4 1. ¿Tienes un sándwich? 2. ¿Tienes una pizza para tus amigos? 3. ¿Tienes helado para la fiesta? 4. ¿Tiene él una ducha en su baño?
5. ¿Tiene William un regalo para Kate? 6. ¿Tiene Mario una carta de su abogado? 7. ¿Tenemos un cantante para la fiesta? ¿Es el cantante Ed Sheeran?
No. 8. ¿Tienen ellos un mesero para su mesa? ¿Es bueno el restaurante? Sí, es bueno.

C3·1 1. K 2. U 3. E 4. B 5. Q 6. O 7. A 8. X 9. J 10. Y 11. W 12. I 13. Z 14. S 15. G 16. V 17. C 18. T 19. M 20. F 21. P 22. R 23. H
24. L 25. D 26. N

C3·2 1. Hay un perro grande encima de mi casa. 2. Hay dos sillas feas en su sala de clase. 3. Las cortinas en su sala son feas. 4. Yo soy alto/alta
y tú eres bajo/baja. 5. Superhombre es grande, alto, fuerte y valiente. 6. Justin Bieber tiene muchos tatuajes y antecedentes penales / un récord policial.
7. Hay un ratón en mi helado. 8. (Nosotros) tenemos algo para Mario en nuestra cocina roja. 9. Me gusta la ensalada verde. 10. No me gusta el queso
azul.

C3·3 1. gano, ganas, gana, ganamos, ganáis, ganan 2. lloro, lloras, llora, lloramos, lloráis, lloran 3. nado, nadas, nada, nadamos, nadáis, nadan 4. limpio, limpias, limpia, limpiamos, limpiáis, limpian 5. meto, metes, mete, metemos, metéis, meten 6. suspendo, suspendes, suspende, suspendemos, suspendéis, suspenden 7. admito, admites, admite, admitimos, admitís, admiten 8. discuto, discutes, discute, discutimos, discutís, discuten 9. existo, existes, existe, existimos, existís, existen 10. permito, permites, permite, permitimos, permitís, permiten 11. soy, eres, es, somos, sois, son 12. tengo, tienes, tiene, tenemos, tenéis, tienen

C3·4 *No hay respuestas incorrectas porque las frases son opiniones personales.*

C3·5 Cardi B

C3·6 1. D 2. F 3. H 4. I 5. G 6. A 7. E 8. B 9. J 10. C

C3·7 1. Cada día yo gano un libro grande, unos platos pequeños, tres camisas rojas, siete mesas negras y seis perros feos. 2. ¿Existes tú? ¿Existimos nosotros? Yo existo porque soy una persona. 3. Cada mañana nado de mi escuela a su escuela. ¡Soy súper fuerte! 4. ¿Por qué lloras cuando no ganas? Yo no lloro. El plomero / La plomera no llora. El enfermero / La enfermera y el militar y el programador / la programadora no lloran. 5. ¿Discutes con tu madre o tu padre? ¿Discutes con tu maestro/maestra cuando recibes una "F"? Yo lloro cuando recibo una "F." ¡Quiero una "A"!

IV

16·1 1. Yo estoy en el museo. 2. Tú estás en el gimnasio. 3. Él está en el templo. 4. Rapunzel está en la torre. 5. Nosotros estamos en la biblioteca. 6. Vosotros estáis en el estadio. 7. John Waters está en el cine en Baltimore. 8. Yo estoy en la estación de tren.

16·2 1. Estoy en el cine. 2. Estoy/Estamos en el estadio. 3. Estoy/Estamos en el gimnasio. 4. Estoy en el granero. 5. Estoy en la iglesia. 6. Estoy en una tienda. / Estoy en la zona comercial. 7. Estoy en el templo / la sinagoga. 8. Estoy en el hotel.

16·3 1. c 2. b 3. c 4. a 5. c 6. a

16·4 1. F 2. V 3. F 4. V 5. F 6. F 7. F

16·5 1. Unas personas están en casa, pero más personas están en la zona comercial. 2. La universidad está al lado de la tienda. 3. Alguien está en la torre y nosotros estamos en el sótano. 4. ¿Está alguien en el templo con el rabí / la rabí? 5. Yo estoy en la tienda grande porque quiero zapatos negros y un cinturón café.

17·1 1. Estoy feliz. / Estoy alegre. 2. Estás celoso. / Estás celosa. 3. Él está frustrado. 4. Ella está orgullosa. 5. Estamos de buen humor. 6. Estáis de mal humor. 7. Ellos están enojados. / Ellas están enojadas. 8. Estoy ansioso. / Estoy ansiosa. 9. Estás aburrido. / Estás aburrida. 10. Él está desilusionado. 11. Ella está furiosa. 12. Estamos emocionados. / Estamos emocionadas. 13. Estáis nerviosos. / Estáis nerviosas. 14. Ellos están asustados. 15. Ellas están sorprendidas. 16. Estoy triste.

17·2 1. F 2. V 3. F 4. V 5. V 6. F 7. V 8. F

17·3 1. Yo estoy aquí y tú estás allí. 2. Nosotros estamos aquí y ellos están allí. 3. ¿Dónde estás tú? 4. Alguien está aquí. Nadie está allí. 5. Alguien trabaja aquí. Nadie trabaja allí. 6. Alguien vende la ropa. Nadie vende la ropa. 7. Alguien vive aquí. Nadie vive allí. 8. ¿Está alguien aquí? ¿Está alguien allí?

17·4 1. D 2. J 3. G 4. A 5. F 6. I 7. C 8. B 9. E 10. H

18·1 1. Estoy alerto/alerta. 2. Estás cansado/cansada. 3. Él está enfermo. 4. Ella está mareada. 5. Estamos llenos/llenas. 6. Estáis doloridos/doloridas. 7. Ellos están sanos. / Ellas están sanas. 8. ¿Estás cansado/cansada? 9. Estoy mal. / No estoy bien. 10. Estás vertiginoso/vertiginosa. 11. Él está miserable. 12. Ella está bien. 13. Estamos relajados/relajadas. 14. Estoy así así. 15. ¿Cómo estás?

18·2 1. llego, llegas, llega, llegamos, llegáis, llegan 2. leo, lees, lee, leemos, leéis, leen 3. admito, admites, admite, admitimos, admitís, admiten 4. soy, eres, es, somos, sois, son 5. tengo, tienes, tiene, tenemos, tenéis, tienen 6. estoy, estás, está, estamos, estáis, están

18·3 1. plomero/plomera 2. abogado/abogada 3. militar

18·4 1. difícil 2. imposible 3. fácil 4. imposible 5. difícil 6. fácil 7. imposible 8. fácil 9. imposible 10. fácil

19·1 1. Quiero una corbata. 2. Quieres las botas. 3. Él quiere unos guantes. 4. Ella quiere las sandalias. 5. RuPaul quiere un vestido nuevo. 6. Queréis unas manoplas. 7. Ellos quieren las chaquetas. 8. Quiero una bata roja. 9. Quieres un impermeable amarillo. 10. ¿Quieres una bufanda? 11. Él quiere sus zapatillas. 12. Ella quiere su suéter de tortuga. 13. Queremos el traje de baño. 14. Queréis los pantalones cortos. 15. Ellos quieren un traje negro.

19·2 1. V 2. F 3. F 4. V 5. V 6. V 7. F 8. V

19·3 Cinderella

19·4 1. Quiero hablar. 2. Quiero comer. 3. Quiero abrir la ventana. 4. Quieres trabajar. 5. Quieres beber agua. 6. Quieres vivir en Asia. 7. Él quiere estudiar. 8. Ella quiere tocar el piano. 9. Queremos leer los libros. 10. Ellos quieren escribir un libro. 11. No quiero lavar los platos. 12. No quiero limpiar la casa.

19·5 1. E 2. A 3. H 4. C 5. G 6. B 7. D 8. F

19·6 1. No 2. No 3. Sí 4. Sí 5. Sí 6. No 7. Sí 8. No

19·7 1. Quiero comprar una bata nueva porque mi bata vieja es demasiado fea. 2. Sus manoplas son rojas y sus botas son negras. ¡Él es Santa Claus! 3. Nuestras zapatillas están en el dormitorio y sus zapatillas están en el baño. 4. No quiero llevar la sudadera azul porque es demasiado casual. 5. Mi traje de baño es demasiado feo. Quiero comprar un traje de baño nuevo. 6. Su chaleco es demasiado pequeño y su chaqueta es demasiado largo.

19·8 1. La prisión de Alcatraz se cierra en 1963. 2. Hay trescientas treinta y seis celdas. 3. Robert Stroud tiene pájaros. 4. Ahora Alcatraz es un museo. 5. El escape es difícil (muchas personas creen que es imposible). 6. Sí, hay una tienda en Alcatraz ahora.

20·1 1. Tengo dieciséis años. 2. Tienes veinte años. 3. Él tiene diez años. 4. Ella tiene cincuenta y un años. 5. Tenemos treinta y cinco años. 6. Tenéis cincuenta años. 7. Ellos tienen setenta y cinco años. 8. Ellas tienen veintitrés años. 9. ¿Cuántos años tienes? 10. ¿Cuántos años tiene él?

20·2 1. Tengo hambre. / Tengo mucha hambre. 2. Tengo sueño. / Tengo mucho sueño. 3. Tengo razón. 4. No tengo razón. 5. Tengo sed. / Tengo mucha sed. 6. Tengo suerte. / Tengo mucha suerte. 7. Tengo calor. / Tengo mucho calor. 8. Tengo frío. / Tengo mucho frío. 9. Tengo prisa. / Tengo mucha prisa. 10. Tengo miedo. / Tengo mucho miedo. 11. Tengo orgullo. / Tengo mucho orgullo. 12. Tengo miedo. / Tengo mucho miedo.

20·3 1. Tengo que hablar. 2. Tengo que comprar leche. 3. Tengo que limpiar mi dormitorio. 4. Tienes que comer el sándwich de pollo. 5. Tienes que vender tus libros. 6. Tienes que aprender mucho. 7. Él tiene que correr en el gimnasio. 8. Ella tiene que abrir las puertas. 9. Tenemos que leer el blog. 10. Ellos tienen que sufrir en silencio.

20·4 1. D 2. F 3. G 4. H 5. A 6. B 7. I 8. J 9. C 10. E

20·5 1. Tengo que limpiar mi dormitorio cada día porque tengo quince años. 2. Ella tiene miedo de los perros porque ellos son grandes y ella tiene siete años. 3. Tengo que llevar un suéter grande en la sala de clase porque tengo mucho frío. 4. Tenemos prisa porque tenemos que leer el libro para mañana. 5. No tienes que comer cuando no tienes hambre.

C4·1 1. Estoy en la casa. 2. Soy (un) estudiante. 3. Estás feliz. 4. Eres español. 5. Él está enojado. 6. Él es mi tío. 7. Ella está aburrida. 8. Ella es una chica. 9. Estamos de mal humor. 10. Somos de China. 11. Estáis de buen humor. 12. Sois de España. 13. Ellos están tristes. 14. Ellos son americanos. 15. Estoy feliz.

C4·2 1. limpio, limpias, limpia, limpiamos, limpiáis, limpian 2. lavo, lavas, lava, lavamos, laváis, lavan 3. poseo, posees, posee, poseemos, poseéis, poseen 4. discuto, discutes, discute, discutimos, discutís, discuten 5. estoy, estás, está, estamos, estáis, están 6. soy, eres, es, somos, sois, son 7. tengo, tienes, tiene, tenemos, tenéis, tienen 8. quiero, quieres, quiere, queremos, queréis, quieren 9. nado, nadas, nada, nadamos, nadáis, nadan

C4·3 1. D 2. F 3. I 4. C 5. G 6. H 7. A 8. J 9. B 10. E

C4·4 1. negro 2. blanca 3. verde 4. azul 5. rojo 6. amarillo 7. anaranjada 8. morada 9. negro 10. café

C4·5 1. Tengo que comer porque tengo hambre. 2. Tengo que beber el agua porque tengo sed. 3. Tengo que correr porque tengo miedo de los perros. 4. Tienes que correr porque tienes prisa. 5. Ella tiene que llevar un abrigo porque tiene frío. 6. Tenemos que nadar en el océano porque tenemos calor. 7. Él tiene que estudiar más porque no tiene razón.

C4·6 1. Hay doce huevos en una docena. 2. Hay dos personas en el signo astrológico de Géminis. 3. Hay nueve personas en un equipo de béisbol. 4. Hay cinco personas en un equipo de básquetbol. 5. Hay dos zapatos en un par. 6. Hay cuatro cuartos en un galón. 7. Hay seis calcetines en tres pares.

C4·7 1. Mickey Mouse 2. Minnie Mouse 3. Donald Duck 4. Daisy Duck 5. Pluto

C4·8 1. es 2. está 3. estoy 4. son 5. estáis 6. estás 7. eres 8. soy 9. es 10. está

C4·9 1. negro 2. el arroz 3. el baño 4. blanca 5. la vaca 6. los calcetines 7. el granero 8. el cine 9. la gasolinera 10. aburrido/aburrida

C4·10 1. V 2. F 3. V 4. V 5. V 6. V 7. F 8. V 9. F 10. V 11. F 12. F

V

21·1 1. Hago mucho cada día. 2. Hago mi cama cada día. 3. Haces tu cama cada día. 4. Él no hace su cama cada día. 5. Hacemos algo cada tarde. 6. Hacéis mucho en la cocina. 7. Ellos no hacen su tarea cada noche. 8. Hago mi tarea cada noche. 9. ¿Qué haces tú? 10. ¿Qué hacen ellas?

21·2 1. V 2. F 3. V 4. V 5. V 6. F 7. V 8. F 9. V

21·3 1. la primavera 2. el verano 3. el otoño 4. el invierno 5. el verano 6. el invierno 7. el otoño 8. la primavera OR el verano

21·4 1. b 2. c 3. a 4. c 5. a 6. b 7. a 8. b

22·1 1. Es la una. 2. Son las siete. 3. Son las diez. 4. Son las cinco de la mañana. 5. Son las diez de la mañana. 6. Son las dos de la tarde. 7. Es la una de la tarde. 8. Son las nueve de la noche. 9. Son las once de la noche. 10. Son las cuatro y tengo que estudiar español.

22·2 1. A las seis de la mañana hago mi cama. 2. A las siete de la mañana como el desayuno. 3. A las ocho de la mañana camino a la escuela. 4. A las once de la mañana estoy en la cafetería y como el almuerzo. 5. A la una de la tarde corro en el gimnasio. 6. A las dos de la tarde leo un libro. 7. A las tres de la tarde estoy en el autobús. 8. A las cinco de la tarde miro la televisión. 9. A las seis de la noche como la cena. 10. A las nueve de la noche hago la tarea.

22·3 1. V 2. F 3. F 4. V 5. V 6. V

22·4 1. Ella siempre recibe una "A" porque ella estudia todo el tiempo. 2. Ahorita / Ahora mismo sufro mucho porque estoy en mi clase de español. 3. Cada día leemos de nuestros libros. 4. A veces no quiero hacer mi cama porque estoy cansado/cansada. 5. Cada vez que él habla, él no tiene razón (pero él cree que tiene razón). 6. Sarita nunca tiene razón porque siempre no tiene razón.

22·5 1. c 2. c 3. a 4. b 5. b 6. a

22·6 1. Son las siete y cinco. 2. Son las once y diez. 3. Son las tres y cuarto. 4. Es la una y veinte. 5. Son las diez y veinticinco. 6. Es la una y media. 7. Son las dos menos veinticinco. 8. Son las cuatro menos veinte. 9. Son las ocho menos cuarto. 10. Son las cinco menos diez. 11. Son las seis menos cinco. 12. Son las nueve y cinco.

22·7 *Estas son preguntas personales. No hay respuestas correctas ni incorrectas.*

23·1 1. Juego al ajedrez. 2. Juegas a las damas. 3. Él juega al ping-pong. 4. Ella juega al fútbol. 5. Jugamos al rugby. 6. Jugáis al voleibol. 7. Ellos juegan al polo en caballo. 8. No juego a los naipes con el/la principal de mi escuela. 9. No juegas al tenis. 10. No jugamos al billar en nuestra iglesia. 11. ¿Juegas al baloncesto/básquetbol? 12. ¿Juegas a un juego con tus amigos?

23·2 1. V 2. F 3. V 4. F 5. V 6. V 7. V 8. F

23·3 1. Ellos juegan al béisbol. 2. Ellos juegan al hockey. 3. Ellos juegan al fútbol. 4. Ellos juegan al baloncesto/básquetbol. 5. Ellos juegan al billar. 6. Ellos juegan al tenis. 7. Ellos juegan a los bolos. 8. Ellos juegan al fútbol americano. 9. Ellos juegan al ajedrez. 10. Ellos juegan al polo.

23·4 1. Cada tarde jugamos al fútbol a las cuatro y media. 2. ¿Por qué juegas a los naipes a las tres de la mañana? 3. Ellos no tienen que jugar al polo acuático. Si ellos quieren nadar, está bien. 4. ¿Quién quiere jugar a las damas con Opie? Él no quiere jugar al ajedrez. 5. Cuando juego a un juego con Antonio nunca gano el juego. 6. Muchas personas en China juegan al ping-pong. 7. Jugamos al voleibol en el gimnasio y jugáis al rugby en el estadio.

24·1 1. Voy a la escuela. 2. Vas a la iglesia. 3. Él va a la biblioteca. 4. Él va al teatro. 5. Ella va al mueso. 6. Vamos al estadio nuevo. 7. Vais al parque. 8. Ellos van al aeropuerto. 9. No voy a la zona comercial. 10. ¿Por qué vas a la estación de tren cada día?

24·2 1. b 2. a 3. c 4. a 5. c 6. b

24·3 1. Marcos va a la universidad. 2. El señor Díaz va al aeropuerto. 3. Marta y Carlota van al restaurante. 4. Jorge va a la biblioteca. 5. Mateo y Jake van al cine.

24·4 1. Voy por autobús. 2. Vas por motocicleta. 3. Él va por bicicleta. 4. Vamos por avión. 5. Vais por limusina. 6. Ellos van de pie. 7. No voy por nave. 8. No vas por tranvía. 9. ¿Vas por taxi? 10. ¿Van ellos/ellas por barco?

25·1 Tocar is not irregular. It means *to touch* as well as *to play* (a musical instrument).

25·2 1. Oigo. 2. Pruebo. 3. Veo. 4. Toco. 5. Huelo. 6. Pruebas. 7. Ella ve. 8. Probamos. 9. Tocáis. 10. Ellos oyen. 11. Ellos prueban. 12. Ella oye. 13. Oyes. 14. Ellas ven. 15. Veis. 16. Tocamos. 17. Ellos huelen. 18. Oímos. 19. Él ve. 20. Ves.

25·3 1. V 2. F 3. F 4. V 5. F 6. V 7. V 8. F 9. V 10. V

25·4 1. V 2. F 3. V 4. V 5. F 6. F 7. V 8. V 9. F 10. V

25·5 1. ¡Huelo una rata! ¿Eres la rata? 2. ¿Oyes algo? ¡Yo oigo leones, y tigres y osos! 3. No quiero probar la pizza porque huele terrible. 4. Aesop escribe muchas fábulas, pero no son verdaderas. 5. Hay solamente diez párrafos y cinco páginas en la novela. 6. Mi maestra está enojada cuando envío mensajes de texto a mis amigos durante la clase.

C5·1 1. V 2. F 3. F 4. V 5. F 6. V 7. V 8. F 9. V 10. V

C5·2 1. *clean*—limpio, limpias, limpia, limpiamos, limpiáis, limpian 2. *sell*—vendo, vendes, vende, vendemos, vendéis, venden 3. *suffer*—sufro, sufres, sufre, sufrimos, sufrís, sufren 4. *see*—veo, ves, ve, vemos, veis, ven 5. *taste*—pruebo, pruebas, prueba, probamos, probáis, prueban 6. *smell*—huelo, hueles, huele, olemos, oléis, huelen 7. *touch*—toco, tocas, toca, tocamos, tocáis, tocan 8. *hear*—oigo, oyes, oye, oímos, oís, oyen 9. *have*—tengo, tienes, tiene, tenemos, tenéis, tienen 10. *want*—quiero, quieres, quiere, queremos, queréis, quieren 11. *be*—soy, eres, es, somos, sois, son 12. *be*—estoy, estás, está, estamos, estáis, están

C5·3 1. el invierno 2. el monzón 3. el hielo 4. el chaparrón 5. el verano 6. el arco iris 7. el huracán 8. la nube OR las nubes 9. el clima 10. la ventisca

C5·4 1. Son las dos menos cuarto (de la tarde). 2. Son las ocho y media. 3. Es la medianoche. 4. Es el mediodía. 5. Es la una (de la tarde).

C5·5 1. Juego a las damas cada sábado en el parque con mis amigos. 2. Él juega al béisbol en el parque cada tarde con sus amigos. 3. ¿Dónde juegas al básquetbol/baloncesto? 4. ¿Por qué juegas al ajedrez? 5. ¿Cuándo juegan ellos al voleibol en el gimnasio? 6. ¿Quieres jugar a los bolos con nosotros? 7. No queremos jugar al polo acuático en la tina de baño. 8. No quiero jugar a los naipes hoy.

C5·6 1. la poesía, el poema 2. el atlas 3. el diario 4. el periódico 5. el mito 6. la fábula 7. el cuento de hadas 8. el drama 9. el tesoro léxico 10. la novela, la ficción 11. la revista 12. el libro cómico

C5·7 1. Voy por carro/coche a la fiesta. 2. Vas por taxi al museo. 3. Vamos de pie a la tienda. 4. Ellos van al garaje. 5. Ella va a la cocina. 6. Vais al desván. 7. ¿Por qué vas al sótano cada noche? 8. ¿Cuándo va él al restaurante nuevo?

C5·8 1. V 2. V 3. F 4. F 5. V 6. F 7. V 8. F 9. F 10. V

C5·9 1. en Reno, Nevada 2. Clark Gable 3. Marilyn Monroe 4. Guido Racanelli 5. en un bar en Reno, Nevada 6. Perce Howland 7. Arthur Miller 8. John Huston 9. No 10. en el desierto fuera de Reno, Nevada

VI

26·1 1. Puedo hablar español. 2. Puedo bailar. 3. Puedes cantar. 4. Jorge puede comer cinco pizzas. 5. Lily puede leer. 6. Podemos vender el carro/coche. 7. Podéis abrir las ventanas. 8. Ellos no pueden vivir en el sótano. 9. No puedo oír la televisión. 10. ¿Puedes ver mi motocicleta?

26·2 1. V 2. F 3. F 4. V 5. V 6. F 7. F 8. F 9. V

26·3 1. William Shakespeare puede escribir (los dramas) muy bien. 2. Serena Williams puede jugar al tenis muy bien. 3. El ganador del maratón puede correr muy bien. 4. Cristiano Ronaldo puede jugar al fútbol muy bien. 5. Chance the Rapper puede cantar muy bien. 6. Un pianista profesional puede tocar el piano muy bien. 7. LeBron James y Kareem Abdul-Jabbar pueden jugar al básquetbol/baloncesto muy bien.

26·4 1. mi casa roja, mis casas rojas 2. tu carro/coche blanco, tus carros/coches blancos 3. su camisa roja, sus camisas rojas 4. nuestro zapato negro, nuestros zapatos negros 5. nuestra camisa negra, nuestras camisas negras 6. vuestra falda roja, vuestras faldas rojas

26·5 1. Sí, puedo tocar el piano. / No, no puedo tocar el piano. 2. Sí, puedo ver un león ahora. / No, no puedo ver un león ahora. 3. Sí, puedo oír música ahora. / No, no puedo oír música ahora. 4. Sí, puedo oler pizza ahora. / No, no puedo oler pizza ahora. 5. Sí, puedo probar chocolate ahora. / No, no puedo probar chocolate ahora. 6. Sí, puedo hablar italiano. / No, no puedo hablar italiano.

27·1 1. F 2. V 3. V 4. V 5. F 6. V 7. V 8. V 9. F 10. V

27·2 1. Debo comer. 2. Necesito beber el agua. 3. Debes estudiar más. 4. Ella espera leer el libro mañana. 5. Kanye West no debe hablar en público. 6. Tratamos de bailar cada día. 7. Aprendemos a tocar el piano. 8. Esperáis comprar una camisa nueva. 9. Ellos no necesitan leer le revista. 10. Ellos tratan de esconder el dinero en el sótano.

27·3 1. c 2. b 3. a 4. b 5. c 6. b 7. a 8. c 9. b 10. c

27·4 ¡Estoy muy ocupado/a, y estoy muy ansioso/a! Tengo que hacer mucho cada día. Cada mañana tengo que hacer mi cama y tengo que preparar y comer un buen desayuno. Entonces tengo que ir a la escuela. Cuando estoy en la escuela, necesito leer y debo estudiar mucho. En el gimnasio puedo correr y puedo jugar a los juegos, y un una vez cada semana aprendo a jugar a un juego nuevo con mis compañeros. No quiero jugar al vóleibol cada día porque me gusta jugar más al baloncesto (básquetbol). Cada día trato a hacer algo nuevo y diferente. En la tarde tengo que estudiar y en la noche necesito hacer mis tareas. Pero a veces quiero leer un buen libro.

28·1 1. ¿Por qué debo estudiar? 2. ¿Cuándo podemos comer? 3. ¿Quién quiere leer? 4. ¿Qué necesito hacer? 5. ¿Dónde quieres vivir? 6. ¿Quién debe trabajar hoy? 7. ¿Qué esperas recibir?

28·2 1. F 2. V 3. F 4. V 5. V 6. F 7. F 8. V 9. V 10. V

28·3 1. G 2. F 3. A 4. C 5. D 6. B 7. H 8. E

28·4 Hoy es mi cumpleaños y mañana es tu cumpleaños. Para mi día especial, quiero ir a mi restaurante favorito en la noche. Podemos comer pizza y podemos celebrar con el helado y los regalos. Quiero celebrar mi cumpleaños con mis amigos. En la tarde, podemos jugar al fútbol en el parque. ¿Quieres celebrar con nosotros? ¿Qué quieres hacer mañana para tu cumpleaños? ¿Quieres ir al cine o quieres jugar al béisbol con tus amigos? ¿Quieres tener una fiesta? ¿Debemos ir a un restaurante o tienes que pasar la noche en casa con tu familia?

28·5 1. Son las siete de la mañana. 2. Es la una de la tarde. 3. Son las tres y media de la tarde. 4. Son las ocho y cuarto de la noche. 5. Son las dos y veinte de la mañana. 6. Son las once menos cuarto de la noche. 7. Son las diez menos cinco de la mañana. 8. Es la una menos veinticinco de la tarde.

29·1 1. Juan es más alto que Hilda.   2. Hilda es más baja que Juan.   3. Newt es más gordo que Guillermo.   4. El libro es más largo que la revista.   5. Oprah es más rica que yo.   6. Barbara tiene menos mesas que yo.   7. Puedo comer más pizza que tú.

29·2 1. V   2. V   3. F   4. V   5. V   6. F   7. V

29·3 1. Un libro es mejor que una revista.   2. Un drama es mejor que una película.   3. Su perro es peor que mi gato.   4. Su motocicleta es peor que mi bicicleta.   5. Michael Douglas es mayor que Catherine Zeta Jones (por veinticinco años).   6. El Partenón es mayor que la Torre Eiffel.   7. Su elefante es menor que mi pavo.

29·4 1. Un perro es mejor que un gato. / Un gato es mejor que un perro.   2. Un libro es mejor que una película. / Una película es mejor que un libro.   3. El fútbol es peor que el fútbol americano. / El fútbol americano es peor que el fútbol.   4. El ajedrez es peor que la tarea. / La tarea es peor que el ajedrez.   5. Una zanahoria es mejor que el apio. / El apio es mejor que una zanahoria.   6. El jamón es peor que la langosta. / La langosta es peor que el jamón.   7. El brócoli es peor que la coliflor. / La coliflor es peor que el brócoli.

29·5 1. Elvis Presley nace en Túpelo, Mississippi, en 1935.   2. Sus padres se llaman Vernon y Gladys Presley.   3. Elvis tiene tres años cuando su padre va a la prisión.   4. Elvis muere el dieciséis de agosto, 1977. Él tiene cuarenta y dos años.   5. Se llama Graceland.   6. Se llaman Priscilla (su esposa) y Lisa Marie (su hija).   7. El gemelo idéntico se llama Jesse Garon Presley. Jesse es mayor (por treinta y cinco minutos).   8. Elvis Presley tiene un talento natural. Su familia no tiene el dinero para las lecciones.   9. Elvis toca la guitarra.   10. Se llama Sam Phillips.   11. Elvis muere de un ataque de corazón.   12. Más o menos dos mil personas visitan Graceland cada día.

30·1 1. después de comer   2. antes de hablar   3. para vivir   4. en vez de escribir   5. antes de leer   6. después de escuchar   7. para oír   8. en vez de trabajar   9. para ver   10. antes de recibir

30·2 1. V   2. V   3. F   4. V   5. F   6. V   7. F   8. V   9. F   10. F   11. V   12. F

30·3 1. el aire acondicionado OR el ventilador   2. el pasillo   3. el cordón (de la luz)   4. el interruptor   5. el puño (de puerta), el tirador (de puerta)   6. la repisa (de chimenea) OR el estante   7. el desagüe   8. la papelera OR la cesta

30·4 1. Antes de hablar con mi electricista, necesito mirar la lámpara, el cordón y el interruptor.   2. Después de mirar todos mis trofeos para los bolos en la repisa, Pedro está muy celoso.   3. En vez de pintar el techo, Michelangelo debe pintar la cocina.   4. Para recibir una "A," debes estudiar cada día.   5. ¿Qué podemos hacer en vez de jugar al fútbol?   6. Después de ver la comida en el basurero, ¿quién puede comer?   7. No debes comer antes de nadar.   8. Tienes que comer para vivir (pero no debes vivir para comer).

C6·1 1. Puedo cantar.   2. Aprendo a bailar.   3. Debes ir a la fiesta.   4. Él necesita trabajar más.   5. Queremos jugar a las damas.   6. No queremos estudiar ahora.   7. Ella espera ganar el juego.   8. Siempre tratamos de ganar.   9. No siempre tienes que ganar.   10. Ellos/Ellas tienen que limpiar su garaje.

C6·2 1. c   2. b   3. a   4. b   5. c   6. c   7. a   8. b

C6·3 1. espero, esperas, espera, esperamos, esperáis, esperan   2. debo, debes, debe, debemos, debéis, deben   3. sufro, sufres, sufre, sufrimos, sufrís, sufren   4. tengo, tienes, tiene, tenemos, tenéis, tienen   5. quiero, quieres, quiere, queremos, queréis, quieren   6. puedo, puedes, puede, podemos, podéis, pueden   7. oigo, oyes, oye, oímos, oís, oyen   8. toco, tocas, toca, tocamos, tocáis, tocan   9. huelo, hueles, huele, olemos, oléis, huelen   10. veo, ves, ve, vemos, veis, ven   11. pruebo, pruebas, prueba, probamos, probáis, prueban   12. hago, haces, hace, hacemos, hacéis, hacen   13. juego, juegas, juega, jugamos, jugáis, juegan   14. soy, eres, es, somos, sois, son   15. estoy, estás, está, estamos, estáis, están   16. voy, vas, va, vamos, vais, van

C6·4 1. Marcos es mayor que Jorge (por tres años).   2. Harrison Ford es menor que Henry Ford.   3. El centro de un huevo es amarillo.   4. Hay doce huevos en una docena.   5. Un teléfono celular es mejor que el telégrafo.   6. Un nave es más rápido que un avión.   7. Un accidente de coche es peor que una fiesta con amigos.   8. El Internet es más popular que la *Enciclopedia Británica*.   9. Tokio está en Japón.   10. El explorador se llama Cristóbal Colón.

C6·5 1. V   2. F   3. V   4. F   5. V   6. V   7. F   8. V

C6·6 1. Me gusta una hamburguesa más que un sándwich de queso. / Me gusta un sándwich de queso más que una hamburguesa.   2. Me gusta un restaurante elegante más que una cafetería casual. / Me gusta una cafetería casual más que un restaurante elegante.   3. Me gusta un mono más que un conejo. / Me gusta un conejo más que un mono.   4. Me gusta una pluma más que un lápiz. / Me gusta un lápiz más que una pluma.   5. Me gusta la sala de clase más que la oficina del principal. / Me gusta la oficina del principal más que la sala de clase.   6. Me gusta bailar más que nadar. / Me gusta nadar más que bailar.   7. Me gusta el brócoli más que la coliflor. / Me gusta la coliflor más que el brócoli.   8. Me gusta la limonada más que la gaseosa. / Me gusta la gaseosa más que la limonada.   9. Me gusta el morado más que el anaranjado. / Me gusta el anaranjado más que el morado.   10. Me gusta ser inteligente más que ser fuerte. / Me gusta ser fuerte más que ser inteligente.

C6·7 1. Sócrates nace en Atenas, Grecia, en 470 a. C.   2. Su estudiante más famoso se llama Plato.   3. Sócrates es de una familia muy pobre.   4. Su padre es tallista de piedra y su madre es partera.   5. Sócrates tiene cuarenta años cuando comienza a hacer las preguntas filosóficas.   6. Sócrates hace las preguntas filosóficas: ¿Qué es la justicia? ¿Qué es la verdad? ¿Qué es la sabiduría? ¿Qué es la belleza?, etc.   7. Falso: Sócrates tiene una devoción absoluta a la verdad.   8. El estudiante más famoso de Plato es Aristóteles.   9. No, Sócrates no es aficionado de la democracia.   10. Las personas más inteligentes deben tomar las decisiones para la sociedad (en la opinión de Sócrates).   11. Sócrates tiene que beber un vaso de la cicuta cuando está en la prisión.   12. Plato escribe las ideas de Sócrates.

C6·8 1. Nuestra lámpara nueva no funciona. Tenemos que comprar una bombilla nueva.   2. ¿Dónde está el interruptor en tu sala? No puedo ver el suelo.   3. ¿Por qué hay un aire acondicionado en tu casa cuando vives en Alaska?   4. ¿Quién tiene las llaves? No podemos abrir la puerta.   5. Necesitas tirar las piedras en el basurero.   6. Ellos deben comer en el pasillo si quieren gritar durante el desayuno.   7. El desagüe no funciona en nuestra casa. No podemos usar el lavabo.   8. Necesitáis comprar más leña para vuestra chimenea. Hace frío y me gusta mirar las llamas.

VII

31·1 1. este pasillo   2. esta llave   3. estos felpudos   4. estas lámparas   5. ese buzón   6. esa bombilla   7. esos basureros   8. esas papeleras   9. este cordón   10. esa leña   11. estas repisas (de chimenea)   12. esas escaleras

31·2 1. V   2. V   3. F   4. V   5. F   6. F   7. V   8. V

31·3 1. Quiero recordar tu nombre.   2. Ese chico quiere encontrar mis llaves.   3. Esas chicas necesitan almorzar.   4. Esta persona aprende a rogar.   5. Esa persona tiene que probar el pan.   6. Estos maestros deben mostrar más pinturas a la clase.   7. ¿Tienes que comer cada minuto de cada día?

31·4 1. D   2. G   3. B   4. F   5. H   6. C   7. A   8. E

31·5 1. A   2. A   3. B   4. A   5. B   6. B   7. B   8. A   9. B   10. A

32·1 1. vuelo 2. vuelas 3. vuela 4. volamos 5. voláis 6. vuelan 7. almuerzo 8. muestras 9. recuerda 10. soñamos 11. aprueban 12. contáis 13. muestro 14. tuesto 15. ruegas 16. demuestra 17. almuerzan 18. encuentro 19. encuentra 20. ruegan

32·2 1. V 2. F 3. V 4. V 5. F

32·3 1. Cuesta. 2. Recuerda. 3. Suena. 4. Tuesta. 5. Almuerza con los otros insectos.

32·4 1. Dr. Seuss 2. Shrek

32·5 1. Benjamín Franklin 2. la Inglaterra 3. un horno 4. Sí, el Departamento de Bomberos es muy importante. 5. Se llama *La Gaceta de Pennsylvania.*

33·1 1. Vuelvo a la casa. 2. Devuelvo el libro a la biblioteca. 3. El perro muerde el filete. 4. Sherlock Holmes resuelve el misterio. 5. Envolvemos muchos regalos en diciembre. 6. Ellos mueven la mesa. 7. Movemos los muebles. 8. Podéis cantar bien. 9. Duermo mucho. 10. ¿Duermes durante el día? 11. La mosca muere en la pizza. 12. Muchas plantas mueren cada invierno.

33·2 1. V 2. F 3. V 4. V 5. F 6. V 7. F 8. F 9. V 10. F

33·3 1. Un gato duerme más que un perro, por noventa minutos / una hora y media. 2. El elefante africano duerme menos. 3. Un tigre tiene más sueño que un león. 4. Un burro es más similar a un caballo que un cerdo. 5. Sí, un delfín puede nadar. 6. No, un pez no puede caminar. 7. Sí, el murciélago puede volar. 8. Sí, un gato (con talones) puede subir a un árbol.

33·4 1. cuento, cuentas, cuenta, contamos, contáis, cuentan 2. muerdo, muerdes, muerde, mordemos, mordéis, muerden 3. almuerzo, almuerzas, almuerza, almorzamos, almorzáis, almuerzan 4. muero, mueres, muere, morimos, morís, mueren 5. vuelo, vuelas, vuela, volamos, voláis, vuelan 6. vuelvo, vuelves, vuelve, volvemos, volvéis, vuelven 7. cuelgo, cuelgas, cuelga, colgamos, colgáis, cuelgan 8. duermo, duermes, duerme, dormimos, dormís, duermen

34·1 1. pienso 2. piensas 3. piensa 4. pensamos 5. pensáis 6. piensan 7. pierdo 8. pierde 9. perdéis 10. miento 11. comienzo 12. comienzas 13. miente 14. hiervo 15. entiendo 16. friegan 17. prefiero 18. prefieres 19. prefiere 20. preferimos

34·2 1. a 2. b 3. c 4. c 5. b 6. a 7. c 8. a

34·3 1. Enciendo las velas. 2. Suenas la campana. 3. Ella piensa mucho porque tiene una cabeza grande. 4. Cuando almuerzo necesito un cuchillo, un tenedor y una cuchara. 5. ¿Por qué enciendes las velas antes de almorzar? 6. Cuando hago un fuego, enciendo la leña en la chimenea. 7. Ella cierra la puerta y las ventanas antes de almorzar. 8. Mi case de español comienza/empieza a las dos de la tarde.

34·4 1. Prefiero una campana. 2. Prefiero una ensalada. 3. Prefiero un café. 4. Prefiero unas velas. 5. Prefiero fregar los platos. 6. Prefiero llorar. 7. Prefiero un diccionario. 8. Prefiero cerrar la puerta.

35·1 1. No cierro nada. 2. No confiesas nada. 3. Él no entiende nada. 4. Ella no pierde nada. 5. No preferimos nada. 6. No cerráis nada. 7. Ellos/Ellas no friegan nada. 8. No pienso en nada. 9. No piensas en nada. 10. ¿Por qué no piensa él en nada?

35·2 1. No almuerzo nunca. / Nunca almuerzo. 2. No almuerzas nunca. / Nunca almuerzas. 3. Él no va nunca a la escuela. / Él nunca va a la escuela. 4. Ella no va nunca al teatro. / Ella nunca va al teatro. 5. No comemos nunca. / Nunca comemos. 6. No pagáis nunca. / Nunca pagáis. 7. Ellos/Ellas no cuentan nunca su dinero. / Ellos/Ellas nunca cuentan su dinero. 8. No duermo nunca. / Nunca duermo. 9. En un video, los cantantes no cantan nunca. / En un video, los cantantes nunca cantan. 10. Ese perro no ladra nunca. / Ese perro nunca ladra.

35·3 1. F 2. F 3. V 4. F 5. V 6. F 7. V 8. V 9. V 10. F

35·4 1. No como nada en el establo. 2. No tengo nada en el carro. 3. No quiero nada para el desayuno. 4. No encuentro nada en el horno. 5. No pruebo nada en el restaurante horrible. 6. No sueño nunca. 7. No cuento nunca mi dinero. 8. No almuerzo nunca en el baño. 9. No vuelo nunca con los pájaros. 10. No encuentro nunca un millón de dólares en el sofá.

35·5 1. Snow White 2. el gato 3. el boomerang 4. el perro 5. Dumbo 6. Peter Pan 7. Goldilocks 8. Pinocho (Pinocchio)

35·6 Hola. Me llamo Sherlock Holmes. Resuelvo muchos misterios. Puedo ver muchas cosas que otras personas no pueden ver. No duermo nunca. Pues, miento un poco. Duermo solamente cinco horas cada noche. Cada día almuerzo en mi restaurante favorito y entonces vuelvo a mi casa y resuelvo dos o tres misterios. Encuentro indicios; las otras personas no encuentran nada. Recuerdo todo lo que veo y oigo. Las otras personas no recuerdan nada. Soy más inteligente que mis amigos y mis vecinos. Cuando pruebo el veneno, no muero. Cuando vuelo no necesito un avión. No miento nunca. En realidad, miento mucho. Nadie puede volar. Nadie recuerda todo lo que oye o ve. Y nadie vive después de probar el veneno. También, no me llamo Sherlock Holmes y no resuelvo nunca los misterios.

C7·1 1. Vuelo. 2. Vuelas. 3. Él ruega. 4. Ella almuerza. 5. Confesamos nuestros pecados al sacerdote. 6. Encontramos dinero en el sofá. 7. Contáis. 8. Recordáis. 9. Ellos no recuerdan nada 10. Ellos sueñan con un gato. 11. Ellos/Ellas aprueban. 12. Almuerzo al mediodía. 13. Cuelgas ese abrigo en el gancho. 14. Ella nunca cuenta su dinero. 15. Él encuentra dinero debajo de este sofá. 16. No recordamos su nombre. 17. ¿Ruegas en la iglesia? 18. ¿Por qué suena tu teléfono todo el tiempo? 19. ¿Tuestas el pan cada mañana? 20. ¿Crees que Dumbo vuela?

C7·2 1. vuelo, vuelas, vuela, volamos, voláis, vuelan 2. muevo, mueves, mueve, movemos, movéis, mueven 3. duermo, duermes, duerme, dormimos, dormís, duermen 4. cierro, cierras, cierra, cerramos, cerráis, cierran 5. pierdo, pierdes, pierde, perdemos, perdéis, pierden 6. miento, mientes, miente, mentimos, mentís, mienten 7. hablo, hablas, habla, hablamos, habláis, hablan 8. como, comes, come, comemos, coméis, comen 9. vivo, vives, vive, vivimos, vivís, viven 10. soy, eres, es, somos, sois, son 11. estoy, estás, está, estamos, estáis, están 12. tengo, tienes, tiene, tenemos, tenéis, tienen 13. quiero, quieres, quiere, queremos, queréis, quieren 14. hago, haces, hace, hacemos, hacéis, hacen 15. voy, vas, va, vamos, vais, van

C7·3 1. esta campana 2. esa cuchara 3. este fuego 4. esa vela 5. estas velas 6. este tenedor 7. ese tenedor 8. este cuchillo 9. estos cuchillos 10. esos dormitorios 11. esta cocina 12. esos pasillos 13. estas salas 14. ese sótano 15. estos garajes 16. esos ganchos

C7·4 1. F 2. F 3. V 4. F 5. F 6. V 7. V 8. F 9. V 10. F 11. F 12. V

C7·5 1. estoy 2. eres 3. está 4. estamos 5. estáis 6. son 7. está 8. soy 9. estás 10. están 11. es 12. estoy

C7·6 1. Robert Zimmerman 2. Duluth, Minnesota 3. Hibbing, Minnesota 4. la armónica y la guitarra 5. los Golden Chords 6. por Dylan Thomas, el poeta galés 7. en 1961 8. veintiún años 9. "Blowin' in the Wind" 10. Arthur Rimbaud y John Keats 11. seis minutos, tres minutos 12. en una motocicleta 13. 1971, en Madison Square Garden, Nueva York 14. Joan Baez, Joni Mitchell, Arlo Guthrie, Ramblin' Jack Elliot 15. Gana tres Grammy Awards 16. "Time Out of Mind"

VIII

36·1 1. Tengo el libro. Lo tengo. 2. Tengo una casa. La tengo. 3. Lees el libro. Lo lees. 4. Lees la revista. La lees. 5. Él come el pan. Él lo come. 6. Él come la pizza. Él la come. 7. Ella tuesta el pan. Ella lo tuesta. 8. Ella compra la camisa. Ella la compra. 9. Compramos el vestido. Lo compramos.

36·2 1. V 2. V 3. F 4. V 5. V 6. F

36·3 1. Tengo los libros. Los tengo. 2. Tengo unas casas. Las tengo. 3. Recuerdo los nombres. Los recuerdo. 4. Comes los huevos. Los comes. 5. Ella cierra las puertas. Ella las cierra. 6. Comenzamos/Empezamos las clases. Las comenzamos/empezamos.

36·4 1. el veterinario 2. la mesera 3. el espía 4. el cocinero 5. el farmacéutico 6. el arquitecto

36·5 1. La contadora ve el dinero y (ella) lo cuenta. 2. El cartero tiene las cartas y las entrega a nuestra casa. 3. La carnicera tiene la carne y la corta. 4. El bibliotecario tiene los libros y los lee.

37·1 1. Sé tu nombre. 2. Sé mucho. 3. No sé nada. 4. Sabes la respuesta. 5. Ella sabe todas las respuestas. 6. ¿Sabes la respuesta? 7. No sabemos mucho. 8. Sabéis el nombre del libro.

37·2 1. V 2. F 3. F 4. V 5. V 6. F 7. V 8. V 9. F

37·3 1. I 2. C 3. J 4. H 5. F 6. B 7. E 8. G 9. D 10. A

37·4 1. Estoy triste porque tengo un regalo para Jorge y sé que él no lo quiere. 2. Él no sabe que vamos a Canadá cada invierno y verano. 3. ¿Sabes por qué las ardillas prefieren vivir en esos árboles? 4. ¿Sabes quién tiene el dinero y dónde él lo esconde?

37·5 1. Sé hablar español. 2. Sabes leer. 3. Él sabe bailar. 4. Ella sabe cantar. 5. Sabemos contar hasta un millón. 6. Sabéis volar. 7. Ellos no saben colgar el teléfono. 8. No sé cerrar esta puerta. 9. ¿Sabes cerrar esa ventana?

37·6 1. a 2. b 3. c 4. b 5. c 6. b 7. b 8. c

38·1 1. V 2. F 3. V 4. V 5. V 6. F 7. V 8. V

38·2 1. a 2. a 3. X 4. a 5. X 6. X 7. a 8. X

38·3 1. Conozco a tres personas aquí. 2. Conozco a esa chica y conoces al chico. 3. Siempre conoces a muchas personas cuando vamos a un restaurante. 4. Mi dentista conoce a muchas personas en China. 5. No conocemos a nadie aquí. 6. ¿Conocéis a esos chicos? 7. Ellos ven a diez taxistas. 8. Oigo a mi perro.

38·4 1. V 2. V 3. F 4. V 5. F 6. V 7. F 8. V 9. V 10. F

38·5 1. G 2. I 3. E 4. A 5. F 6. H 7. D 8. J 9. B 10. C

39·1 1. sé 2. conozco 3. sé 4. sabes 5. conoce 6. conoce 7. sabemos 8. Conocéis 9. Saben 10. Sabes 11. conoces 12. Conoce

39·2 1. sé, sabes, sabe, sabemos, sabéis, saben 2. conozco, conoces, conoce, conocemos, conocéis, conocen 3. soy, eres, es, somos, sois, son 4. estoy, estás, está, estamos, estáis, están 5. voy, vas, va, vamos, vais, van 6. tengo, tienes, tiene, tenemos, tenéis, tienen 7. veo, ves, ve, vemos, veis, ven 8. oigo, oyes, oye, oímos, oís, oyen 9. cuento, cuentas, cuenta, contamos, contáis, cuentan 10. pierdo, pierdes, pierde, perdemos, perdéis, pierden

39·3 1. Sí, sé nadar. / No, no sé nadar. 2. Sí, sé hablar inglés. / No, no sé hablar inglés. 3. Sí, sé hablar japonés. / No, no sé hablar japonés. 4. Sí, sé bailar el flamenco. / No, no sé bailar el flamenco. 5. Sí, sé montar en bicicleta. / No, no sé montar en bicicleta. 6. Sí, sé colgar el auricular. / No, no sé colgar el auricular. 7. Sí, sé tostar el pan. / No, no sé tostar el pan. 8. Sí, sé volar. / No, no sé volar. 9. Sí, sé fregar los platos. / No, no sé fregar los platos. 10. Sí, sé envolver un regalo. / No, no sé envolver un regalo.

39·4 1. V 2. F 3. F 4. V 5. V 6. V 7. F 8. F 9. V 10. V 11. V 12. F

39·5 1. No sé cómo ella sabe tanto. Ella no estudia nunca. / Ella nunca estudia. 2. No sé cómo ella conoce a tantos maestros aquí. 3. ¿Conoces a esa abogada? Ella sabe mucho acerca del abogado Clarence Darrow. 4. ¿Conoces a esa chica? Ella sabe bailar bien. 5. Nadie sabe que yo sé nadar más rápido que un pez.

40·1 1. el libro de Laura 2. la puerta de Marco 3. la cocina de Ricardo 4. el vestido de Linda 5. los zapatos rojos de Daisy 6. el vestido elegante de Lily

40·2 1. la falda de la chica 2. las ventanas de la casa 3. el gato de la abogada 4. la ensalada de la maestra 5. la lámpara de la mesa 6. la mesa de centro de la sala

40·3 1. los zapatos del chico 2. el agua del perro 3. las pijamas del gato 4. el avión del electricista 5. la limusina del mecánico 6. el cinturón del plomero

40·4 1. la ventana de Wanda 2. la oficina de la escuela 3. la película del actor 4. la sala de Paco 5. el teléfono de la dentista 6. el taxi del taxista

40·5 1. Ayn Rand nace el dos de febrero, 1905, en St. Petersburg, Rusia. 2. Su esposo se llama Frank O'Connor. 3. La filosofía de Ayn Rand se llama el objetivismo. 4. No, Ayn Rand odia la vida en Rusia. 5. Ella se muda a los Estados Unidos en 1926. 6. Sus cuatro novelas se llaman *We the Living, Anthem, The Fountainhead, Atlas Shrugged*. 7. La novela más popular se llama *Atlas Shrugged*. 8. Ayn Rand cree que la cultura dominante de Rusia es la glorificación de todo trágico y malevolente. 9. Típicamente los lectores de los libros de Ayn Rand tienen entre dieciocho y veinticinco años. 10. Las cosas más importantes a Ayn Rand—en sus novelas y en su vida—son las ideas, el conocimiento, la verdad y la mente del individuo.

C8·1 1. La tengo. La pruebo. La veo. La oigo. 2. Lo sé / Lo conozco. Lo entiendo / Lo comprendo. Lo toco. Lo estudio. 3. La conozco pero no lo conozco. 4. El cartero está enojado porque el perro lo muerde cada día. 5. Conozco la poesía de T.S. Eliot porque la leo cada noche. Mis poemas favoritos son "La Mañana a la Ventana" y "Tía Elena." 6. El jardinero sabe más acerca de las plantas que yo. 7. Nadie aquí me conoce. Nadie aquí me entiende. Estoy miserable. 8. No sabemos nada acerca del estadio nuevo. 9. En vez de leer un libro, él lo escucha en el coche. 10. Debes ir a la fiesta. Conoces a muchas personas.

C8·2 1. sé, sabes, sabe, sabemos, sabéis, saben 2. conozco, conoces, conoce, conocemos, conocéis, conocen 3. recuerdo, recuerdas, recuerda, recordamos, recordáis, recuerdan 4. pienso, piensas, piensa, pensamos, pensáis, piensan 5. muerdo, muerdes, muerde, mordemos, mordéis, muerden 6. comienzo, comienzas, comienza, comenzamos, comenzáis, comienzan 7. entiendo, entiendes, entiende, entendemos, entendéis, entienden 8. soy, eres, es, somos, sois, son 9. estoy, estás, está, estamos, estáis, están 10. hago, haces, hace, hacemos, hacéis, hacen 11. voy, vas, va, vamos, vais, van 12. veo, ves, ve, vemos, veis, ven

C8·3 1. J 2. G 3. I 4. H 5. B 6. L 7. A 8. D 9. K 10. F 11. C 12. E

C8·4 1. F 2. V 3. F 4. V 5. F 6. F 7. V 8. V 9. F 10. V

C8·5 1. Hay seis Hermanos Marx. 2. Manfred muere de niño. 3. La primera película se llama *El Riesgo del Humor*. 4. Hay catorce (14) con los Hermanos Marx en grupo. 5. Groucho es el más elocuente. 6. Harpo toca el arpa. 7. Chico toca el piano. 8. Gummo nunca se presenta en las películas. 9. Los padres de los Hermanos Marx se llaman Minnie (Meine) y Simon Marx. 10. Ellos viven en Nueva York. 11. El hermano mayor (después de Manfred) se llama Chico (Leonard) Marx. 12. El hermano menor se llama Zeppo (Herbert) Marx. 13. Groucho lleva gafas y tiene un bigote grande. 14. Harpo no habla nunca en las películas. 15. Groucho canta muy bien. 16. La familia Marx es muy pobre. 17. El maestro de Harpo Marx es Harpo Marx. 18. Se llama Margaret Dumont.

C8·6 1. V 2. F 3. F 4. V 5. F 6. V 7. V 8. V 9. F 10. F 11. F 12. V

IX

41·1 1. me lavo, te lavas, se lava, nos lavamos, os laváis, se lavan 2. me seco, te secas, se seca, nos secamos, os secáis, se secan
3. me llamo, te llamas, se llama, nos llamamos, os llamáis, se llaman 4. me ducho, te duchas, se ducha, nos duchamos, os ducháis, se duchan
5. me acuesto, te acuestas, se acuesta, nos acostamos, os acostáis, se acuestan
6. me despierto, te despiertas, se despierta, nos despertamos, os despertáis, se despiertan
7. me siento, te sientas, se sienta, nos sentamos, os sentáis, se sientan 8. me siento, te sientes, se siente, nos sentimos, os sentís, se sienten
9. me duermo, te duermes, se duerme, nos dormimos, os dormís, se duermen 10. me baño, te bañas, se baña, nos bañamos, os bañáis, se bañan

41·2 1. Me ducho. 2. Me acuesto. 3. Me baño. 4. Me seco. 5. Me duermo. 6. Me lavo. 7. Me levanto. 8. Me llamo _____. 9. Me veo.
10. Me siento. 11. Me despierto. 12. Me siento enfermo/enferma.

41·3 Cada día me despierto a las siete. A las siete y cuarto me levanto, y ando/camino al baño. Siempre me ducho. Nunca me baño. / No me baño nunca. Me lavo la cara y me lavo el pelo y me lavo las manos. Me seco con una toalla. Me cepillo los dientes. Me peino. En la noche me acuesto a las diez y media. Me duermo rápidamente.

41·4 1. La persona se lava las manos. 2. La persona se acuesta. 3. La persona se cepilla los dientes. 4. La persona se levanta.
5. La persona se sienta. 6. La persona se duerme. 7. La persona se casa con la otra persona. 8. La persona se ducha o la persona se baña.

42·1 1. F 2. V 3. V 4. F 5. V 6. F 7. V 8. V 9. V 10. V 11. F 12. V

42·2 1. Jorge se afeita cada mañana. 2. Marta se maquilla en la noche. / Marta se aplica el maquillaje en la noche. 3. Me cepillo los dientes tres veces al día. 4. Ella se ducha dos veces al día. 5. Él se afeita una vez al día. 6. Me siento cuando estoy cansado / tengo sueño. 7. Ella se acuesta cuando tiene sueño / está cansada. 8. Ellos se despiertan a las seis de la mañana. 9. ¿A qué hora os despertáis?

42·3 1. Margarita se seca con la toalla. 2. Paco se afeita con la afeitadora. 3. Valeria se cepilla el pelo. 4. Manuel se cepilla los dientes.
5. Roberto se llama Roberto. 6. Charo se sienta. 7. Kanye se ve en el espejo. 8. Arturo se acuesta. 9. Marco se baña. 10. Jorge se lava las manos.

42·4 Buenos días, chicos y chicas. ¿Recordáis la revista de niños que se llama *Highlights*? Hay una sección acerca de dos chicos, y se llaman Goofus y Gallant. Gallant es bueno y Goofus es malo. Por ejemplo, Gallant siempre se acuesta a las nueve. Goofus mira la tele hasta las tres de la mañana. Gallant se cepilla los dientes tres veces al día. Goofus se cepilla los dientes tres veces al año. Gallant se despierta y se levanta a las siete de la mañana. Goofus se despierta a las diez y se levanta al mediodía. Gallant se ducha y se lava el pelo cada día. Gallant nunca se ducha y nunca se lava el pelo. Gallant es perfecto. Goofus es un vago.

43·1 1. V 2. F 3. V 4. F 5. V 6. F 7. F 8. V 9. V 10. F

43·2 1. compito, compites, compite, competimos, competís, compiten 2. despido, despides, despide, despedimos, despedís, despiden
3. frío, fríes, fríe, freímos, freís, fríen 4. gimo, gimes, gime, gemimos, gemís, gimen 5. impido, impides, impide, impedimos, impedís, impiden
6. mido, mides, mide, medimos, medís, miden 7. me río, te ríes, se ríe, nos reímos, os reís, se ríen 8. sirvo, sirves, sirve, servimos, servís, sirven

43·3 1. Mi libro de español mide _____ pulgadas. / Mi libro de español mide _____ centímetros. 2. Mi pluma mide _____ centímetros. / Mi pluma mide _____ pulgadas. 3. Mi lápiz mide _____ pulgadas. / Mi lápiz mide _____ centímetros. 4. Mi zapato mide _____ centímetros. / Mi zapato mide _____ pulgadas. 5. Mi pulgar mide _____ pulgadas. / Mi pulgar mide _____ centímetros. 6. Mi portátil mide _____ centímetros. / Mi cuaderno mide _____ pulgadas. 7. Mi regla mide doce pulgadas. / Mi regla mide 30.48 centímetros. 8. Mido _____ pies _____ pulgadas. / Mido _____ centímetros.

43·4 1. Hay doce pulgadas en un pie. 2. Hay mil metros en un kilómetro. 3. Hay cinco mil doscientos ochenta (5,280) pies en una milla.
4. Hay cien centímetros en un metro. 5. Hay tres pies en una yarda. 6. Hay treinta y seis pulgadas en una yarda.

43·5 1. Tengo unos huevos y los frío. 2. Cocino la comida y entonces la sirvo. 3. El maestro / La maestra lee las palabras y las repetimos.
4. Pido más dinero de mi jefe. 5. Él pide más dinero de sus padres. 6. Los niños gimen cuando se sienten enfermos. 7. Los chicos compiten contra las chicas en la clase de matemáticas. 8. Nuestro jefe se siente muy enojado cuando no trabajamos.

44·1 1. Él me dice una historia. 2. El maestro / La maestra me corrige. 3. Te elegimos. 4. El sacerdote te bendice. 5. Esa chica maldice cuando se siente enojada. 6. Ellos/Ellas nos siguen. 7. Lo conseguimos en esa tienda. 8. ¿Por qué me dices tantas mentiras?

44·2 1. bendigo, bendices, bendice, bendecimos, bendecís, bendicen 2. consigo, consigues, consigue, conseguimos, conseguís, consiguen
3. corrijo, corriges, corrige, corregimos, corregís, corrigen 4. elijo, eliges, elige, elegimos, elegís, eligen
5. maldigo, maldices, maldice, maldecimos, maldecís, maldicen

44·3 1. V 2. F 3. V 4. V 5. F 6. V 7. F 8. V 9. V 10. F

44·4 1. N 2. N 3. A 4. N 5. A 6. N 7. A 8. A

45·1 1. the book, him 2. the book, him 3. it, me 4. a letter, you 5. the truth, us 6. a gift, Lisa 7. a song, me 8. a poem, us

45·2 1. Le doy un libro. 2. Me das un coche/carro. 3. Él me da un suéter de tortuga. 4. Ella le da el traje. 5. Te damos los calcetines.
6. Les damos las manoplas. 7. Me dais la corbata. 8. Nos dais las sudaderas. 9. Ellos nos dan una bolsa nueva. 10. Ellos me dan los zapatos deportivos.

45·3 1. V 2. F 3. V 4. F 5. F 6. V 7. V 8. F 9. V 10. V

45·4 1. Santa Claus 2. El Conejo de la Pascua (The Easter Bunny) 3. El Hada de los Dientes (The Tooth Fairy) 4. St. Valentine

C9·1 1. Me llamo ___. 2. Mi madre se llama ___. 3. Mi maestro/maestra se llama ___. 4. Usualmente me acuesto a las ___. 5. Usualmente me despierto a las ___. 6. Típicamente me ducho. / Típicamente me baño. 7. Usualmente me cepillo los dientes ___ veces cada día. 8. Usualmente me duermo fácilmente. / Usualmente me duermo con dificultad. 9. Me siento nervioso/nerviosa / ansioso/ansiosa antes de un examen grande. 10. Me siento feliz / estático/estática cuando recibo una "A" en un examen.

C9·2 1. me lavo, te lavas, se lava, nos lavamos, os laváis, se lavan 2. me llamo, te llamas, se llama, nos llamamos, os llamáis, se llaman 3. me acuesto, te acuestas, se acuesta, nos acostamos, os acostáis, se acuestan 4. me siento, te sientas, se sienta, nos sentamos, os sentáis, se sientan 5. me siento, te sientes, se siente, nos sentimos, os sentís, se sienten 6. pido, pides, pide, pedimos, pedís, piden 7. mido, mides, mide, medimos, medís, miden 8. repito, repites, repite, repetimos, repetís, repiten 9. digo, dices, dice, decimos, decís, dicen 10. sigo, sigues, sigue, seguimos, seguís, siguen 11. soy, eres, es, somos, sois, son 12. estoy, estás, está, estamos, estáis, están

C9·3 1. Uso la toalla para secarme. 2. Uso la afeitadora para afeitarme. 3. Uso el champú para lavarme el pelo. 4. Uso el jabón para lavarme las manos, el cuerpo, etc…. 5. Uso la pasta de dientes para cepillarme los dientes. 6. Uso el espejo para verme/mirarme. 7. Uso el cepillo para cepillarme el pelo. 8. Uso la tina de baño para bañarme. 9. Uso la ducha para ducharme. 10. Uso la cama para acostarme/dormirme.

C9·4 1. E 2. D 3. D 4. C 5. B 6. C 7. F 8. A

C9·5 1. Keith Urban mide cinco pies diez pulgadas, y Nicole Kidman mide cinco pies once pulgadas. 2. Nicole mide una pulgada más que Keith; Keith mide una pulgada menos que Nicole. 3. Sus hijas se llaman Sunday Rose y Faith Margaret. 4. Los padres de Nicole se llaman Janelle y Antony Kidman. 5. Los padres de Keith se llaman Marienne y Bob Urban. 6. Usualmente una puerta en una casa mide más o menos dos metros. 7. Un bebé usualmente mide más o menos cincuenta centímetros. 8. Una escoba usualmente mide entre cuarenta y seis y cincuenta pulgadas.

C9·6 1. V 2. V 3. F 4. F 5. V 6. F 7. V 8. F 9. V 10. V

C9·7 1. G 2. E 3. H 4. B 5. C 6. A 7. J 8. D 9. F 10. I

C9·8 1. Martha Stewart 2. Peter Pan 3. The Beatles

C9·9 1. Le doy una toalla. 2. Él me envía una carta. 3. Les leemos un libro. 4. Ella nos da el dinero. 5. Ellos me dicen la verdad. 6. Te digo un secreto. 7. No le doy nada. 8. Nos dais el jabón. 9. Ella le canta una canción. 10. Le pido dinero.

C9·10 1. Me pongo el sombrero. 2. Te pones el traje de baño. 3. Él se pone el traje, la corbata y el chaleco. 4. Ella se pone el vestido. 5. Nos ponemos los zapatos. 6. Os ponéis las camisas. 7. Ellos se ponen los blue jeans. 8. Me quito el abrigo. 9. Te quitas la chaqueta. 10. Ella se quita la sudadera. 11. Nos quitamos las gorras. 12. Os quitáis los zapatos deportivos. 13. Ellos se quitan los suéteres de tortuga. 14. Me quito el cinturón.

C9·11 *Answers vary.*

X

46·1 1. Tengo un regalo para él. 2. Tengo algo para ti. 3. Tienes algo para mí. 4. Estas flores son para ella. 5. ¿Qué haces para nosotros? 6. Estos libros son para nosotros. 7. Este abrigo es para mí. 8. Ellos tienen regalos para vosotros.

46·2 1. Tenemos que almorzar para las doce y media de la tarde. 2. Necesitas salir para las diez de la mañana. 3. Me acuesto cada noche para las once y cuarto. 4. Él debe estar aquí para ahora. 5. Ella se despierta cada mañana para las cinco. 6. No podemos estar allí para el mediodía.

46·3 1. V 2. F 3. V 4. F 5. V 6. V 7. V 8. F

46·4 1. es importante 2. no es importante 3. es importante 4. es importante 5. no es importante 6. es importante 7. es importante 8. no es importante

46·5 1. dormir 2. aprender la lección 3. vivir 4. tener una cocina limpia 5. preparar el té 6. tener luz y una atmósfera romántica 7. terminar una conversación telefónica 8. ver a mis amigos

46·6 1. Para un toro, Ferdinand es flaco/delgado. 2. Para un conejo, Bugs es cómico. 3. Para una perra, Lassie es rica. 4. Para una rata, Templeton es inteligente. 5. Para un cerdo, Wilbur es pequeño. 6. Para un gallo, Foghorn Leghorn es grande.

47·1 1. Cada noche duermo por nueve horas. 2. Una persona debe dormir por ocho horas o más cada noche. 3. Él corre por una hora cada mañana. 4. Jugamos al fútbol por tres horas cada sábado. 5. Cada verano viajamos por dos semanas.

47·2 1. A 2. C 3. B 4. C 5. A

47·3 1. por bicicleta 2. por avión 3. por nave 4. por limusina 5. por autobús

47·4 1. Caminamos por el parque. 2. Ella conduce su coche por la avenida. 3. Monto en (mi) bicicleta por la calle. 4. Viajas a Washington, D.C. por Baltimore. 5. Vais a Paris por el Canal Inglés.

47·5 1. V 2. V 3. F 4. F 5. V 6. F 7. V

47·6 1. Gracias por el regalo. 2. Tengo respeto por mi maestro. 3. Te admiro por tu amabilidad. 4. Muchas personas tienen respeto por mí. 5. Ella tiene amor por su familia. 6. Gracias por las memorias.

47·7 1. V 2. F 3. F 4. V 5. F 6. V

48·1 1. para 2. por 3. por 4. por 5. para 6. por 7. por 8. para, por

48·2 1. Cada noche me acuesto para las once. 2. Duermo por ocho horas cada noche. 3. ¿Qué tienes para nosotros? 4. Tengo amor por ti y dinero para tus padres. 5. Para hacer bien en la escuela, necesitas estudiar mucho. 6. Vamos a Australia cada año por avión. 7. Fido es muy inteligente para un perro. 8. No puedo pagar noventa dólares por un cinturón. ¡Es demasiado dinero!

48·3 1. V 2. V 3. F 4. V 5. F 6. F 7. V 8. F 9. V 10. V

48·4 1. Para viajar rápidamente, necesitas viajar por avión. 2. Para llegar a la hora, necesitas ir por taxi. 3. Para recibir buenas notas, necesitáis estudiar por dos horas (por lo menos) cada noche. 4. Hay por lo menos veinte perros por aquí y varios caballos por allí. 5. Por lo general, no me acuesto hasta las tres o las cuatro de la mañana. 6. ¡Él está loco! Se ducha por lo menos diez veces cada día. Él usa demasiado agua también.

49·1 1. Me gusta la casa. 2. Me gustan las casas. 3. Te gusta el libro. 4. Te gustan los libros. 5. No me gusta este vestido. 6. No me gustan estos zapatos. 7. No te gusta esa mesa. 8. No te gustan esos platos.

49·2 1. F 2. V 3. V 4. V 5. F 6. V

49·3 1. F 2. I 3. E 4. H 5. C 6. J 7. A 8. G 9. D 10. B

49·4 1. A: A William Shakespeare le gusta el drama. 2. A: A Tiffany Haddish le gusta la comedia. 3. A: A John Steinbeck le gusta la novela. 4. B: A Popeye le gusta la espinaca. 5. A: A Vladimir Putin le gusta la intriga. 6. A: A Khloé Kardashian le gusta la ropa.

49·5 1. Nos gustan estos huevos, pero no nos gusta el pan. 2. ¿Te gusta el arroz? No me gusta. / A mí no me gusta. 3. A ellos no les gusta la ensalada porque hay zanahorias por todas partes. 4. ¿Por qué a ellos no les gusta la crema de cacahuete? 5. ¿Os gustan los huevos y el pan tostado para el desayuno? 6. No entiendo por qué a él no le gusta el helado. A todo el mundo le gusta el helado. 7. No me gusta este queso. ¡Huele mal!

49·6 1. These mosquitoes gross me out. 2. I'm missing a shoe. 3. It doesn't matter to me. 4. I've had enough of his lousy attitude. 5. My stomach hurts. / I have a stomachache. 6. We have a lot of extra food. / We have lots of leftovers. 7. I love Van Morrison's music. 8. It seems ridiculous (to me)! / This is ridiculous! 9. That dog bothers me. / That dog bugs me.

49·7 1. F 2. V 3. V 4. F 5. V 6. V 7. F 8. V 9. F 10. V 11. V 12. V

49·8 ¡Hola! Hoy es mi cumpleaños. Cada año mi madre me prepara el peor fiesta en el mundo. Me parece que ella quiere ser famosa por tener fiestas horribles. Me basta con sus "celebraciones." Primero, en vez de servir pizza y torta, ella nos sirve zanahorias y apio. Esto les disgusta a todos, y por eso siempre nos sobra mucho / nos sobra mucha comida. Después de la comida que a nadie le gusta y nadie come (si la nutrición la importa tanto, ¿por qué está en la cocina con un galón de helado y una cuchara grande?), miramos un video acerca de la historia del jabón (a mi madre le encanta el jabón y cree que a todos les interesa también). Pues, ella no tiene razón. Me molesta mucho porque yo quiero una fiesta normal y me parece que a ella le encantan solamente las cosas anormales. Pienso que a ella le falta algo "arriba." ¿No te parece loco esto? Me duele la cabeza. Debo acostarme. Quiero dormir por la fiesta. Puedes despertarme mañana. Adiós.

50·1 1. Voy a hablar. 2. Vas a comer. 3. Él va a vivir en un establo. 4. Ella va a bailar el tango. 5. Vamos a tener una fiesta. 6. Vais a jugar a las damas. 7. Ellos van a saber la respuesta. 8. No voy a conocer a nadie allí. 9. ¿Qué vas a hacer mañana? 10. No voy a hacer nada.

50·2 1. Esta noche Cinderella va a lavar el pelo de Prunella. 2. Mañana por la mañana Cinderella va a lavar la ropa interior de Esmeralda. 3. Mañana por la tarde ella va a hacer todas las camas en la casa. 4. Ella va a dormir solamente cuatro horas esta noche. 5. Su Madre Especial va a visitar a Cinderella mañana por la noche. 6. ¡Sí! Cinderella va a tener un tiempo estupendo en el palacio del Príncipe. 7. El Príncipe va a tener un zapato de cristal para Cinderella la semana que viene.

50·3 1. Voy a acostarme esta noche a las diez y media. 2. Vas a cepillarte los dientes mañana por la mañana. 3. ¿Cuándo vas a ducharte? ¡Hueles mal! 4. ¿Por qué va ella a peinarse el pelo otra vez? 5. Con esta medicina, vas a dormirte en dos minutos. 6. Mañana por la noche vamos a casarnos. 7. ¿Quién va a bañarse en esta tina? ¡Me disgusta! 8. Vais a sentaros aquí y no vais a hablar. ¿Me entendéis? / ¿Me comprendéis?

50·4 1. V (Yo lo espero.) 2. V (Yo lo espero.) 3. V (Yo lo espero.) 4. V (Yo lo espero.) 5. V (Yo lo espero.) 6. V (Yo lo espero.) 7. V (Yo lo espero.) 8. V (Yo lo espero.)

C 10·1 1. Tengo algo para ti de la estación de tren. 2. ¿Qué tienes para mí del restaurante? 3. Esta toalla del hotel es para ella. 4. Estos tapacubos de la gasolinera son para él. 5. Las palomitas de maíz del cine son para nosotros. 6. El avión del aeropuerto es para vosotros.

C 10·2 1. para 2. para 3. para, por 4. Para 5. por 6. para

C 10·3 1. compro, compras, compra, compramos, compráis, compran 2. leo, lees, lee, leemos, leéis, leen 3. abro, abres, abre, abrimos, abrís, abren 4. hago, haces, hace, hacemos, hacéis, hacen 5. tengo, tienes, tiene, tenemos, tenéis, tienen 6. quiero, quieres, quiere, queremos, queréis, quieren 7. soy, eres, es, somos, sois, son 8. estoy, estás, está, estamos, estáis, están 9. juego, juegas, juega, jugamos, jugáis, juegan 10. voy, vas, va, vamos, vais, van

C 10·4 1. oigo, oyes, oye, oímos, oís, oyen 2. toco, tocas, toca, tocamos, tocáis, tocan 3. huelo, hueles, huele, olemos, oléis, huelen 4. pruebo, pruebas, prueba, probamos, probáis, prueban 5. veo, ves, ve, vemos, veis, ven 6. sé, sabes, sabe, sabemos, sabéis, saben 7. conozco, conoces, conoce, conocemos, conocéis, conocen 8. doy, das, da, damos, dais, dan 9. salgo, sales, sale, salimos, salís, salen 10. puedo, puedes, puede, podemos, podéis, pueden

C 10·5 1. C 2. G 3. E 4. A 5. F 6. B 7. H 8. D

C 10·6 1. V 2. V 3. F 4. V 5. F 6. V 7. F 8. V

C 10·7 1. cuento, cuentas, cuenta, contamos, contáis, cuentan 2. muevo, mueves, mueve, movemos, movéis, mueven 3. duermo, duermes, duerme, dormimos, dormís, duermen 4. entiendo, entiendes, entiende, entendemos, entendéis, entienden 5. sirvo, sirves, sirve, servimos, servís, sirven 6. me acuesto, te acuestas, se acuesta, nos acostamos, os acostáis, se acuestan 7. me despierto, te despiertas, se despierta, nos despertamos, os despertáis, se despiertan 8. digo, dices, dice, decimos, decís, dicen 9. me llamo, te llamas, se llama, nos llamamos, os llamáis, se llaman 10. me siento, te sientes, se siente, nos sentimos, os sentís, se sienten

C 10·8 1. Si me acuesto tarde esta noche, entonces voy a estar cansado/cansada mañana. 2. Si comes un galón de helado mañana por la noche, entonces el próximo día vas a estar enfermo/enferma. 3. Si alguien practica el piano por una hora cada día, entonces el año que viene esa persona va a saber mucho acerca de la música. 4. Si lees una página cada día, entonces el mes que viene vas a leer la página treinta y dos. 5. Si no te cepillas los dientes por lo menos dos veces cada día, entonces vas a tener una boca repugnante.

C 10·9 1. Mark Twain va a escribir una novela mañana. 2. Adele va a cantar una canción mañana. 3. Lassie va a ladrar mañana. 4. Thomas Edison va a inventar algo mañana. 5. Robert Frost va a escribir un poema mañana. 6. Rip Van Winkle va a dormir mañana. 7. La Caperucita Roja va a visitar a su abuela mañana. 8. Pandora va a abrir una caja de problemas mañana.

C 10·10 1. Mañana voy a practicar el arpa. 2. Mañana voy a contar mi dinero. 3. Mañana voy a almorzar en un café. 4. Mañana voy a saber la respuesta. 5. Mañana no voy a volar. 6. Mañana no voy a recordar nada. 7. Mañana voy a acostarme a las diez. 8. Mañana voy a sentarme en la silla. 9. Mañana voy a sentirme bien. 10. Mañana voy a lavarme las manos veinte veces. 11. Mañana voy a hablar español. 12. Mañana voy a terminar este libro.

I · La Vida de Humberto, un estudiante
Hola. Yo soy un estudiante en una escuela en Miami, Florida. Mi nombre es Humberto. Hay diez salas de clase en la escuela. Mi tía es una maestra y ella prepara las tareas para los estudiantes cada día. Mi tío es de Habana, Cuba. Yo estudio mucho. Mis amigos estudian mucho. Cada sábado y domingo yo trabajo en un restaurante con mi madre y mi padre y mis hermanos. Hay muchas mesas y sillas en el restaurante. Mis dos hermanos lavan los platos. Nosotros hablamos inglés y español en el restaurante, en la escuela, y en casa. Mi madre toca el piano y mi padre canta. El restaurante es muy popular.

II · ¡A comer!
Cada viernes mi familia y yo comemos en un restaurante. Mi favorita comida es el arroz con pollo. Mi hermana no come la carne. Ella come una ensalada grande y ella bebe limonada. Mi hermano come una hamburguesa con papas fritas. Mi padre come huevos con pan tostado en la mañana, en la tarde, y en la noche. Mi madre come un sándwich de pollo o queso o crema de cacahuete. En casa siempre comemos helado. Me gusta helado chocolate. En la mañana mi hermano y no comemos cereal con leche. A veces comemos huevos y pan tostado (con mi padre) y a veces bebemos jugo de naranja. A veces comemos en la cocina y a veces comemos en el comedor.

III · ¡Autor! ¡Autor!

Buenos días. Mi nombre es David. Yo soy un escritor. Soy de los Estados Unidos, pero vivo en Francia con mi esposa. Su nombre es Hulga (un nombre muy feo, pero ella es el amor de mi vida). Tenemos tres gatos. Sus nombres son Gato, Ratón, y Queso. Gato cree que Ratón es el amor de su vida, pero Ratón cree que Queso es el amor de su vida. Tenemos dos hijos. Sus nombres son Chico y Chica. No me gustan los nombres regulares. Nuestra hija es una médica. Estamos felices porque estamos enfermos con frecuencia. Nuestro hijo es un plomero. Estamos felices también porque nuestra casa tiene muchos problemas con el agua. Nuestra casa tiene siete dormitorios y ocho baños. Nuestro hijo el plomero está aquí con frecuencia. Él trabaja con lavabos y inodoros y duchas cada día. Unas personas creen que nuestra casa es fea, pero yo creo que es maravillosa.

IV · Gato Gruñón

Buenos días. En realidad, es una mala mañana. Mi nombre es Gato Gruñón y siempre estoy de mal humor. No me gusta mi casa. No me gusta mi comida. No me gusta mi cama. Cuando estoy en el parque estoy aburrido. Cuando estoy en un hotel, estoy ansioso. Cuando estoy en un establo, estoy nervioso y enojado porque las vacas y los otros animales son grandes, y estoy asustado. Tú comprendes mi problema, ¿no? ¿Qué quiero yo? Quiero una cama más grande que la cama que yo tengo. Quiero comida más deliciosa que comida que yo tengo. Quiero manoplas y un traje de baño. ¿Por qué? Porque quiero manoplas y un traje de baño. Quiero un teatro con mi nombre en la marquesina. ¿Qué quieres tú? ¿Quieres café? Ewwww. Estoy mareado cuando bebo café. ¿Quieres pollo? Estoy miserable cuando como pollo. ¿Quieres pizza? Estoy enfermo cuando como pizza. ¿Qué me gusta? Me gusta mi nombre: Gato Gruñón.

V · La vida en una gran ciudad

Buenas noches. Me llamo Ricardo Nightly. Estoy en Chicago, Illinois. Porque es abril y porque es la primavera, tú probablemente crees que hace calor y hace sol y hace buen tiempo. ¡No tienes razón! Hace frío, y hay nieve y hay escarcha y creo que veo hielo en el agua del lago Michigan. ¡Y hace viento! Porque vivo en una ciudad grande, no tengo que tener un coche. Soy estudiante en la Universidad de Chicago, y normalmente monto en bicicleta a la universidad. Unos estudiantes van por autobús y otros estudiantes van por taxi o el tren, pero me gusta la bicicleta. Estudio el inglés en la universidad. Cuando no tengo que estudiar, juego al tenis y al baloncesto con mis amigos. A veces comemos pizza y jugamos a los naipes o al billar. Nado mucho, pero no en el lago Michigan. Cada sábado mis amigos y yo vamos al Museo Field a las diez de la mañana. Hoy hay un programa acerca de George Washington Carver, el inventor de la crema de cacahuete. Tengo hambre. Quiero un sándwich de crema de cacahuete.

VI · ¿Qué tengo que hacer hoy?

Hoy es jueves. ¿Qué debo hacer? ¿Qué tengo que hacer? ¿Qué quiero hacer? Las respuestas a estas preguntas son muy diferentes. Debo trabajar y debo estudiar y debo llamar a mi madre. Tengo que preparar mi desayuno (esta mañana quiero comer tocino con frijoles y arroz). Tengo que pagar unas cuentas. Tengo que ir a la gasolinera porque no hay gasolina en mi coche. Quiero leer un buen libro. Quiero visitar con mis amigos. Quiero nadar en el lago cerca de mi casa. Trato de ser más honesto/a que muchas personas. Espero ser más inteligente mañana que yo soy hoy. Necesito ir a la biblioteca. Debo limpiar mi casa unas cuantas veces cada semana, especialmente después de tener una fiesta. Pero en vez de limpiar mi casa, usualmente cambio una bomba o dos y pongo libros en el estante. Debo borrar el suelo y el pasillo, pero no quiero borrar nada. ¿Qué crees que debo hacer hoy?

VII · El almuerzo

Es la una de la tarde y tengo hambre y quiero almorzar. Usualmente almuerzo al mediodía o a las doce y cuarto, pero hoy tengo que hacer muchas cosas y no puedo comer/almorzar cuando quiero comer/almorzar. A veces mis amigos y yo almorzamos en el parque, pero hoy hace demasiado frío y no queremos hacer nada en el parque. Vamos a un restaurante nuevo en la calle Adams, cerca de nuestra escuela. Mi mejor amigo/amiga piensa que este restaurante es mejor que todos los otros restaurantes en nuestra ciudad, pero mi mejor amigo/amiga miente todo el tiempo. Oigo de otras personas que el pollo aquí está mejor que la hamburguesa, pero cuesta más también. Cuando voy a un restaurante pruebo muchas comidas nuevas. Unas personas tienen miedo de probar comidas nuevas, pero cuando yo pruebo algo nuevo y está horrible o huele mal, o si muerdo algo y aprendo que es un ratón o una rata, no vuelvo/regreso nunca al restaurante. También, si encuentro un mosquito en mi comida, devuelvo el plato a la cocina donde los meseros y el cocinero resuelven el problema. A veces cuando una persona no tiene bastante dinero, él o ella friega los platos del restaurante.

VIII · El Rompeboda

¿Quieres saber algo? Tengo un secreto. No conozco a nadie aquí, y nadie me conoce. Cada sábado leo el periódico para saber dónde hay una elegante recepción de boda. Nunca asisto a la boda porque no quiero estar aburrido, especialmente porque no conozco a la novia ni al novio. Antes de ir a la recepción me ducho, me lavo el pelo, y me pongo mi mejor traje. Llego a la recepción un poco tarde, cuando las personas están relajadas y felices. Voy a la recepción con un "regalo," pero no hay nada en la caja. Hablo con muchas personas, pero primero necesito saber si son amigos de la novia o el novio. Si una persona es una amiga de la novia, soy un amigo del novio. Y vice-versa. ¿Quieres saber por qué voy a estas fiestas? Es simple. Siempre hay mucha comida deliciosa, puedo tomar champaña, me gusta bailar, y me gusta conocer a personas. Pero no me gusta pagar por nada. Si me ves en una de estas fiestas, no puedes revelar mi secreto a nadie. Pero puedes bailar conmigo. ¿Sabes bailar samba?

IX · El baño: El corazón de la casa

Si tú lees un libro acerca de la vida durante los 1800s, aprendes mucho acerca de las personas y (de) sus baños. Tengo un libro que describe una familia típica y cómo viven en 1880. Ellos tienen una casa grande, pero tienen solamente un baño. Las personas en la casa se bañan una vez cada semana. Ellos no se duchan porque no tienen ducha. Se lavan el pelo y se secan el pelo con una toalla. No tienen un secador. Se cepillan los dientes una o dos veces cada día. No tienen la seda dental. Unos hombres se afeitan, pero muchos hombres tienen una barba. Ellos hacen su jabón y champú y no se aplican el acondicionador al pelo. ¡Hoy es completamente diferente! Muchas casas tienen dos o tres baños o más. Las personas usualmente se bañan o se duchan cada día—cuando se despiertan o antes de acostarse. Ellos se lavan el pelo con champúes y acondicionadores elegantes. Se secan el pelo con un secador. Se aplican el maquillaje en frente de los espejos grandes y siempre usan la seda dental después de cepillarse los dientes. Mi abuelo me dice que él se baña una vez cada semana— ¡si lo necesita o no! Mi abuelo es muy cómico. Unas personas hoy usan el baño para una "oficina." Ellos se sientan en la tina (de baño) y hablan por teléfono o miran la televisión o estudian o leen un libro. Unas personas comen en la tina. La tina típica mide sesenta pulgadas (cinco pies). El refrigerador típico mide sesenta pulgadas (cinco pies) también. Pero nadie se baña en el refrigerador.

X · La sala desesperada de esperanza

Hola. Estoy en la sala de esperanza del hospital. Sé que no debo estar aquí, pero mi madre me dice que tengo que hablar con el médico. Ella piensa que estoy enfermo/enferma pero me siento bien. A mi madre le encanta el drama. A mí no me gusta. Me duele la cabeza. No me importa. Me parece que cuando me duele la cabeza, debo poder tomar una aspirina y vivir mi vida. Pero para mi madre, cuando a ella le duele la cabeza, le da una razón para ir a cada hospital y hablar con cada médico en el país. Usualmente tenemos que sentarnos por dos o tres horas en la sala de esperanza. Es miserable. No me gusta. Me molesta. Después de diez minutos quiero volver/regresar a la casa. Pero a mi madre nada le interesa más que un hospital. Ella debe ser médica. Pero para ser médica, ella necesita ir/asistir a la universidad por ocho años (por lo menos). Y si siempre está en la universidad, ella no puede sentarse en estas sillas feas en esta sala de esperanza horrible. Aquí estamos. Estoy aburrido/aburrida; ella mira los peces. Voy a leer otra revista.

English-Spanish glossary

A

a un, uno, una
a little un poco
a lot (of) mucho
absolutely absolutamente
accomplishment la realización
accountant el contador, la contadora
achy dolorido
actor el actor, la actriz
actually en realidad
afraid asustado
after después de
afternoon la tarde
agent el agente
aging envejecido
air conditioner el aire acondicionador
airplane el avión
airport el aeropuerto
alert alerto
alive vivo
all todo; **all over** por todos lados; **all over the place** por todas partes; **all the time** todo el tiempo; **all year long** todo el año
almanac el almanaque
almost casi
also también
although aunque
always siempre
and y; e
anger el enojo
angry enojado
animal el animal
ankle el tobillo
annoying molestoso
answer (v.) responder
anxious ansioso
any cualquier
appear (v.) aparecer, parecer; **appear in** (v.) presentarse en
appearance la apariencia
apply (to oneself) (v.) aplicar(se); **apply makeup to oneself** (v.) maquillarse
approve (v.) aprobar
architect el arquitecto, la arquitecta
arm el brazo
armchair el sillón
arrive (v.) llegar
article el artículo
ask for (v.) pedir
assignment la tarea
at a; en
atlas el atlas
attend (v.) asistir a
attic el desván
attorney el abogado, la abogada
aunt la tía

B

back la espalda
backpack la mochila
bacon el tocino
bad (adj.) malo; (adv.) mal
barn el granero
basement el sótano
basketball el baloncesto, el básquetbol
bathe (v.) bañarse
bathing suit el traje de baño
bathrobe la bata
bathroom el baño
bathtub la tina (de baño)
bay la bahía
be (v.) ser; estar
be able to (v.) poder
be afraid (of) (v.) tener miedo (de)
be born (v.) nacer
be bothersome (v.) molestar
be cold (v.) tener frío
be disgusting (v.) disgustar
be enchanting (v.) encantar
be enough (v.) bastar
be extra (v.) sobrar
be hungry (v.) tener hambre
be important (v.) importar
be in a hurry (v.) tener prisa
be interesting (v.) interesar
be lacking (v.) faltar
be long (v.) medir
be lucky (v.) tener suerte
be married (v.) casarse
be named (v.) llamarse
be painful (v.) doler (o>ue)
be proud (of) (v.) tener orgullo (de)
be right (v.) tener razón
be seated (v.) sentarse (e>ie)
be sleepy (v.) tener sueño
be thirsty (v.) tener sed
be warm (v.) tener calor
be wrong (v.) no tener razón
bear el oso
beard la barba
because porque
become (v.) hacerse
bed la cama
bedroom el dormitorio
before antes de
begin (v.) comenzar, empezar
behind the scenes entre bastidores
belief la creencia
believe (v.) creer
bell la campana
belt el cinturón
besides además
better (than) mejor (que)
between entre
beverage la bebida
bicycle la bicicleta
big grande
biography la biografía
bird el pájaro
birthday el cumpleaños

bite (v.) morder (o>ue)
black negro
blazer el saco, la chaqueta
bless (v.) bendecir
blizzard la ventisca
blouse la blusa
blue azul
blue jeans los vaqueros, los blue jeans
boat el barco
body el cuerpo
boil (v.) hervir (e>ie)
book el libro
bookcase el estante
bookstore la librería
boot la bota
bored aburrido
bowl (v.) jugar (u>ue) a los bolos
boy el chico
brave valiente
bread el pan
break (v.) romper
broccoli el brócoli
brother el hermano
brown café
brush (v.) cepillarse (one's hair, teeth, etc.)
brush (hair) el cepillo (pelo)
brute el bestia
building el edificio
bull el toro
bus el autobús
bus driver el conductor, la conductora
business los negocios
businessperson el/la negociante
but pero
butcher el carnicero, la carnicera
buy (v.) comprar
by por

C

cabinet el gabinete
cafeteria la cafetería
calculate (v.) calcular
call (oneself) (v.) llamar(se)
can (v.) poder (o>ue)
candle la vela
cap la gorra
capitalism el capitalismo
car el carro, el coche
carpenter el carpintero, la carpintera
carrot la zanahoria
carver el tallista
cat el gato
cauliflower la coliflor
ceiling el techo
celery el apio
cell la celda
centimeter el centímetro
century el siglo
cereal el cereal
chair la silla

chalk la tiza
chalkboard la pizarra
change (*v.*) cambiar
character el carácter (*pl.* caracteres); el personaje
cheese el queso
chemist el químico, la química
chest el pecho
chicken el pollo
children los hijos
chin el mentón
chocolate milk la leche chocolate
choose (*v.*) elegir (e>i)
church la iglesia
cigar el cigarro
citizen el ciudadano
city la ciudad
classmates los compañeros
classroom la sala de clase
clean (*v.*) limpiar
clearly claramente
climate el clima
climb (*v.*) subir
clock el reloj
close (*v.*) cerrar(se)
closet el clóset
clothing la ropa
cloud la nube
clue el indicio
coat el abrigo
coffee el café
coffee table la mesa de centro
cold frío
color el color
comb el peine; **comb one's hair** (*v.*) peinarse
comic book el libro cómico
communism el comunismo
company la empresa
compete (*v.*) competir
composer el compositor
comprehend (*v.*) comprender
computer programmer el programador, la programadora
condition la condición
conditioner el acondicionador
confess (*v.*) confesar (e>ie)
conservatism el conservatismo
contain (*v.*) contener
contest el concurso
cook el cocinero, la cocinera
cookie la galletita
cord: (electrical) cord el cordón (de la luz)
corn el maíz
correct (*v.*) corregir (e>i)
cost (*v.*) costar (o>ue)
count (*v.*) contar (o>ue)
country el país (*nation*)
cousin el primo, la prima
cover la portada
cover (*v.*) cubrir
cow la vaca
cowboy el vaquero
cupboard la alacena
curator la conservadora
curtain la cortina
cyclone el ciclón

D

dad el papá
dance (*v.*) bailar
dancer el/la bailante
dangerous peligroso
daughter la hija
day el día

dead muerto
death la muerte
decide (*v.*) decidir
demonstrate (*v.*) demostrar (o>ue)
dental floss la seda dental
dentist el/la dentista
describe (*v.*) describir
desk el escritorio
desperate desesperado
develop (*v.*) desarrollar
diary el diario
dictionary el diccionario
die (*v.*) morir (o>ue)
different distinto
dining room el comedor
dine (*v.*) cenar
disappointed desilusionado
disappointment la desilusión
discover (*v.*) descubrir
discovery el descubrimiento
dissolute disoluto
distinct distinto
disturbed perturbado
dizzy vertiginoso
doctor el médico, la médica
dog el perro
donkey el burro
door la puerta
doorknob el puño (de puerta), el tirador (de puerta)
doormat el felpudo
downstairs abajo
drain el desagüe
drawing el dibujo
dream (*v.*) (**about, of**) soñar (o>ue) (con)
dress el vestido
dresser la cómoda
drink (*v.*) beber, tomar
drummer el baterista
dry seco
dry (oneself) (*v.*) secar(se)
duck el pato
during durante

E

each cada
ear el oído (*interior*), la oreja (*exterior*)
earthquake el terremoto
easily fácilmente
eat (*v.*) comer; **eat lunch** (*v.*) almozar; **eat dinner** (*v.*)
effort el esfuerzo
egg el huevo
elbow el codo
elect (*v.*) elegir (e>i)
electrician el/la electricista
elephant el elefante
eloquent elocuente
embassy la embajada
emotion la emoción
encyclopedia la enciclopedia
entryway la entrada
envious celoso
envy la envidia
eraser el borrador
evening la noche
every cada
every once in a while de vez en cuando
everything todo
everywhere en todas partes, por todas partes, por todos lados
evoke (*v.*) evocar
excited emocionado
expression la expresión

extremely extremadamente
eye el ojo
eyeglasses las gafas

F

fable la fábula
face la cara
fact el hecho
fairy el hada
fairy tale el cuento de hadas
fall el otoño
fall asleep (*v.*) dormirse (o>ue)
false falso
family la familia
fan el ventilador; el aficionado (*sports*)
farm la granja
farmer el granjero, la granjera
fascism el fascismo
fast rápidamente
fat gordo
father el padre
fear el miedo
feel (*v.*) sentirse (e>ie)
ferry el ferry
fiction la ficción
fin la aleta
finally finalmente, por fin
find (*v.*) encontrar (o>ue)
fine bien
finger el dedo
fire el fuego
fire (*v.*) despedir (*from a job*)
firefighter el bombero, la bombera
fireplace la chimenea
firewood la leña
fish el pez (*animal*); el pescado (*prepared*)
floor el suelo
fly (*v.*) volar (o>ue)
focus el foco
follow (*v.*) seguir (e>i)
food la comida
foot el pie
for por (*in exchange for, through, by*); para (*in order to, about*)
fork el tenedor
founder el fundador
French fries las papas fritas
frequently frecuentemente
Friday el viernes
friendly amistoso
from de; **from the** del
frost la helada, la escarcha
frustrated frustrado
fry (*v.*) freír (e>i)
full lleno
fun divertido
funny cómico
furious furioso

G

game el juego
garage el garaje
garbage can el basurero
gardener el jardinero, la jardinera
gas station la gasolinera
get (*v.*) conseguir (e>i); **get married** (*v.*) casarse; **get out of bed** (*v.*) levantarse
girl la chica
give (*v.*) dar
glass el vaso (*drinking*)
glasses las gafas
gloves los guantes
go (*v.*) ir; **go bowling** (*v.*) jugar (o>ue) a los bolos; **go to bed** (*v.*) acostarse (o>ue)

godmother la madrina
good bueno
granddaughter la nieta
grandfather el abuelo
grandmother la abuela
grandson el nieto
gratitude la gratitud, el agradecimiento
gray gris
green verde
groan (v.) gemir
gymnasium el gimnasio

H

hail el granizo
hair el pelo
half media
hall el pasillo
ham el jamón
hamburger la hamburguesa
hand la mano
handsome guapo
hang (up) (v.) colgar (o>ue)
happily felizmente
happiness la felicidad
happy feliz, alegre
hardback el libro de tapa dura
harp el arpa (f.)
hat el sombrero
hate (v.) odiar
hatred el odio
head la cabeza
healthy sano
hear (v.) oír
heart el corazón; heart attack el ataque de corazón
heartache la angustia
heat (v.) calentar (e>ie)
hemlock la cicuta
here aquí
hide (v.) esconder
hip la cadera
hit (v.) golpear
hook el gancho
horror story la historia de horror, el cuento de horror
horse el caballo
hot dog el perro caliente
hotel el hotel
house la casa
how? ¿cómo?
hurricane el huracán
husband el esposo
hypothyroidism el hipotiroidismo

I

ice el hielo
ice cream el helado
impede (v.) impedir (e>i)
imperialism el imperialismo
in en; dentro
inch la pulgada
instead of en vez de
island la isla

J

jacket la chaqueta
jealous celoso
jealousy la envidia
jewel la joya
jeweler el joyero, la joyera
job el trabajo
journalist el/la periodista
judge el/la juez
juice el jugo

justice la justicia

K

kangaroo el canguro
key la llave
kilometer el kilómetro
kind amable
kindle (v.) encender (e>ie)
kitchen la cocina
knee la rodilla
knife el cuchillo
know (v.) saber (information, how to do something); conocer (people, places)
knowledge el conocimiento

L

ladies' man el galán
lamb el cordero
lamp la lámpara
last (v.) durar
last name el apellido
later más tarde
laugh (v.) reír (e>i)
lawyer el abogado, la abogada
learn (v.) aprender
leg la pierna
lemonade la limonada
less menos
lesson la lección
letter la carta
liberalism el liberalismo
librarian el bibliotecario, la bibliotecaria
library la biblioteca
lie (v.) mentir (e>ie)
life la vida
light la luz (pl. luces)
light (v.) encender (e>ie)
light switch el interruptor
lightbulb la bombilla
lighthouse el faro
lightning el relámpago
like como
limousine la limusina
lion el león
lipstick el lápiz labial
listen (to) (v.) escuchar
little pequeño
live (v.) vivir
living room la sala
lobster la langosta
lock (up) (v.) encerrar (e>ie)
logs la leña
long largo (length)
look (at) (v.) mirar; look at oneself (v.) mirarse
lose (v.) perder (e>ie)
love el amor
lyrics la letra

M

magazine la revista
mail carrier el cartero, la cartera
mailbox el buzón
majority la mayoría
make decisions (v.) tomar decisiones
makeup el maquillaje
man el hombre
mantle la repisa (de chimenea)
manufacture (v.) fabricar
many muchos
map el mapa
marathon el maratón
marquee la marquesina
marry (someone) (v.) casarse (con alguien)

Marxism el marxismo
mascara el rímel
measure (v.) medir (e>i)
measurement la medida
meat la carne
meatball la albóndiga
mechanic el mecánico, la mecánica
meet (v.) conocer
meter el metro
midwife la partera
mile la milla
milk la leche
millimeter el milímetro
mime el mimo
mirror el espejo
miserable miserable
mittens las manoplas
mode el modo
mom la mamá
Monday el lunes
money el dinero
monkey el mono
monsoon el monzón
mood el humor
more más
morning la mañana
mosque la mezquita
mother la madre
motorcycle la motocicleta
mouse el ratón
moustache el bigote
mouth la boca
move (v.) mover (o>ue) (an item); mudarse (residence)
movie star la estrella de cine (m./f.)
movie theater el cine
museum el museo
musician el músico, la música
mystery el misterio
myth el mito

N

name el nombre
nationalism el nacionalismo
naturally naturalmente
neck el cuello
nephew el sobrino
nervous nervioso
never nunca
new nuevo
newspaper el periódico
next próximo, que viene
next (door) to al lado de
nice amable
nickname el apodo
niece la sobrina
night la noche
no one, nobody nadie
nose la nariz
note la nota
notebook el cuaderno
nothing nada
novel la novela
now ahora
nurse el enfermero, la enfermera

O

obviously obviamente
of de; of the del
of course por supuesto
office el despacho
often a menudo, muchas veces
okay bien
old viejo

older (than) mayor (que)
on en
once una vez
one uno, una
onion la cebolla
only solamente; único
open (*v.*) abrir
opposite lo contrario
or o; u
orange anaranjado
ought (*v.*) deber
oven el horno
over there por allí
overdose la sobredosis
owe (*v.*) deber
own propio
owner el dueño

P

page la página
painting la pintura
pajamas los pijamas
pants los pantalones
paper el papel
paperback el libro en rústica
paragraph el párrafo
parents los padres
park el parque
part la parte
passageway el pasillo
patriotism el patriotismo
pay (*v.*) pagar
pea el guisante
peanut butter la crema de cacahuete
pen la pluma
pencil el lápiz
people las personas
perfectly perfectamente
perform in (*v.*) presentarse en
pharmacist el farmacéutico,
    la farmacéutica
phenomenal fenómeno
physical físico
physician el médico, la médica
pig el cerdo
pillow la almohada
pizza la pizza
place el lugar
plate el plato
play el drama
play (*v.*) tocar (*a musical instrument*); jugar
    (u>ue) (*a game*)
play badminton (*v.*) jugar (u>ue)
    al bádminton
play baseball (*v.*) jugar (u>ue) al béisbol
play basketball (*v.*) jugar (u>ue)
    al baloncesto/básquetbol
play cards (*v.*) jugar (u>ue) a los naipes
play checkers (*v.*) jugar (u>ue) a las
    damas
play chess (*v.*) jugar (u>ue) al ajedrez
play football (*v.*) jugar (u>ue) al fútbol
    americano
play (ice) hockey (*v.*) jugar (u>ue)
    al hockey (sobre hielo)
play ping-pong (*v.*) jugar (u>ue)
    al ping-pong
play polo (*v.*) jugar (u>ue) al polo
play pool (*v.*) (*billiards*) jugar (u>ue)
    al billar
play rugby (*v.*) jugar (u>ue) al rugby
play soccer (*v.*) jugar (u>ue) al fútbol
play tennis (*v.*) jugar (u>ue) al tenis
play the role (*v.*) hacer el papel

play volleyball (*v.*) jugar (u>ue)
    al voleibol
playwright el dramaturgo
please por favor
plumber el plomero, la plomera
poem el poema
poet el poeta
poetry la poesía
poison el veneno
policeman el policía
policewoman la policía
politician el político, la política
poor pobre
porch el porche
potato la papa, la patata
pray (*v.*) rogar
prefer (*v.*) preferir
prepare (*v.*) preparar
pretty bonito
prevent (*v.*) impedir
pride el orgullo
principal el/la principal
printer el impresor
probably probablemente
profession la profesión
professor el profesor, la profesora
proud orgulloso
prove (*v.*) probar (o>ue)
pumpkin la calabaza
purple morado
purse la bolsa
put on (*v.*) ponerse (*clothing*)

Q

quarter cuarto

R

rabbit el conejo
radicalism el radicalismo
rain la lluvia
rainbow el arco iris
raincoat el impermeable
rapidly rápidamente
rarely raramente
rat la rata
razor la afeitadora
read (*v.*) leer
receive (*v.*) recibir
recluse el recluso
record (*v.*) recordar (o>ue)
red rojo
relaxed relajado
remember (*v.*) recordar (o>ue)
remove (*v.*) quitarse (*clothing*)
repeat (*v.*) repetir (e>i)
reporter el reportero, la reportera
republicanism el republicanismo
request (*v.*) pedir (e>i)
respect el respeto
respond (*v.*) responder
restaurant el restaurante
return (*v.*) devolver (o>ue) (*an item*);
    regresar, volver (o>ue) (*to a place*)
rice el arroz
rich rico
ride (a bicycle/a horse) montar (en bicicleta/
    en caballo)
right now ahora mismo, ahorita
ring (*v.*) sonar (o>ue)
rob (*v.*) robar
rocking chair la mecedora
room el cuarto
rooster el gallo
rug la carpeta

ruler la regla
run (*v.*) correr

S

sad triste
sadly tristemente
sadness la tristeza
sailor el marino
saint el santo
salad la ensalada
salesperson el/la dependiente
salmon el salmón
sample (*v.*) probar (o>ue)
sandals las sandalias
sandwich el sándwich
Saturday el sábado
sausage la salchicha
say (*v.*) decir (e>i)
scared asustado
scarf la bufanda
school la escuela
science fiction la (historia de) ciencia ficción
scientist el científico, la científica
screen la pantalla
script el guión
scrub (*v.*) fregar (*dishes, etc.*)
search la búsqueda
seasick mareado
season la estación
seclusion el aislamiento
secretary el secretario, la secretaria
section la sección
see (oneself) (*v.*) ver(se)
seem (*v.*) parecer
seldom raramente
sell (*v.*) vender
send (*v.*) enviar
separately por separado
serve (*v.*) servir
serviceman el militar
servicewoman la militar
several varios
shade la sombra
shampoo el champú
shave (oneself) (*v.*) afeitar(se)
sheep la oveja
shelf el estante
ship el barco, el buque
shirt la camisa
shoe el zapato
shopping mall la zona comercial
short bajo (*height*); corto (*length*)
short story el cuento corto, la historia
    corta
shorts los pantalones cortos
shoulder el hombro
show (*v.*) mostrar (o>ue)
shower (*v.*) ducharse
shower la ducha
shower el chaparrón (*weather*)
shower (*v.*) ducharse
shrimp el camarón
sick enfermo
sing (*v.*) cantar
singer el/la cantante
sink el lavabo (*bathroom*); el fregadero
    (*kitchen*)
sister la hermana
sit (down) (*v.*) sentar(se) (e>ie)
skirt la falda
sky el cielo, los cielos
sleep (*v.*) dormir (o>ue)
slippers las zapatillas
slob el vago

slowly lentamente
small pequeño
smart inteligente
smell (*v.*) oler (o>ue)
smoke (*v.*) fumar
sneakers los zapatos deportivos
snow la nieve
snowfall la nevada
so tan
so-so así así
soap el jabón
socialism el socialismo
socks los calcetines
soda pop la gaseosa
sofa el sofá
solve (*v.*) resolver (o>ue)
some unos, unas
somebody, someone alguien
something algo
sometimes a veces
son el hijo
sore dolorido
sound (*v.*) sonar (o>ue)
spaceship la nave
speak (*v.*) hablar; **speak badly** (*v.*) maldecir
  (e>i)
spoon la cuchara
spring la primavera
spy el/la espía
stadium el estadio
staircase la escalera
stand up (*v.*) levantarse
standards: normal standards las normas
  habituales
steak el filete
steal (*v.*) robar
stomach el estómago
stone la piedra
store la tienda
storm la tormenta
stove el horno
strong fuerte
student el/la estudiante
study (*v.*) estudiar
subway el metro
success el éxito
suffer (*v.*) sufrir
suggestion la sugerencia
suit el traje
summer el verano
Sunday el domingo
surname el apellido
surprised sorprendido
swear (*v.*) maldecir (e>i)
sweater el suéter
sweatshirt la sudadera
sweep (*v.*) borrar
swimsuit el traje de baño
synagogue la sinagoga

T

T-shirt la camiseta
take (*v.*) tomar; **take a bath** (*v.*) bañarse;
  take a shower (*v.*) ducharse
take place (*v.*) tener lugar
tall alto
taste (*v.*) probar (o>ue)
taxi el taxi
taxi driver el/la taxista
tea el té

teach (*v.*) enseñar
teacher el maestro, la maestra
telephone receiver el auricular
television (TV) la tele, la televisión
tell (*v.*) decir (e>i); **tell a lie** (*v.*) mentir
  (e>ie)
temple el templo
textbook el libro de texto
the el, la, los, las
theater el teatro
then entonces
there allí
there is, there are hay
therefore por eso, por esto
thesaurus el tesoro léxico
thin delgado
thing la cosa
think (*v.*) (about) pensar (e>ie) (en)
thumb el pulgar
thunder el trueno
Thursday el jueves
tie la corbata
tiger el tigre
time la vez; la hora; **time after time** una y
  otra vez
tired cansado
to a; **to the** al
toast la tostada
toast (*v.*) tostar (o>ue)
today hoy
toe el dedo de pie
toilet el inodoro
tomorrow mañana
tonight esta noche
too también
too (much) demasiado
tooth el diente
toothbrush el cepillo de dientes
toothpaste la pasta de dientes
tornado el ciclón
touch (*v.*) tocar
towel la toalla
tower la torre
town el pueblo
train el tren
train station la estación de tren
transportation la transportación
trash can el basurero
travel (*v.*) viajar
trolley el tranvía
truck driver el camionero, la camionera
true verdadero
tsunami el tsunami
Tuesday el martes
tuna el atún
turkey el pavo
turtleneck sweater el suéter de tortuga
tuxedo el esmoquin
twice dos veces
twin el gemelo

U

ugly feo
uncle el tío
under debajo de
understand (*v.*) entender, comprender
underwear la ropa interior
unique único
university la universidad
university student el universitario

until hasta
upstairs arriba
use (*v.*) usar
usually usualmente

V

value el valor
very muy
vest el chaleco
veterinarian el veterinario, la veterinaria
virtue la virtud

W

waist la cintura
waiter el mesero, la mesera
wake up (*v.*) despertarse (e>ie)
walk (*v.*) caminar, ir de pie
wall el muro (*exterior*); la pared (*interior*)
wash (*v.*) lavar; fregar (e>ie) (*dishes, etc.*);
  wash oneself (*v.*) lavarse
wastebasket la papelera, la cesta
watch el reloj
watch (*v.*) mirar
water el agua
week la semana
wear (*v.*) llevar
weather el tiempo
Wednesday el miércoles
well bien
well,... pues,...
Welsh galés
what que, lo que; **what?** ¿qué?
when cuando; **when?** ¿cuándo?
where donde; **where?** ¿dónde?
white blanco
why? ¿por qué?
wife la esposa
window la ventana
winter el invierno
wisdom la sabiduría
with con
within dentro
without a doubt sin duda
wolf el lobo
wonderful maravilloso
word la palabra
work (*v.*) trabajar
worried preocupado
worse (than) peor (que)
wrap (*v.*) (up) envolver (o>ue)
wrist la muñeca
write (*v.*) escribir
writer el escritor, la escritora

Y

yacht el yate
yard el jardín; la yarda
year el año
yellow amarillo
you tú (*sing., fam.*); usted (*sing., form.*);
  ustedes (*pl., form.*)
younger (than) menor (que)
your tu

Z

zoo el zoológico

Index